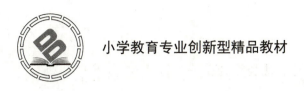

小学教育专业创新型精品教材

小学数学课程与教学论

主　编　曾小平　沈利玲

副主编　肖栋坡　徐东星

编　者　赵　洁　胡凤娟　刘丽哲

　　　　丁芊兮　肖春梅　蒋敏杰

　　　　钟发胜　罗玉华　秦　华

北京出版集团
北京出版社

图书在版编目（CIP）数据

小学数学课程与教学论 / 曾小平，沈利玲主编 . —
北京：北京出版社，2021.4

ISBN 978-7-200-16282-0

Ⅰ. ①小… Ⅱ. ①曾… ②沈… Ⅲ. ①小学数学课—
教学研究 Ⅳ. ① G623.502

中国版本图书馆 CIP 数据核字（2021）第 009657 号

小学数学课程与教学论

XIAOXUE SHUXUE KECHENG YU JIAOXUELUN

主　　编：曾小平　沈利玲
出　　版：北京出版集团
　　　　　北 京 出 版 社
地　　址：北京北三环中路 6 号
邮　　编：100120
网　　址：www.bph.com.cn
总 发 行：北京出版集团
经　　销：新华书店
印　　刷：定州启航印刷有限公司
版 印 次：2021 年 4 月第 1 版　2021 年 4 月第 1 次印刷
成品尺寸：185 毫米 ×260 毫米
印　　张：14.5
字　　数：326 千字
书　　号：ISBN 978-7-200-16282-0
定　　价：43.50 元

教材意见建议接收方式：010-58572162　邮箱：jiaocai@bphg.com.cn
如有印装质量问题，由本社负责调换
质量监督电话：010-82685218　010-58572162　010-58572393

前言

百年大计，教育为本；教育大计，教师为本。为造就党和人民满意的高素质专业化创新型教师队伍，落实立德树人根本任务，培养德智体美劳全面发展的社会主义建设者和接班人，全面提升国民素质和人力资源质量，实现中华民族的伟大复兴，我国近几年颁布实施了一系列关于加强教师教育的重要文件和政策。因此，在我国的小学教育阶段，要落实立德树人根本任务，培养具有"三个牢固树立"的"四有好老师"，坚持"四个相统一"，做学生成长的"四个领路人"，铸造新时代的大国良师。

"小学数学课程与教学论"是我国高等院校"小学教育专业"培养高素质、专业化、创新型小学教师的核心课程。课程的主要目标是帮助未来的小学教师在数学教学中做学生锤炼品格的引路人、做学生学习知识的引路人、做学生创新思维的引路人和做学生奉献祖国的引路人。有鉴于此，我们在开展理论探索与教学实践研究的基础上，编写了《小学数学课程与教学论》。本书主要包含"数学课程""数学教学原理""数学教学实践"三个模块，借助生动的教学案例，深入浅出地阐述小学数学课程与教学的基本原理、基本方法和实践策略。

数学课程	数学教学原理	数学教学实践
• 认识数学	• 小学数学学习路径	• 小学数学教材分析
• 认识数学教育	• 小学数学教学原则	• 小学数学教学设计
• 我国数学教育发展历程	• 小学数学教学方法	• 小学数学教学实施
• 数学课程标准解读	• 小学数学教学技能	• 小学数学教学评价

本书的突出特点是：①反映时代需求，体现了全国教育大会、《关于全面深化新时代教师队伍建设改革的意见》《教师教育振兴行动计划》《中国教育现代化 2035》《普通高等学校师范类专业认证实施办法（暂行）》《小学教师专业标准（试行）》《小学教师资格考试标准》对小学数学教师知识与能力的要求；②继承传统精华，精选小学数学课程与教学中的经典原理和方法，形成本书的基本结构体系与理论基础，同时用生动的教学案例进行说明；③吸收最新成果，坚

持实践取向和贴近小学数学教学实践的原则，前瞻性地论述了小学数学教学的理论研究与实践探索的最新成果及其运用；④符合教学需要，用大量生动的小学数学教学案例阐述小学数学课程与教学的经典原理与方法，便于教师生动地讲授和学生富有兴趣地学习。

　　本书的编写，由曾小平（首都师范大学）和沈利玲（集宁师范学院）提出总体构想，经编写成员反复讨论修改，形成本书的结构框架。各部分编写的具体分工如下：项目一由赵洁（首都师范大学）和曾小平共同撰写；项目二由胡凤娟（首都师范大学）撰写；项目三由曾小平和刘丽哲（北京师范大学）共同撰写；项目四由曾小平和丁芊兮（上海师范大学附属第二实验学校）共同撰写；项目五由沈利玲撰写；项目六由肖春梅（河池学院）撰写；项目七由肖栋坡（长沙师范学院）和蒋敏杰（常州市教育科学研究院）共同撰写；项目八由徐东星（荆楚理工学院）和钟发胜（汕头职业技术学院）共同撰写；项目九由罗玉华（江苏第二师范学院）和沈利玲共同撰写；项目十由秦华（天津师范大学）撰写。本书初稿完成后，在首都师范大学、集宁师范学院等多所高校进行了教学实验，再经过曾小平和沈利玲两位主编反复修改，形成最终文稿。

　　本书的编写，得到了南京师范大学涂荣豹教授，贵州师范大学吕传汉教授和汪秉彝教授，北京师范大学曹一鸣教授，首都师范大学王智秋教授、刘慧教授、张润杰研究员和孙建龙副教授等诸多人士的关心和支持。本书的编写还得到很多小学一线教师的支持，从教学一线收集和整理了一系列生动的教学案例。同时，本书在编写过程中，广泛参考和引用了国内外的相关文献和资料，在此向原作者表示衷心感谢。

　　本书既可以作为高等师范院校"小学教育""初等教育""数学与应用数学（师范）"等专业的教材，又可以作为在职小学骨干教师的培训用书。同时，对于其他小学教师、教育工作者和教育管理者，本书也可以作为课程与教学的参考资料。我们还精心为高校教师提供了服务于本书的教学资源库，有需要的教师可以和我们联系（邮箱：283681049@qq.com）。需要说明的是，虽然我们本着高度负责的精神编写本书，但由于诸多因素的限制，疏忽和不足之处在所难免，恳请广大读者与同行批评指正。

编　者

目录

项目一　认识数学与数学教育

项目背景 ▼

　　数学教育就是用数学来育人。它的主要目的是通过课堂教学，让学生掌握数学基础知识、培养数学基本能力和领悟数学思想方法，进而促进学生智力、情感和智慧的健康发展。因此，数学教师要懂数学，要领悟数学的本质与特征，理解数学教育的价值与目标，并将它们整合渗透到数学课堂教学的活动过程当中，这样数学教育的目标才能真正实现。

项目目标 ▼

一、知识与能力目标

　　1.了解作为科学的数学的本质与特征，理解作为学科的数学的特点，掌握两者的联系与区别。

　　2.了解国际数学教育百年发展史，理解新中国数学教育发展历程，了解小学数学教育的发展趋势。

二、过程与方法目标

　　1.选择小学数学中的基本概念和结论，阅读相关书籍，理解作为学科的数学和作为科学的数学中，同一概念或者命题的联系和区别。

　　2.选定一个数学主题（例如简易方程、统计初步等），查阅我国历次教学大纲和课程标准，分析该主题在我国数学教育中的演变情况。

三、情感态度与价值观目标

　　1.通过对作为学科的数学与作为科学的数学的学习，增进对数学的理解。

　　2.通过对国内外数学教育发展的学习，树立科学的数学教育价值观。

四部委联合印发加强数学科学研究工作方案

2019 年 7 月 12 日，科技部办公厅、教育部办公厅、中科院办公厅、自然科学基金委办公室印发《关于加强数学科学研究工作方案》。方案中指出，"数学是自然科学的基础，也是重大技术创新发展的基础。数学实力往往影响着国家实力，几乎所有的重大发现都与数学的发展与进步相关，数学已成为航空航天、国防安全、生物医药、信息、能源、海洋、人工智能、先进制造等领域不可或缺的重要支撑"。

思考 四部委为何要印发《关于加强数学科学研究工作方案》？数学在国家发展中有何重要作用？中华人民共和国成立以来，我国数学教育取得了哪些成就？

任务一　认识数学

学习目标

1. 了解作为科学的数学的历史、本质与特征。
2. 理解作为学科的数学的特点，建立与作为科学的数学的联系。

学习任务

选择一个数学概念（例如面积、体积、方程、平均数等），从数学科学的角度理解其数学本质，从数学学科（中小学教材中的定义）的角度进行分析，说明两者的联系和区别。

一、认识数学的视角

苏轼诗云："横看成岭侧成峰，远近高低各不同。不识庐山真面目，只缘身在此山中。"关于数学的本质，许多伟大的数学家和数学教育家都曾从不同的角度，做出了自己独特的思考。有的着眼于数学研究的内容，有的着眼于数学教育的过程，有的着眼于思维，有的着眼于知识。

恩格斯（Friedrich Engels，1820—1895）认为："纯数学的对象是现实世界的空间形式和数量关系，是非常现实的材料。这些材料以极度抽象的形式出现，从而在表面上掩盖它起源于外部世界的事实。"R.柯朗（R. Courant，1888—1972）和 H.罗宾（Herbert Robbins）认为："数学，作为人类思维的表达形式，反映了人们积极进取的意志、缜密周详的推理以及对完美境界的追求。"20 世纪 80 年代，一些学者将数学定义为关于模式的科学，即"数学这个领域已经被称作模式的科学，其目的是要揭示人们从自然界和数学本身的抽象世界中观察得到的结构和对称性"。

然而，对于这个略带哲学意味的问题，要做出一个最为全面的、统一的回答，却不是一件容易的事情，同时也没有意义这样去做。因为数学家与数学教育家的着眼点是完全不同的。数学家的目标是在过去一切正确的数学成果积淀的基础上发展新的数学；数学教育家的目标则是让现有的数学更好地为下一代服务，包括获得知识和训练思维。在数学家的眼中，数学是一门科学；在数学教育家眼中，数学是一门学科。

作为科学的数学与作为学科的数学有着千丝万缕的联系，也有着天壤之别。数学作为科学，有它漫长的历史文明，独特的研究对象以及广泛的实用价值。作为学科的数学，则在于其重要的教育价值。未来的小学数学教师，既要了解作为科学的数学，以便自下而上地对数学有一个较为整体的把握；又要了解作为学科的数学，以便自上而下地对教学进行有分寸的控制。

二、作为科学的数学

（一）数学的历史

翻开任何一本关于记载数学史的书籍，都会发现作为科学的数学历史是一条蜿蜒曲折的长河。关于数学的有记载的历史，最早可以追溯到上古时期，到现在，源源不断地积累了

数学的历史

丰富的成果。新的阶段与上一个阶段相比有了突破性的进展。这些进展中，有的是聚集许多人的智慧形成了举世瞩目的著作和文献，有的是解决了长期以来悬而未决的问题，还有的是开创了新的学科分支。我们选取以下几项突破性的进展，做一些简单的介绍。

1. 欧几里得的《几何原本》

欧几里得（Euclid，约公元前330—公元前275）在公元前300年左右，曾经到亚历山大教学。他酷爱数学，搜集了当时所能知道的一切几何事实，按照柏拉图和亚里士多德的关于逻辑推理的方法，整理成一整套系统严密的理论，写成数学史上早期的著作《几何原本》（Euclid geometry）。

这是一本集大成之作，其中的数学事实并非都是由欧几里得本人发现的，而是古希腊长期以来众多数学家（比如毕达哥拉斯、欧多克斯等人）的智慧结晶。《几何原本》不能想当然地按照其译文的字面意思来理解，它不是单纯讲几何的，还包括相当多的数论和初等的代数知识。

但是，这部巨著并不是对当时所知道的那些数学事实的简单堆砌，而是对这些数学事实进行了精心的选择，并排列成一个合乎逻辑的完整体系。全书包括13卷，共计131个定义、5个公设、5个公理和465个命题。从定义、公设、公理出发，对所列出的命题一一都进行了证明。这是数学的公理化体系的第一个雏形，成为人类理性思维的里程碑。

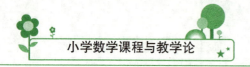

2. 笛卡儿的解析几何

继《几何原本》之后约半个世纪，在古希腊数学家阿波罗尼斯（Apollonius，约公元前 262—公元前 190）笔下诞生了著作《圆锥曲线论》。这部著作将当时所知道的圆锥曲线的全部性质收罗其中，因而广为流传。但它沿用古希腊几何学的传统，将圆锥曲线看作一种静态的几何，停留在常量数学的范围

笛卡儿轶事

内。这种局限性在 16 世纪以前没有引起注意。直到哥白尼（Kopernik，1473—1543）提出日心说，伽利略（Galileo，1564—1642）提出惯性定律和自由落体定律，人们才开始意识到可以用运动的观点来认识和处理各种几何曲线。解析几何就在这样的背景下应运而生。

解析几何不是一种新的几何分支，而是几何学的一种方法。例如，圆锥曲线的一些问题也可以通过欧氏几何的方法去解决，但解析几何却可以大大地简化其过程。笛卡儿（Descartes，1596—1650）是 17 世纪一位伟大的数学家与哲学家，他把自己对宇宙、哲学、数学的思考汇集成一部经典的著作——《更好地指导推理和寻求科学真理的方法论》。这部著作末尾附有三个附录，其中的第三个附录题为《几何学》，囊括了笛卡儿对解析几何的重大贡献。

《几何学》分为三个部分，第一部分包括一些对代数式几何的原则的解释，把几何进行了算术化；第二部分论述了曲线的分类方法和曲线切线的做法；第三部分涉及高于二次的方程的解法，引进了现在所谓的"笛卡儿符号规则"。这是笛卡儿的决定性贡献，H.伊夫斯指出："在解析几何采取现在的高度实用的形式之前，它必须等待代数符号的发展。"此外，《几何学》也是变量数学阶段的第一个关键的著作。恩格斯指出："数学中的转折点是笛卡儿的变数。有了变数，运动进入了数学。有了变数，辩证法进入了数学。有了变数，微分和积分也就立刻成为必要的了。"

后来人们也把解析几何创立的贡献归功于数学家费马（Fermat，1601—1665）。他在笛卡儿的《几何学》发表以前，就曾在与友人的通信中透露解析几何的观点，并于 1630 年将自己的观点写成了《平面与立体轨迹引论》一书，通过对方程的研究揭示图形的几何性质。

3. 牛顿—莱布尼茨的微积分

早在公元前 5 世纪，芝诺悖论（Zeno's paradox）就曾引发了人们关于无穷小量的思考。阿基米德（Archimedes，公元前 287—公元前 212）也曾利用无穷分割的方法去计算球体体积。但是在阿基米德之后很长一段时间内，没有大的发展。直到 15 世纪后，人们才将阿基米德的手稿引入欧洲，开始了进一步的研究。17 世纪，费马在给友人的信中，提及了计算函数极大值和极小值的方法。

17 世纪末 18 世纪初，牛顿（Newton，1643—1727）发表了一系列著作，包括《自然哲学的数学原理》《光学》《通用算术》《运用级数、流数法等的分析学和微分学》《光学讲义》《流数法和无穷级数》。其中一个重要的贡献是流数法，《自然

哲学的数学原理》中的许多重要的定理都是用流数法发现的，并借助古希腊几何重新进行了证明。

1675 年，莱布尼茨（Leibniz，1646—1716）开始使用他独创的微积分的一整套符号，这套符号多数都沿用至今。1684 年，他发表了第一篇关于微积分的论文，引进符号 dx 作为任意有限区间。此后，他又陆续发现了微积分中的许多基本原则，如两个函数乘积的 n 阶导数法则，后被称为莱布尼茨法则。

4. 伽罗瓦的理论

早在古巴比伦时代，人们就已经会解二次方程。16 世纪，三次方程和四次方程的代数解法就已被意大利数学家们所发现，但更高次方程的代数解的情况一直没有进展。19 世纪，挪威数学家阿贝尔（Abel，1802—1829）则对此给出了一个完整的证明。

1830 年，法国数学家伽罗瓦（Galois，1811—1832）发表了一篇关于方程的短文，为未来的伽罗瓦理论奠定了基础。1832 年，伽罗瓦意识到自己将命陨于一场爱情决斗，在决斗前夕以一封信的形式记录了关于群论和方程的伽罗瓦理论。

伽罗瓦理论彻底地解决了高次方程的根式可解问题。他的主要结论归纳为：一个方程根式可解当且仅当它的伽罗瓦群是可解群。伽罗瓦的工作实质上是创立了群的研究，这在当时无疑是非常超前的理论，也成为代数分支在 20 世纪兴起的重要因素。

5. 非欧几何

提到非欧几何，不得不再返回去从古希腊的欧几里得说起。欧几里得《几何原本》中的平行公设不如别的公设简洁，并且没有"自明"的特征，长期以来难以被人们所接受。普莱菲尔（Playfair）、托勒密（Ptolemy）、普罗克鲁斯（Proclus）、勒让德（Legendre）、萨谢利（Saccheri）、兰伯特（Lambert）等人都尝试着用其他公理和公设来证明平行公设，但都不经意间利用了平行公设的等价命题。

虽然证明失败了，但也在无意中获得了平行公设的许多等价命题，也都是有价值的工作。其中，由普莱菲尔发现的等价命题"过直线外一点有且仅有一条直线与已知直线平行"简洁明了，常常被现在的教科书中称为"平行公理"。此外，由勒让德发现的"三角形内角和等于180°"这个教科书中耳熟能详的结论，也是平行公设的等价命题。

如果用一个新的假设"过直线外一点有无穷多条直线与已知直线平行"代替欧几里得几何中的平行公设，与其他 9 条公设和公理共同推导，那么就能得到现在所谓的双曲几何。如果用假设"三角形内角和大于180°"或"过直线外一点没有直线与已知直线平行"代替平行公设，那么就能得到现在所谓的椭圆几何或球面几何。这两种几何后被称为非欧几何。通常认为这些工作归功于 19 世纪的高斯（Gauss，1777—1855）、罗巴切夫斯基（Lobatchevsky，1796—1852）和鲍耶（John Bolyai，1775—1856）。

高斯在给朋友的信件中讨论过这两种几何的思想。但在当时，非欧几何与人们的现实经验是极不相符的，所以他为了避免引起争论而放弃发表"反欧几里得几何"

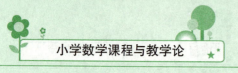

的相关文章。罗巴切夫斯基在他的《论几何基础》《具有平行的完全理论的几何新基础》《平行理论的几何研究》等一系列论文中给出了他对非欧几何的研究。鲍耶与前两位数学家几乎同时地、独立地写了一篇题为《绝对空间的科学》的论文，作为附录附在他父亲老鲍耶（Wolfgang Bolyai）的著作《为好学青年的数学原理论著》之中发表。

非欧几何的发现最终解决了关于平行公设的难题，即平行公设独立于欧氏几何的其他假定，不能被证明。除此之外，非欧几何动摇了人们一直以来对几何的传统观念，开创了新的几何学，几何学不再束缚于熟悉的现实经验。只要一个事实是不证自明的真理，且与其他公理是相容的，就能作为探索新几何的理由。

6. 计算机的发展

随着社会的发展，手工、小棍、算筹、算盘等实体工具已经无法满足人类对计算的要求。17 世纪，帕斯卡（B. Pascal，1623—1662）发明了第一台真正的计算机。这个外形像一个长方盒子的装置能够计算加法和减法。1673 年，莱布尼茨发明了乘法机。1820 年，德利尔玛（Thomas de Colmur）将莱布尼茨所研制的计算机改造成了能做除法和减法的计算机。1822 年，英国数学家巴贝奇（Babbage）建造了第一台差分机。这台机器能用 26 位有效数字，计算精度达到 6 位小数。1875 年，美国人博尔德温（Boldwin）发明了能做四种运算的计算机。1944 年，艾肯（Aiken）研制了第一台电动的大型计算机，长约 15 米，高约 2.4 米，重 31.5 吨。1946 年，美籍匈牙利科学家冯·诺依曼（John von Neumann，1903—1957）最新提出存储程序原理，把程序本身当作数据来对待，并在计算机中采用二进制，实现了第一台冯·诺依曼架构的计算机。"指令和数据一起存储"这个原理被称为计算机发展史上的一个里程碑，标志着电子计算机时代的真正开始。

如今，计算机早已不再拘泥于计算的功能，而是成为了许多行业和家庭必备的产品，并由此发展出软件、互联网、数据分析等众多新兴产业。因此计算机是数学界在 20 世纪最为瞩目的、最为惊人的发明。

由于本书的目的不是系统地讲解数学史，篇幅所限，因而只能做一些简单的介绍。但是，有一点需要恳请读者注意：无论哪一项重大的数学进展，都不是某一个孤立的人在一个孤立的时刻进行孤立的想象而得到的。在对某个问题有重大突破之前，或某个理论形成之前，必然有许多数学家为它做出过贡献。一些人的努力被埋没在历史的长河里；一些人做出了重要的工作，但不能被当时的人们所理解，直到多年后才被有远见的数学家重新认识；还有人研究出了旁枝末节的数学问题，但没有进一步地研究从而取得重大的突破。

有鉴于此，我国《义务教育数学课程标准（2011 年版）》这样描述数学的价值："数学是研究数量关系和空间形式的科学。数学与人类发展和社会进步息息相关，数学已经广泛应用于社会生产和日常生活的各个方面。数学作为对于客观现象抽象概括而逐渐形成的科学语言与工具，不仅是自然科学和技术科学的基础，而且在人文科学与社会科学中发挥着越来越大的作用。特别是 20 世纪中叶以来，数学与计算机技术的结合在许多方面直接为社会创造价值，推动着社会生产力的发展。"

（二）数学的本质与特征

在中小学数学中，我们通常认为，"数学是研究数量关系和空间形式的科学"。但是恳请读者注意，对这个定义的理解不能停留于表面，需要我们进行一些思考。例如，现实世界中有 1，2，3，…吗？没有。现实世界中只有 1 个苹果，2 杯水，3 只羊……现实世界中有点、线、面吗？也没有。现实世界中只有墨点、光线、桌面……数学的任何一个研究对象无法表现为现实世界中的一个实体，而至多可以是脱离了某些实体后抽象出来的数学概念以及它们之间的结构和关系。

在《什么是数学》中，R. 柯朗与 H. 罗宾指出，"世世代代以来，数学家一直把他们所研究的对象，例如数、点等，看成实实在在的自在之物，但是，准确地描述这些实体的种种努力总是被这些实体自身给否定了。19 世纪的数学家逐渐开始懂得，要问当作实体的这些对象究竟是什么，这是没有意义的，即使有的话也不可能在数学范围内得到解决。所有适合它们的论断都不涉及这些实体的现实，而只说明数学上'不加定义的对象'之间的相互关系以及它们所遵循的运算法则"。这里的"不加定义的对象"即为抽象出来的数学概念，"相互关系以及它们所遵循的运算法则"即为脱离了实体后的结构和关系。有了这些脱离实体的结构和关系，现实世界中的关于实体的问题就会得到简化。

例如，1 个苹果与 2 个苹果放在一起是 3 个苹果；1 只羊与 2 只羊放在一起是 3 只羊。这本来是两个完全不同的关于实体的问题，但有了数学之后，就可以用同一个数量关系 "1+2=3" 来解决。再如，两根钉子可以在墙上固定一条绳子；一个点光源发射的光线可以有无数条，但经过某固定点的光线只有唯一一条。这两个不同的实体的现象，可以用同一个关于空间形式的结构和关系来解释，即"两点确定一条直线"。所以，所谓"现实世界中的数量关系和空间形式"，是指抽象于现实世界之中，但凌驾于现实世界之上的数量关系和空间形式。基本的数学概念抽象化，这是近代公理化发展中最重要和最丰富的成果。

随着数学科学的发展，数学的研究对象更多地无法由现实世界中抽象出来。例如，素数理论、哥德巴赫猜想、非欧几何等，很难说它们来自于现实世界的哪一部分，更无法寻找其对应哪个特定物质的发展变化。这一点在纯粹数学中体现得尤为明显。总的来说，数学作为一门科学，它的研究对象不是现实世界中看得见摸得着的物质，这是数学与其他科学的一个重要区别。

1. 数学具有高度的抽象性

首先，数学的研究方法具有抽象性。我们知道，自然科学通常采用实证的研究方法，以"眼见为实"作为基本依据。与此不同，数学是一种构造性的活动，是借助定义和推理进行的逻辑建构。在人为地建立一些规则之后，便有了我们所普遍承认的公理公设以及定义系统。在此系统范围内，人们使用抽象的推理和计算，构造出其他数学对象或数学结论。这种规则性和构造性特点决定了数学研究方法的抽象性。

其次，数学的研究对象也体现出数学的抽象性。数学中除了一些基本概念是从生活中的实体提炼出来的，其余大部分概念都只保留了脱离实体后的结构和关系，并在原始概念上形成更加脱离实体的、抽象度更高的概念。例如：有理数、无理数、复数、n 维空间、无穷维空间等。

此外，数学的抽象性在生活实践中体现出了重要的价值。例如，要在海边修一幢海景别墅，使得别墅到大海的距离等于 500 米。海岸线是一条复杂的曲线，别墅的轮廓也是一个不规则的几何图形。如果考察不规则几何图形到复杂曲线的距离，恐怕修建这座房子很难实现。但是将海岸线抽象成一条直线，将别墅抽象成一个点，问题就很容易解决了。

2. 数学具有逻辑的严谨性

数学的逻辑严谨性体现在数学推理过程与数学结论上。首先，数学推理过程是完全逻辑严密的。其次，数学结论是确定无疑、无可争辩的。

伴随数学的逻辑严谨性而来的重要产物是严谨的数学思维。数学的价值还在于，使人学会不单单用感性思维观察世界，还能用理性思维判断正误。

例如，常常听到有人在严寒的冬天搓着手说"今年冬天好冷"，也有人会说"今年冬天比以往每年都冷"。对于一个数学训练有素的人，他就可能会认为后者不够严谨，有待用历年的温度平均值进行考证。

再如，面对"现如今的教育质量大大下降了"这样的慨叹，受过数学训练的人可能会提出疑问，这种现象是真的吗？哪些指标体现了质量的下降？下降了多少呢？

因此，人的感觉有时候是正确的，但有时候也会欺骗人。这时，数学的逻辑严谨性可以帮助人们理性地思考问题。

3. 数学具有广泛的应用性

姜伯驹院士在讲话中指出："20 世纪下半叶数学有很大的发展，其中最大的一个发展是应用。"虽然数学的研究对象是非现实的，但由于其本身的抽象性，反倒在很多地方都有应用。我们考察数学的几大分支，都能找到其在生产生活中的应用。

木工工人在切割板材时需要作一些平面几何图形。平面设计工作者在设计封面或壁纸时可能会用到平移、旋转、轴对称。土木工程师在对工程的造价进行估计时需要对立方体、圆台等立体图形的结构和体积了如指掌。测绘工人在测量山高、楼距等时需要利用图形的相似。智能手机或用户安装的百度地图软件，通过放大和缩小，可以获得清晰的地理和地貌信息，此时用到的是相似变换。

银行定期存款、债券、股票、基金等都有一定的利率，客户需要使用幂函数来计算哪种利息更高，哪种投资更适合自己。消费者购买大额消费品时，可以向银行贷款，再根据自身的经济条件进行小额分期付款。选择贷款种类和还款方式，也需要用到函数的知识。企业高层对企业进行管理时，需要考察投入与产出的关系。如果该企业用 3 种材料同时生产 5 种产品，那么就要用到代数的知识列出矩阵乘法来设计投入产出模型。

2014 年巴西世界杯期间，足球彩票让许多球迷和彩迷一度疯狂。有人赢得了百万大奖，有人输得一塌糊涂。其实，要想赢得足彩并非全靠运气。首先，专业的足彩公司会对各参赛队长期以来参加往届比赛中的各项指标进行详细的技术统计，如进球数、罚球数、技术犯规次数等。在已有数据的基础上建立数学模型，如凯利指数等。依据类似的模型，彩迷就能对某队赢得某场比赛的概率进行预估，此时再决定如何下注，中奖的概率就会大很多。

天气预报中利用的也是统计分析。根据对某地过去多年的数据分析，气象局认为地形、海陆位置、洋流、纬度等指标能够决定降雨量的大小，并能预估出降雨量如何由这些指标决定的数学模型，常常能准确地预报是否下雨。

正是由于数学的三大特征，使得数学具有了无比重要的价值。数学像空气一样，"处处不在"，又"无处不在"。在数学与科学迅速发展的今天，数学不但可以通过其他科学发挥作用，其自身也开始直接发挥作用。人们不但可以将数学知识运用于生产生活，也可以将数学思维贯穿于解决问题的始末。数学正在以意想不到的速度在广阔的天地中发挥着重要的价值。

【拓展阅读】

数学的定义

1964 年莫斯科出版的《哲学百科全书Ⅲ》对数学给出定义："数学……是一门撇开内容只研究形式和关系的科学。数学的首要和基本的对象，是数量的和空间的形式及关系……除了数量的和空间的形式和关系以外，数学中还研究其他关系和形式。例如，在数理逻辑中研究逻辑推理的形式；在几何学中研究 n 维空间；这当然不是'空间形式'这个词一般意义上的空间形式。但在客观现实中仍然有它们的形象……一般说来，数学的对象可以包括客观现实中的任何形式和关系，只要这些形式和关系客观上能如此独立于它们的内容，既能完全撇开具体内容，而又能十分精确地表达它们的概念，能保留丰富的联系，因而能给纯逻辑的发展理论奠定基础。此外，数学中不仅研究直接从客观现实中抽象出来的形式和关系，还研究逻辑上可能的，在已知的形式和关系的基础上确定的形式和关系……数学可以定义为关于逻辑上可能的、纯粹的形式的科学，或者说是关于关系系统的科学。因为形式就是一个整体的各个部分之间的关系系统，而关系在数学中则总被当作任何抽象客体之间的关系系统。"

三、作为学科的数学

学校课程中选择数学领域中的某些课题作为不同阶段教育学生的素材时，数学就成为一门学科。数学作为一门学科，与它作为科学，既有联系又有区别。我们先看个

例子，"圆的周长"（表1-1-1）。

表1-1-1　圆的周长

数学科学	数学学科
定义　圆的周长与直径的比值叫作圆周率，常用符号 π 来表示，它是一个固定的数。 **定理**　圆的周长（C）等于圆的直径（d）乘圆周率（$π$）之积，即 $C=πd$。 证明：根据圆周率的定义，可知 $π=C:d$。由此，易得 $C=πd$	在现实生活中，我们常常会遇到圆周长的问题。根据生活经验，我们发现：圆越大，周长越大（直径越长，周长越长）。那么，圆的周长和直径之间到底存在什么关系呢？我们找出一些圆形的物品，分别量出它们的周长和直径，计算出周长与直径的比值，看看你有什么发现。 我们发现，圆的周长和直径的比值是一个固定的数，我们把它叫作圆周率，用字母 π 表示。圆周率是一个无限不循环小数，π=3.1415926535…。但在实际计算中，我们常取近似值，例如 π≈3.14。 如果用 C 表示圆的周长，d 表示圆的直径，r 表示圆的半径，就有 $C=πd$ 或者 $C=2πr$

从这个例子中，我们可以略观数学学科与数学科学的差异之处与共同之处。

（一）数学学科与数学科学的差异

首先，从数学的知识体系来看，作为科学的数学是完整的，独立于任何人、任何知识结构而存在的，有特定的知识和思想体系；作为学科的数学则是在保证科学性的前提下，为满足某一特殊人群的特殊需要，根据其经验、背景、知识和能力结构，经过人为地加工和提炼而专门设计的一套知识和思想体系。在成为一门科学之前，数学经历了很长的历史，从人类建立最基本的数学概念时期开始一直到现在，不断有新鲜的成果加入，并逐步出现了详细的分支，形成一整套丰富的知识体系。它汇聚了无数先人的智慧，甚至耗尽了一些数学家毕生的心血。然而，当数学作为一门学科时，若把这套丰富的知识体系完完整整地讲给每个学生，根本没有实现的可能性，也没有必要这样去做。因而需要针对学生的年龄、兴趣、已有的知识结构，从科学的数学知识体系中提取出所需的数学，并进行重新的设计和编排，形成适合该学生群体所需的知识体系。

其次，从数学与生活实践的关系来看，作为科学的数学自成系统，与生活实践无关；作为学科的数学可以与生活实践、与其他学科有着紧密的联系。若将《几何原本》看成是平面几何这门科学的一个蓝本，其中所研究的几何对象都是生活中根本不存在的点、直线、圆、多边形等。当把它经过改编搬上教科书后，这些研究对象获得了生活实践中的一些解释和应用。这是因为，学生的认知来源于生活实践，利用生活实践可以帮助学生更好地理解数学。但真正的数学上的正确性还是要到作为科学的数学中去寻找，与生活实践毫无关系。

再次，从数学活动的过程来看，作为科学的数学是在对前人构建的知识体系有所了解的前提下，完全独立地进行探索、发现、创造的活动过程，这个活动过程强调一定的创新性；作为学科的数学是学生在教师的引导帮助下，模仿探索、发现和创造的活动过程，这个活动过程有一定的目的性。21世纪是一个需要创新型人才的时代，数学作为一门学科是培养创新型人才的绝佳载体。虽然不可能让学生经历每个数学成果发现的过程，但是利用设计好的课程，在有限的资源内，让学生模仿数学家的发现和创造的过程，就能够让学生亲身地经历和体会作为科学的数学的某些创造过程。

最后，从数学活动的目的来看，作为科学的数学是为了发现和创造新的数学结果；作为学科的数学是为了使学生接受已经发现的数学，一方面培养学生的数学思维，另一方面为发现和创造新的数学做准备。

（二）数学学科与数学科学的联系

除了区别之外，作为学科的数学与作为科学的数学也存在着一定的联系。在欧几里得《几何原本》的成书过程中，欧几里得本人既是一名学习者，又是一名创造者。这体现出数学作为一门学科与科学的联系，即二者的行为主体可以是统一的。主体可以通过学习已有的数学，在一定的经验的基础上创造新的数学；也可以在创造的过程中，学习所需要的数学。一个勇于发现问题的小学生可能迸发出创造的火花，一名论文多产的数学家也可能需要不断学习已有的数学知识。

数学作为一门学科与科学的联系，还体现在它们都具有完备的、一致的、简洁的公理体系。数学作为科学，不依赖于生活实践和其他学科而成立，正是因为它有自身完备的、一致的公理体系。由给定的前提条件，可以不断创造出该公理体系下的正确的数学结论。至于其简洁性，是在人们的继续研究中不断得到优化的。将作为科学的数学进行提取和改造，成为适合某特定人群的学科后，必然删减或改变掉了许多原汁原味的数学。但是无论怎样删改，必须保留使整个学科中所有命题成立的前提，即公理体系。这套公理体系首先应当是完备的，由它可以推导出学科中其他所需的所有命题；其次应该是一致的，不应该有相互矛盾的命题出现；最后我们期望它是简洁的，是学生容易理解和接受的。

由于数学作为学科与它作为科学有一定的联系，也有着巨大的区别，因而当教师在讲授数学时，应当注意到这些联系和区别。依据不同的教学目的，合理地选择教科书和教学方法，以期达到最好的教学效果。

有鉴于此，我国《义务教育数学课程标准（2011 年版）》这样描述作为学科的数学："数学是人类文化的重要组成部分，数学素养是现代社会每一个公民应该具备的基本素养。作为促进学生全面发展教育的重要组成部分，数学教育既要使学生掌握现代生活和学习中所需要的数学知识与技能，更要发挥数学在培养人的理性思维和创新能力方面的不可替代的作用。"

任务二　认识数学教育

◆ 学习目标

1. 了解国际数学教育改革的百年动态。

2. 理解我国小学数学教育发展历程。

3. 了解小学数学教育改革的发展趋势。

学习任务

选择一个数学主题（例如简易方程、统计初步等），查阅我国历次教学大纲和课程标准或者小学教材，分析该主题在我国小学数学教育中的演变情况。

一、百年国际数学教育改革

影响数学教育的因素主要表现在三个方面，即数学的发展、儿童的发展和社会的需要。学校教育要为社会发展服务，要为社会培养合格的人才，必然要考虑社会发展的需要，根据社会当前发展的状况有一定前瞻性地设置教育目标和内容。同时，数学教育要考虑儿童现阶段的认知水平和将来发展的方向，有步骤、有计划地向儿童传授基础的数学内容、培养儿童基本的数学能力和共通能力。此外，数学教育的素材是数学，它的内容在不断发展和根据社会的发展而更新，因而数学教育的内容也需要适当更新，才能满足儿童进一步学习和生活的需要。

（一）贝利—克莱因运动

第一次国际数学教育改革发生在 20 世纪初，史称"贝利—克莱因"运动，一直延续到第二次世界大战才结束。

1901 年，英国数学家贝利（J. Perry）在英国科学促进会发表著名演讲"数学教学"，提出"数学教育应该面向大众""数学教育必须重视应用"的改革指导思想。在数学教学内容上，贝利主张摆脱欧氏几何的束缚，重视实验几何，重视各种实际测量与近似计算，充分利用坐标纸，多教立体几何，更多地利用几何知识，尽早讲授微积分等。贝利将数学教学原则概括为七条：培养高尚的情操，唤起求知的喜悦；以数学为工具，学习物理学；为了考试合格；给学生已运用自如的智力工具；认识独立思考的重要性，从权威的束缚中解放自己；使应用科学家认识到数学原理是科学的基础；提供有魅力的逻辑力量，防止单纯从抽象的立场研究问题。

1905 年，德国著名数学家 F.克莱因（F. Klein）起草的《数学教学要目》指出：数学教学内容的选择和安排要适合儿童心理的自然发展；整合数学各个分支学科，密切数学和其他科学的联系；重视数学应用，不过分强调数学的形式训练；以函数和空间观察能力作为数学教学的基础。该要目被称为"米兰大纲"，成为当时各国都推崇的典范，其思想影响了整个 20 世纪的数学教育。1908 年，国际数学教育委员会（ICMI）成立，克莱因任第一任主席。他就当时小学数学教育改革提出了基本主张：提高几何在小学算术课程中的作用；改变教科书中应用题的性质，使应用题密切联系生活实际；提高算术教学中直观性的作用。

（二）新数运动

第二次国际数学教育改革发生在 20 世纪中叶，史称"新数运动"。第二次世界大战结束后，世界进入了冷战时期。1957年，苏联的第一颗人造卫星上天，引起世界震惊，促使人们以新的眼光去认识技术发展的需要和教育改革的关系，尤其是注意了数学教育的改革问题。

此次数学教育改革的主要任务是培养数学家、科学家，属于"精英教育"，提倡发现学习，要求学生尽可能地像一名数学家那样，不仅使用他的工具，还要以自己的眼光来看待问题；不仅体验自己的研究成果，还要体验从事数学活动的快乐。在教育目标上，把科学方法，如"探究""问题解决""发现法"等作为主要目标，提出数学课程"不仅要反映出知识本身的性质，而且要反映出理解知识和获得知识的过程的性质"。

20世纪50年代末，以美国为首的许多国家积极地开展了中小学数学教育现代化的试验，一时出现了许多新大纲、新教材、新方法，种类繁多，各有特色。它们的共同特点是：结构化—统一化，以集合—关系映射—运算—群—环—域—向量空间的代数结构为主轴，把中学数学内容统一起来；公理化—抽象化，把集合论初步和几何公理化引入教材；现代化—通俗化，大量收入现代数学内容和数学符号，利用生活现象为模型帮助学生理解；几何代数化，打破欧几里得几何体系，轻视几何，重视代数，用各种方式取代欧氏几何；传统数学精简化，增加近、现代数学知识、观点和方法，精简传统内容；教学方法多样化，研究电化教学、程序教学和个体教学，提倡发现法，教法趋向多样化。

（三）大众数学教育

第三次国际数学教育改革从20世纪80年代初开始一直延续至今，被称为"大众数学教育"时期。随着社会的进步和教育的普及，基础教育的目的发生了变化：教育以学生发展为本，为学生提供今后发展和接受继续教育的基础。同时，科学技术的迅猛发展、信息技术在日常生活中的广泛使用，要求公民能够更加深入地理解数学并具备一定的数学素养。

这次改革的指导思想是"大众教育"，数学教育旨在发展学生的数学素养，促进学生自主地、主动地学习数学，提高教学质量。在对数学素养内涵的理解上，将过去的"理解数学的概念和原理；理解数学的探究过程；理解数学与一般文化的关系"发展为"理解数学的本质、数学的价值等；了解数学发展的历史；理解数学与社会的关系；强调问题解决的能力"。

从国际范围看，本次数学教育改革的重点在课程目标和指导思想上，具体体现在：关注基础，学校数学教育主要向学生传授数学的基础知识与基本技能，发展学生的基本能力和从数学的角度提出和解决问题的能力；问题解决为学校数学教学核心的思想，包括解决数学问题和解决实际问题；强调数学知识的应用性，关注数学和现实生活的联系；教学实施过程中关注灵活性，强调满足学生的兴趣爱好，增加多样性和选择性；强调探究式学习、合作式学习的学习方式，引导学生积极主动地探究和解决问题。

二、我国小学数学教育发展历程

中华人民共和国成立以来，数学教育的发展经历了很曲折的过程。不同的学者根据经历和认识的不同，会把它划分为不同的历史阶段。本书根据周玉仁教授的看法，将中华人民共和国成立 70 多年以来的数学教育按 15 年左右为一段，共划分为五个历史阶段。现将每个阶段概括介绍如下，感兴趣的读者可以参阅相关资料，更好地理解这部分内容。

（一）我国数学教育的初建时期

1949 年到 1952 年，我国处于过渡时期，小学数学教育也是这样。1950 年，中央人民政府颁布了《小学算术课程暂行标准（草案）》，成为中华人民共和国成立以来第一个数学教学的指导性文件。在该标准的指引下，小学数学以传统算术为主，并增加密切结合实际的内容，如百分数中的储蓄、赚赔、纳税、交公粮等，在统计中有合作社经营、盈利处理等。然而，该标准并没有完全付诸实施，因为缺乏相应的算术课本。

1952 年到 1957 年为学习苏联时期，以 1952 年颁布的《小学算术教学大纲（草案）》和 1956 年颁布的《小学算术大纲（修订草案）》为代表。这一阶段重视计算能力的培养和发展空间观念。教学内容主要有整数四则运算，复名数四则运算，直观几何知识，分数、小数、百分率的运算和应用题。这段时期主要以传授知识为主，教学以教师为中心，教师按"五环节"模式进行教学，即"组织教学—导入新课—讲授新课—巩固练习—布置作业"。我国数学教育体系在这一时期初步形成。

20 世纪 50 年代末期，全国掀起了群众性的教育革命的热潮。1958 年中共中央提出"教育为无产阶级政治服务，教育与生产劳动相结合"的教育方针和"教育必须改革"的号召。1958 年教育部颁发《关于算术课临时措施问题的通知》，将原来初一年级系统学习的算术内容调整到小学。

在 1960 年 2 月的中国数学会第二次代表大会上，北京师范大学数学系中小学数学教育改革研究小组建议：①数学教学体系必须为社会主义服务，特别是为现代化生产和尖端科学技术服务；②数学教材必须有严谨的理论体系，尽量做到数与形的结合，概念与计算的结合；③数学教材的分量和难易程度应符合学生的学习水平和认识能力发展的客观过程，概念尽量从实际引入，由具体到抽象，由浅入深。

（二）"调整—巩固—充实—提高"时期

1961 年，国家已经认识到我国教育上的问题，开始从正反两方面总结我国教育的经验。同年 10 月制定的《全日制中小学数学教学大纲（草案）》提出了确定教学内容的原则：①必须选择算术、代数、几何、平面三角、平面解析几何各科中主要方面的基本知识，使学生既全面又有重点地掌握数学的基本知识和基本技能；②适当增加在近代科学技术上广泛应用的数学知识，如函数的知识应特别加强，近似计算、概率、视图等知识应适当介绍；③注意与高等学校的学科衔接，如关于极限的概念在中学就应当引入，并长期培养；④必须注意反映我国数学的优良传统和成就。

1963 年，人民教育出版社编制了《全日制小学数学教学大纲（草案）》，明确规定了小学数学教育的目的，主要表现在：使学生牢固掌握算术和珠算的基础知识；培养学生正确地、迅速地进行计算的能力，能正确地解答应用题的能力；具有初步的逻辑推理能力和空间观念。该大纲突出的特色是提出培养学生的"双基"和三大"能力"，即在传授基础知识和基本技能的同时，培养学生正确而且迅速的计算能力、逻辑推理能力和空间想象能力。同时，该大纲还科学合理地调整了教学内容：将原来初中的算术调整到小学，小学学习算术的基础内容；整数的学习分为四个环节，即 20 以内、100 以内、1 万以内和 1 亿以内；同时要求教材的编写应当遵循数形结合原则和集中与分散相结合的原则。

客观地说，这段时期的数学教育具有以下特点：重视双基，强调知识的系统性；比较注意儿童的接受能力，教学方法比较灵活；有的地方分得太细，比如应用题要求抓关键词、分类型，也容易造成两极分化。总的来讲，该阶段比较好地稳定了教学秩序、提高了教学质量。

（三）数学教育的面向现代化时期

1978 年以来，我国数学教育开始了"面向世界、面向未来和面向现代化"的探索与实践。1978 年制订了《全日制十年制学校数学教学大纲》，提出了"精选、增加、渗透"的六字方针，即精选传统算术内容，适当增加代数与几何的部分内容，适当渗透一些现代数学思想。该大纲确定了小学数学的教学目的：理解和掌握数量关系和空间形式的基础知识；正确迅速地进行整数、分数、小数的四则运算，初步了解现代数学的基本思想，具有初步的逻辑思维能力和空间观念，并能运用所学知识解决简单问题；结合教学内容对学生进行思想政治教育。

由于当时小学是五年制，教材也做了相应调整，尽量反映现代科学文化的水平，并符合中国的现阶段实际情况。比如小学增加了代数的初步知识，将简易方程 $ax \pm b = c$ 引入小学数学。也就是在这个时候，小学教材《算术》改为《数学》。在实际操作过程中，教学内容又进行了微调。比如各地反映正负数的四则运算比较难，1984 年教育部删掉了这一内容，并重新调整教材，出版了五年制、六年制两套教材供各地选择适用。

1986 年，教育部颁布《全日制小学数学教学大纲》，对 1978 年的大纲进行了修订，这是中华人民共和国成立以来首部正式大纲。其特点主要体现在：指导思想明确，即小学数学是基础教育的重要学科，要培养学生的数学兴趣与良好学习习惯，培养有理想、有道德、有文化、有纪律的社会主义公民；突出发展智力与培养能力；适当降低教学要求，去掉原来的初步了解现代数学的某些最简单的思想；教学灵活，强调数学教学要关注学生，尽量采用启发式的教学方法让学生积极主动学习；内容灵活，明确分为五年制小学和六年制小学，适用不同地区的数学教学。

（四）数学教育的义务教育时期

1985 年，中央决定有步骤地实施义务教育，颁布了《义务教育法》，实行九年制义务教育。1992 年，教育部颁布的《全日制义务教育小学数学教学大纲（实验稿）》指出数学教育的目的：使学生理解、掌握数量关系和几何图形的最基础的知识；使学生具有进行整数、小数、分数四则计算的能力，培养初步的逻辑思维能力和空间观念，能够运用所学的知识解决简单的实际问题；使学生受到思想品德教育。

2000 年，《全日制义务教育小学数学教学大纲（修订稿）》颁布施行，规定数学教育的目的：①使学生理解、掌握数量关系和几何图形的最基础的知识；②使学生具有进行整数、小数、分数四则计算的能力，培养初步的思维能力和空间观念，能够探索和解决简单的实际问题；③使学生具有学习数学的兴趣，树立学好数学的信心，受到思想品德教育。

总的来讲，这一时期的数学教育面向全体适龄儿童，在大面积提高教学质量的同时，没有增加学生的学习负担。数学教学大纲的特点是：有增有减，以删为主；分层要求，体现弹性。例如：随着现代计算工具的发展与使用，精简大数计算和比较复杂的四则混合运算；降低应用题难度，并强调应用题要注意联系学生的生活实际；增加代数、统计知识，把简易方程扩大到 $ax \pm bx = c$，加强"收集数据与分类整理"内容。同时，根据我国各地区经济与文化发展差异，将教学内容分为"绝大部分为必学，极少内容只学不考，还有部分内容作为选学"三个基本层次。

（五）数学教育的大众化时期

21 世纪初，在世界教育改革的大背景下，我国于 2001 年颁布了《基础教育课程改革纲要（试行）》。该纲要指出了基础教育课程改革的具体目标：改变课程过于注重知识传授的倾向，强调形成积极主动的学习态度；改变课程结构过于强调学科本位、科目过多和缺乏整合的现状，整体设置九年一贯的课程门类和课时比例；改变课程内容"难、繁、偏、旧"和过于注重书本知识的现状，加强课程内容与学生生活以及现代社会和科技发展的联系，关注学生的学习兴趣和经验，精选终身学习必备的基础知识和技能；改变课程实施过于强调接受学习、死记硬背、机械训练的现状，倡导学生主动参与、乐于探究、勤于动手，培养学生搜集和处理信息的能力、获取新知识的能力、分析和解决问题的能力以及交流与合作的能力；改变课程评价过分强调甄别与选拔的功能，发挥评价促进学生发展、教师提高和改进教学实践的功能；改变课程管理过于集中的状况，实行国家、地方、学校三级课程管理，增强课程对地方、学校及学生的适应性。

在该纲要的指引下，教育部于 2001 年制定《全日制义务教育数学课程标准（实验稿）》，开始新一轮基础教育改革。该标准调整了 2000 年小学大纲的内容：①增加了"视图""方向与位置"的基础内容；②增加了"图形与变换"的基础内容，包括平移、旋转、对称和放缩等内容；③精简了整数的多位数运算内容，删掉了珠算，增加了负数的初步认识和用字母表示数等内容；④增加了概率论的初步认识。

2010 年，国家颁布《国家中长期教育改革和发展规划纲要（2010—2020 年）》，指出国家中长期教育改革和发展的指导思想、教育方针和宏观规划等。在其指引下，教育部对 2001 年版课程标准进行了修订；2012 年初颁布了《义务教育数学课程标准（2011 年版）》（简称《课程标准》，将在项目二进行详细解读）。

《课程标准》明确规定了我国现阶段数学课程的性质："义务教育阶段的数学课程是培养公民素质的基础课程，具有基础性、普及性和发展性。数学课程能使学生掌握必备的基础知识和基本技能；培养学生的抽象思维和推理能力；培养学生的创新意识和实践能力；促进学生在情感、态度与价值观等方面的发展。义务教育的数学课程能为学生未来生活、工作和学习奠定重要的基础。"

《课程标准》的理念上的变化在于，指出了义务教育阶段的数学课程要面向全体学生，适应学生个性发展的需要，使得：人人都能获得良好的数学教育，不同的人在数学上得到不同的发展。该标准主要的变化在于：在原来培养学生分析和解决问题能力的基础上，增加发现与提出数学问题的能力；将双基拓展为四基，即在原来基础知识和基本技能的基础上，增加基本活动经验和基本思想方法。

三、小学数学教育的发展趋势

回顾我国数学教育 70 多年来的发展过程，尤其是改革开放 40 多年来，我国的小学数学教育取得了比较大的发展。我国已经建立了一套比较科学的、严密的课程体系，已经形成了具有自身特色的数学教材，已经具备了具有中国传统的数学教学模式和经验。在新的历史发展时期，小学数学教育未来的发展趋势终将越来越符合教育原本的目标，即让学生获得学习能力和发展数学思维。

（一）重视培育核心素养

2016 年 9 月 13 日，中国学生发展核心素养研究成果发布。学生发展核心素养，主要指学生应具备的，能够适应终身发展和社会发展需要的必备品格和关键能力。2019 年 6 月 23 日，中共中央、国务院颁布实施的《关于深化教育教学改革全面提高义务教育质量的意见》明确指出，坚持以习近平新时代中国特色社会主义思想为指导，全面贯彻党的教育方针，落实立德树人根本任务，遵循教育规律，强化教师队伍基础作用，围绕凝聚人心、完善人格、开发人力、培育人才、造福人民的工作目标，发展素质教育，培养德智体美劳全面发展的社会主义建设者和接班人。可见，实施素质教育、发展学生核心素养，成为中国乃至世界各国数学教育的重要目标之一。

（二）重视问题情境性

在问题情境的引导下，容易激发学生对所学知识有进一步探究的兴趣。回答一个未知的问题，需要先了解自己"要解决什么""知道什么""还需要了解什么"。这样，学生对之前所掌握的知识会有所回顾，对未来要掌握的知识有一定的目的性。问题情境与课后习题有一定的区别。课后习题是为了使学生熟练和巩固课堂知识而设置，具有一定的练习性；而问题情境有一定的探索性，必须经过思考或学习新知才能得以解决。

（三）重视学生的主体性

小学数学教育的目标不单单是学习知识，更多地是为了让学生掌握学习的能力。因而教师不能在数学教育中过分地体现其权威性，导致学生只认可教师所讲的内容，而不主动地自我探究。要充分利用好数学活动，在活动中关注学生的主体性。对于学生在数学活动中出现的各种自然的、但又有错误的认识，不能靠权威地直接打压，而是需要有方法地疏导，否则也会降低学生学习的积极性。

（四）重视推理的因果性

在小学数学教育中，现在有一种普遍的观念是：孩子太小了，数学推理太复杂了，因而告诉他"是什么"就够了，不用告诉他"为什么"。这种观念会导致教育质量大打折扣。因为有的时候"是什么"只能解决某一种类型的问题，学生下一次遇到相同类型但表述不同的问题可能又茫然不知所措。但"为什么"则可以帮助学生解决许多类似的问题，可以举一反三。

总之，儿童是我们的希望，儿童的发展是我们未来的发展。今天的数学教育是为了儿童明天更好地发展。我们期望，我们的数学教育"给学生一双明亮的眼睛，让他更好地观察世界！给学生一颗睿智的大脑，让他更好地思考问题！给学生一双灵巧的双手，让他更好地创造未来"。因此，数学教育要向学生传递知识，培养学生的思维，发展学生的能力和增长学生的智慧。

【拓展阅读】

提升智育水平，优化教学方式

着力培养认知能力，促进思维发展，激发创新意识。严格按照国家课程方案和课程标准实施教学，确保学生达到国家规定的学业质量标准。充分发挥教师的主导作用，引导教师深入理解学科特点、知识结构、思想方法，科学把握学生认知规律，上好每一堂课。突出学生主体地位，注重保护学生的好奇心、想象力、求知欲，激发学生的学习兴趣，提高学生的学习能力。加强科学教育和实验教学，广泛开展多种形式的读书活动。各地要加强监测和督导，坚决防止学生学业负担过重。

坚持教学相长，注重启发式、互动式、探究式教学，教师课前要指导学生做好预习，课上要讲清重点难点、知识体系，引导学生主动思考、积极提问、自主探究。融合运用传统与现代技术手段，重视情境教学；探索基于学科的课程综合化教学，开展研究型、项目化、合作式学习。精准分析学情，重视差异化教学和个别化指导。各地要定期开展聚焦课堂教学质量的主题活动，注重培育、遴选和推广优秀教学模式、教学案例。

项目检测

小学数学教育目标的演变

搜集中华人民共和国成立以来历次小学数学教学大纲和数学课程标准，认真阅读并摘录其中的"教学目标"和"课程总目标"。

具体要求：

1. 按年代整理"教学目标"和"课程总目标"，并对其进行分析和发展阶段划分，提炼出各阶段的特点。

2. 把你整理的"教学目标"和"课程总目标"的阶段划分和阶段特点做成 PPT，6 个同学组成一个小组，在组内进行交流汇报，看看谁的划分更合理。

项目二　数学课程标准解读

　　课程标准是对学生在经过一段时间的学习后应该知道什么和能做什么的界定和表述，实际上反映了党和国家对学生学习结果的期望。要全面贯彻党的教育方针，落实立德树人的根本任务，培养德智体美劳全面发展的社会主义建设者和接班人。教师只有理解数学课程标准的理念、目标、教学内容和教学建议，才能科学地设计与实施有效的小学数学教学。

项目目标 ▼ ··

一、知识与能力目标

　　1. 理解数学课程标准的核心理念与核心概念。

　　2. 理解数学课程标准的总体目标与具体目标。

　　3. 掌握数学课程标准的内容标准与实施建议。

二、过程与方法目标

　　1. 理解数学课程标准的核心理念与核心概念，探讨如何在小学数学中有效实现。

　　2. 理解数学课程标准的总体目标与具体目标，探讨如何在小学数学中有效实现。

　　3. 掌握数学课程标准的内容标准与实施建议，探讨如何在小学数学中有效实现。

三、情感态度与价值观目标

　　1. 通过知识学习、互动交流等学习过程，培养教师数学教育的积极情感态度。

　　2. 通过互动交流、能力培养等学习过程，树立教师数学教育的正确价值观念。

引导案例

可以买几个书包

在进行除法教学时，教师创设了这样的情境"每个书包 11 元，32 元可以买几个这样的书包？"算式为 32÷11=2……10。答案是可以买 2 个这样的书包。这时，有学生提出 32 元可以买3个这样的书包，其理由是买多了可以与售货员讨价还价便宜这 1 元；更有学生提出"还可以到别的商店买"。于是，讨论各种买包方案形成了这节课的高潮。对问题的讨论就在教师"会创造"的赞扬声和学生的掌声中结束。

思考　怎样为学生提供良好的数学教育？数学教学应当坚持什么样的理念？数学教学中如何处理数学与现实的关系？如何让学生掌握基础知识？如何处理预设与生成的关系？

任务一　数学课程的理念与概念

◆◆ 学习目标

1. 理解数学课程的核心理念与基本理念。
2. 掌握数学课程标准中的十大核心概念。

◆◆ 学习任务

选择数学十大核心概念中的一个，理解其数学内涵和表现形式，进行举例说明，并与同伴交流。

一、数学课程标准的核心理念

"基本理念"是反映标准制定者对数学课程、数学课程内容、数学教学以及评价等方面应具有的基本认识、观念和态度，是制订和实施数学课程的总的指导思想。基本理念贯穿在《课程标准》中的每一部分。教师作为课程的实施者，更应自觉地以基本理念为指导树立正确的数学教育观念，指导自己的教学实践活动。

《课程标准》提出："数学课程应致力于实现义务教育阶段的培养目标，要面向全体学生，适应学生个性发展的需要，使得：人人都能获得良好的数学教育，不同的人在数学上得到不同的发展。"这句话包含了丰富的含义，需要我们认真体会和思考。

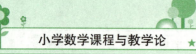

（一）人人都能获得良好的数学教育

首先，"人人"指的是学习数学课程的所有人，不是少数人。这说明义务教育阶段的数学教育不是精英教育而是大众教育，不是优胜劣汰的教育，而是人人成长的教育。"良好的数学教育"强调的是数学教育，而不仅仅是数学。关于"良好的数学教育"会有很多质疑，这里结合教学中存在的问题着重阐述一下它的丰富内涵。

良好的数学教育是适合学生发展需求的教育。长期以来，考试经常左右了数学的教学，形成了一些不好的数学教学现象。例如：不求理解数学本质、仅靠题量的堆砌来实现高分；不问知识的来龙去脉，仅仅关注考点，编制偏题、怪题……这样的数学教育产生了诸多的负面影响。例如：学生形成错误的数学观，认为数学就是规定、数学就是做题等；产生对数学的厌恶情绪，丧失数学学习的自信心等。因此，义务教育阶段的数学教育对于每一个学生具有数学启蒙和初步熏陶的作用，这一阶段的数学教育不是选拔适合数学学习的学生，而是提供适合每一个学生身心发展的课程。

良好的数学教育是"实现人的全面发展的教育"。在学校教育中，数学往往被人们认为是训练思维、提高智力的学科。教师通过精讲多练、变式训练来传授"双基"，学生掌握解题技能成为数学课堂教学的基本内容。这样造成的一个后果是，学生缺乏对数学本质及思想的真正领悟，缺乏对多样化的数学活动经验的体验与积累，缺乏良好的情感体验及个性品质的生成，尤其缺乏创新精神和实践能力。这不能满足现代社会对一个人的基本需求，不能实现人的全面发展。

良好的数学教育是"促进公平、追求均衡的教育"。数学教育的公平性长期以来一直是数学教育界所致力追求的目标。例如，1983 年在华沙国际数学家大会上首次提出"大众数学"（mathematics for all）的概念后，所倡导的"为了全体学生的数学"教育观念对各国数学课程设计产生了积极影响。对我们而言，从古代提出的"有教无类"到今日的"学有所教"，实现教育的公平性似乎从来就是我们办教育的指导思想。

良好的数学教育是"促进学生可持续发展的教育"。可持续发展的数学教育是生动的、蕴含丰富发展动因的教育。数学教育的动因，可以来自数学内部（例如：逻辑关系的引领、数学活动的支持、数学问题的激活、数学思想的启迪、数学方法的丰富、数学审美的驱动等），也可以来自数学外部（例如：现实背景的趣味性与丰富性、应用环境的多样性、问题解决的挑战性等），也可以来自学生学习的心理发展需求和学习行为方式的改变（例如：学习的自主建构、学习中的个性发展需求、学习共同体的交互行为的影响等），还可以来自教学实施中教师有针对性的教学设计（例如：激趣、设问、反思、质疑、试误、探究、激励等）。数学教育的这些动因需要在"促进学生发展"的课程核心目标之下，通过教师创造性的劳动，适时、有机地展现于数学课堂教学之中。

（二）不同的人在数学上得到不同的发展

诚如《课程标准》所希望的，义务教育阶段的数学课程不仅要面向全体学生，而且要适应学生个性发展的需要，既要关注"人人"，也要关注"不同的人"，既要促使全体学生数学基本质量标准的达成，也要为不同学生的多样性发展提供空间。"不同的人在数学上得到不同的发展"体现了数学教育中对人的主体性地位的回归与尊重。

要实现"不同的人在数学上得到不同的发展"，首先得为这种发展创造必要的环境和条件，而它又是建立在人的主体性地位得到充分尊重的基础之上的。当今的教育领域在反思之后开始关注课程民主，其在哲学认识论上体现出对人的交互主体性地位的确认，反对教育中的绝对控制和支配。按这样的观点看数学教育，我们就应该处理好课程中数学与学生、教师与学生的关系，应该摒弃形形色色的"独白"式的教育，提倡相互尊重、平等交流的"对话"式教育，为不同的学生在数学上得到不同的发展创造更为民主的课堂环境。

"不同的人在数学上得到不同的发展"需要正视学生的差异，尊重学生的个性，促成发展的多样性。数学教育面对的是一个个不同的活生生的生命，它必然要面对个性与差异。尽管"因材施教"是我国教育的古训，可是在实践中我们却很难这样去做。在数学教育中，数学特有的逻辑顺序和形式结构所形成的"刚性"要求，常常成为"齐步走"和"一刀切"的最为有力的依据；而学生基于各自的生活经验所产生的带有"童真"的生动的思想或富于个性色彩的"异想天开"在数学的严格性面前（而这种严格性又常常为教师所刻意渲染）总是趋于自我消亡。

我们提出"不同的人在数学上得到不同的发展"，就是希望数学教育能最大限度地满足每一个学生的数学需求，最大限度地开启每一个学生的智慧潜能，为每一个学生提供多样性的弹性发展空间。我们看到，这事实上已成为各国数学课程改革所追求的目标。

"不同的人在数学上得到不同的发展"本质上应促进学生更好地自主发展。当前的基础教育课程改革对学生的自主发展极为重视，提出了具体的要求。如在教学改革方面，《基础教育课程改革规划纲要》强调"教师应尊重学生的人格，关注个体差异，满足不同学生的学习需要……使每个学生都能得到充分发展"；在学习方式方面，强调学生"主动地、富有个性地学习"；在教材方面，强调"应有利于引导学生利用已有的知识与经验，主动探索知识的发生与发展"；在评价方面，强调"不仅要关注学生的学业成绩，而且要发现和发展学生多方面的潜能，了解学生发展中的需求，帮助学生认识自我、确立自信"。

凡此种种表明，促使学生富有个性地自主发展已成为课程改革的重要目标。在义务教育阶段，学生总要经历一个由"被动"到"主动"的转化过程。这需要我们采取恰当的教学手段和措施，从呵护、引领到放手、开放，使学生逐步从"学会"到自己"会学"，真正成为数学学习的主人。

二、数学课程标准的基本理念

课程内容要反映社会的需要、数学的特点，要符合学生的认知规律。它不仅包括数学的结果，也包括数学结果的形成过程和蕴含的数学思想方法。课程内容的选择要贴近学生的实际，有利于学生体验与理解、思考与探索。课程内容的组织要重视过程，处理好过程与结果的关系；要重视直观，处理好直观与抽象的关系；要重视直接经验，处理好直接经验与间接经验的关系。课程内容的呈现应注意层次性和多样性。

教学活动是师生积极参与、交往互动、共同发展的过程。有效的教学活动是学生学与教师教的统一，学生是学习的主体，教师是学习的组织者、引导者与合作者。数学教学活动应激发学生兴趣，调动学生积极性，引发学生的数学思考，鼓励学生的创造性思维；要注重培养学生良好的数学学习习惯，使学生掌握恰当的数学学习方法。学生学习应当是一个生动活泼的、主动的和富有个性的过程。除接受学习外，动手实践、自主探索与合作交流同样是学习数学的重要方式。学生应当有足够的时间和空间经历观察、实验、猜测、计算、推理、验证等活动过程。教师教学应该以学生的认知发展水平和已有的经验为基础，面向全体学生，注重启发式和因材施教。教师要发挥主导作用，处理好讲授与学生自主学习的关系，引导学生独立思考、主动探索、合作交流，使学生理解和掌握基本的数学知识与技能、数学思想和方法，获得基本的数学活动经验。

学习评价的主要目的是为了全面了解学生数学学习的过程和结果，激励学生学习和改进教师教学。应建立目标多元、方法多样的评价体系。评价既要关注学生学习的结果，也要重视学习的过程；既要关注学生数学学习的水平，也要重视学生在数学活动中所表现出来的情感与态度，帮助学生认识自我、建立信心。

数学课程的设计与实施应根据实际情况合理地运用现代信息技术，要注意信息技术与课程内容的整合，注重实效。要充分考虑信息技术对数学学习内容和方式的影响，开发并向学生提供丰富的学习资源，把现代信息技术作为学生学习数学和解决问题的有力工具，有效地改进教与学的方式，使学生乐意并有可能投入到现实的、探索性的数学活动中去。

三、数学核心素养

数学核心素养是具有数学基本特征的关键能力、思维品质、情感态度与价值观。它反映了数学的学科特征及其独特的育人价值，也是现代社会公民素养系统的重要组成部分。《义务教育数学课程标准》指出，在小学阶段，数学核心素养表现为：会用数学的眼光观察现实世界；会用数学的思维思考现实世界；会用数学的语言表达现实世界。

（一）会用数学的眼光观察现实世界

数学为人们提供了一种认识与探究现实世界的观察方式，这就是数学的眼光。在小学教育阶段，数学眼光主要表现为：抽象能力（包括数感、量感、符号意识）、几何直观、空间观念与创新意识（表2-1-1）。通过对现实世界中基本数量关系与空间形式的观察，学生能够直观理解所学的数学知识，表述概念的现实背景；能够在生活实践和其他学科中发现基本的数学研究对象及其所表达的事物之间简单的联系与规律；能够在实际情境中发现和提出有意义的数学问题，进行数学探究；逐步养成从数学角度观察现实世界的意识与习惯，发展好奇心、想象力和创新意识。

表 2-1-1　用数学的眼光观察现实世界

表现	含义	主要形式
数感	对数与数量、数量关系和运算结果的直观感悟	● 能够在真实的情境中理解数的意义，能用数表示物体的个数或事物的顺序 ● 能够在简单的真实情境中进行合理估算，做出合理判断 ● 初步体会事物背后简单的规律，能用数表达这样的规律
量感	对事物的可测量属性和大小关系的直观感知	● 知道度量的意义，能够理解统一度量单位的必要性 ● 根据真实的情境选择合适的度量单位进行度量，会在同一度量方法下进行不同单位的换算 ● 初步感受度量工具和方法引起的误差，能合理得到或估计度量的结果
符号意识	对符号的数学功能与符号表达的现实意义的直观感知	● 能够初步运用符号表示数量、关系和一般规律 ● 知道用符号表达的运算规律和推理结论具有一般性 ● 体会符号的使用是数学表达和数学思考的重要形式
几何直观	运用图形描述和分析问题的意识与习惯	● 能够感知各种几何图形及其组成元素，依据图形的特征进行分类 ● 根据语言的描述画出相应的图形，分析图形的性质 ● 建立形与数的联系，构建数学问题的直观模型 ● 利用图形分析实际情境与数学问题，探索解决问题的思路
空间观念	对空间物体或图形的形状、大小和位置关系的感悟	● 根据物体特征抽象出几何图形，根据几何图形想象出所描述的实际物体 ● 想象并表述物体的空间方位和相互之间的位置关系 ● 感知并描述图形的运动和变化规律

（二）会用数学的思维思考现实世界

数学为人们提供了一种理解与解释现实世界的思考方式，这就是数学的思维。在小学教育阶段，数学思维主要表现为：运算能力、推理意识。经历独立的数学思维过程，学生能够理解数学基本概念和法则的发生与发展，数学基本概念之间、数学与现实世界之间的联系；能够合乎逻辑地解释或者论证数学的基本方法与结论，分析、解决简单的数学问题和实际问题；能够探究自然现象或现实情境所蕴含的数学规律，经历数学"再发现"的过程；逐步养成讲道理、有条理的思维习惯，形成实事求是的科学态度与敢于质疑的理性精神（表 2-1-2）。

运算能力

表 2-1-2　用数学的思维思考现实世界

表现	含义	主要形式
运算能力	根据法则和运算规律进行正确运算	● 能够明晰运算的对象，理解算法与算理之间的关系 ● 能够理解运算的问题，选择合理简洁的运算策略解决问题 ● 能够通过运算促进数学推理的发展，形成规范化思考问题的品质，养成严谨求实的科学态度

续表

表现	含义	主要形式
推理意识	对逻辑推理过程及其意义的初步感悟	● 知道可以从一些事实和命题出发，依据规则推出其他命题 ● 能够通过简单的归纳或类比，猜想或发现一些初步的结论 ● 通过法则运用，体验数学从一般到特殊的论证过程，对自己及他人的问题解决过程给出合理解释

（三）会用数学的语言表达现实世界

数学为人们提供了一种描述与交流现实世界的表达方式，这就是数学的语言。在小学教育阶段，数学语言主要表现为：数据意识、模型意识、应用意识。经历利用数据和数学模型对现实世界的表达过程，学生初步感悟数学与现实世界的交流方式；能够有意识地运用数学语言表达现实生活和其他学科中事物的性质、关系和规律，并能解释表达的合理性；能够感悟数据的意义与价值，有意识地使用真实数据表达、解释与分析现实世界中的不确定现象；欣赏数学语言的简洁与优美，逐步养成用数学语言表达与交流的习惯，形成跨学科的应用意识与实践能力（表2-1-3）。

表2-1-3　用数学的语言表达现实世界

表现	含义	主要形式
数据意识	对数据意义的感悟，知道运用数据可以解释和分析实际问题	● 了解在现实生活中有些事情是随机发生的，而且发生的可能性是有大小的 ● 通过简单统计量的计算，理解数据的集中程度和分类，进而做出判断和决策
模型意识	对数学模型适应性的初步感悟	● 知道数学模型可以解决一些问题，是数学应用的基本途径 ● 认识到现实生活中大量问题都与数学有关，有意识地用数学概念和方法给予解释

任务二　数学课程的教育目标

学习目标 ·

1. 理解数学课程的总目标与学段目标。
2. 掌握数学课程的知识技能与过程方法。

学习任务 ·

选择数学课程总体目标中的一条，理解其数学内涵和表现形式，进行举例说明，并与同伴交流。

一、数学课程的总目标

《义务教育数学课程标准》将数学课程的"总目标"规定如下："通过义务教

育阶段的数学学习，学生能：①获得适应社会生活和进一步发展所必需的数学的基础知识、基本技能、基本思想、基本活动经验；②体会数学知识之间、数学与其他学科之间、数学与生活之间的联系，在探索真实情境与数学问题中蕴含的数学规律的过程中，发展发现和提出问题的能力，运用数学和其他学科知识与方法分析和解决问题的能力；③逐步形成会用数学的眼光观察现实世界，会用数学的思维思考现实世界，会用数学的语言表达现实世界；④对数学具有好奇心和求知欲，了解数学的价值，提高学习数学的兴趣，增强学好数学的信心，养成良好的学习习惯，形成质疑问难和自我反思的意识。"

可以看出，这四句话的意思就是"获得四基""增强能力""发展核心素养"和"培养科学态度"。

其中，总目标的第一点是强调学生获得"四基"，即基础知识、基本技能、基本思想和基本活动经验。在教学中需要注意的是，"四基"不是四个事物简单的叠加或混合，而是一个有机的整体，是互相联系、互相促进的。

总目标的第二点表述了学生通过数学学习在体会数学联系、学会数学思考、增强能力方面的目标。数学联系主要指：数学知识之间的联系，数学与其他学科之间的联系，数学与生活之间的联系。在学习知识的过程中要学会思考，学会思考的重要性不亚于学会知识。数学思考有丰富的内涵，包括形象思维、逻辑思维和辩证思维等。增强能力的目标在这里表现为：发现问题和提出问题的能力，分析问题和解决问题的能力。为此，在数学教学中教师就要努力创设适当的情境，让学生用数学的眼光来看待和分析这些情境，经常采用探究式的教学方法，引导学生发现问题和提出问题、分析问题和解决问题。

总目标的第三点指明了学生应该发展的数学核心素养，这是数学课程目标的集中体现，具有高度的整体性、连贯性和发展性。该目标的实现需要一个长期的过程，这要求教师在进行数学课堂教学时，要坚持素养导向，充分关注核心素养在课堂中的渗透和目标达成情况。基于核心素养的教学，要指向学生学习与生活的真实世界，关注数学学科、其他学科和社会生活中的真实问题，让学生有充分的机会进行观察、思考和表达。

总目标的第四点集中表述了学生通过数学学习在情感态度与价值观方面的培养目标。良好的科学态度，也是数学教学贯穿始终的目标。良好的科学态度包括坚持真理、修正错误、严谨周密、实事求是等。良好的学习习惯是从小养成的，良好的学习习惯有认真对待学习、勤奋刻苦、积极参与探究、勇于坚持真理和纠正错误等。这些"情感态度与价值观"方面的目标，不能脱离"知识与技能"的载体单独教授，要把这些目标融入教学过程去实现。

二、数学课程的知识与过程目标

《课程标准》的学段目标分三个学段：第一学段（1～3年级）；第二学段（4～6年级）；第三学段（7～9年级）。学段目标层层深入地阐述课程在知识技能、数学思考、问题解决、情感态度四个方面的具体目标。这样的具体阐述，结合了每个学段的学习内容，也考虑了学段学生的年龄、心理特点。

《课程标准》的学段目标在"知识技能"这一结果目标的表述中，大量使用了"经历""体会""感受""体验""探索"等表达过程目标的行为动词（具体含义见表2-2-1）。再次表明，课程的结果目标与过程目标是密不可分的。

表 2-2-1　过程目标的行为动词

类别	动词	含义
认知性	了解	从具体实例中知道或举例说明对象的有关特征；根据对象的特征，从具体情境中辨认或者举例说明对象
	理解	描述对象的特征和由来，阐述此对象与相关对象之间的区别和联系
	掌握	在理解的基础上，把对象用于新的情境
	运用	综合使用已掌握的对象，选择或创造适当的方法解决问题
过程性	经历	在特定的数学活动中，获得一些感性认识
	体验	参与特定的数学活动，主动认识或验证对象的特征，获得一些经验
	探索	独立或与他人合作参与特定的数学活动，理解或提出问题，寻求解决问题的思路，发现对象的特征及其与相关对象的区别和联系，获得一定的理性认识

任务三　数学课程的内容标准

学习目标

1. 理解数学课程中的"数与代数"的基本内容。
2. 理解数学课程中的"图形与几何"的基本内容。
3. 理解数学课程中的"统计与概率"的基本内容。
4. 理解数学课程中的"综合与实践"的基本内容。

学习任务

选择数学课程四个领域中的一个，分析梳理其数学内容，进行举例说明，并与同伴交流。

一、数与代数

"数与代数"部分是小学教育阶段数学课程的重要内容。这部分内容包括数的概念、数的运算、数量的估计；用字母表示数；方程等。数的概念是学生认识和理解数的开始，从自然数逐步扩充到有理数，学生将不断增加对数的理解和运用。数的运算伴随着数的形成与发展不断丰富。字母的引入和代数式的出现，是数与运算的进一步抽象。在小学阶段，从 1 年级到 6 年级，抽象的程度越来越高，解决的问题越来越复杂。了解数与代数的本质与发展，从整体上认识相关概念丰富的发展脉络，有利于把握小学的内容，理解有关内容的本质及关系，有助于数与代数内容的教学设计和目标实现。

"数与代数"学习内容的主线是：从数及数的运算到代数式及其运算，再到方程和解方程、函数……在数的认识中，要理解从数量中抽象出数，数的扩充；在数的运算中，从整数、小数、分数的四则运算到有理数的四则运算、乘方和开方的运算等体现了表示方法的抽象和运算的逐步抽象。但是，在学习的过程中，这几部分不是线性排列的，不是割裂的。例如，小学是以数的运算为主，但也有正反比例的初步学习。

对数与代数的认识，本质上要抓住两个角度：第一，数的扩充角度，从常量到变量；第二，关系的角度，从数量关系的等量关系到不等关系、变化关系。在数与代数的教学中，要注意几个方面：①在数的认识、估算等内容中体现数感；②数与数系的联系；③数与式的联系。

【拓展阅读】

说明 $\frac{1}{4}$，0.25 和 25% 的含义

　　分数、小数和百分数都是有理数的常用表示方法，但含义是有所不同的。真分数通常表示部分与整体的关系，如全班同学的 $\frac{1}{4}$；小数通常表示具体的数量，如一支铅笔 0.25 元；百分数是同分母（统一标准）的比值，便于比较，如去年增长 21%、今年增长 25%。希望通过有效的数学教学，学生能够理解它们的含义，在生活中能够合理使用。

二、图形与几何

"图形与几何"的课程内容，以发展学生的空间观念、几何直观、推理能力为核心展开，主要包括：空间和平面基本图形的认识；图形的性质、分类和度量；图形的平移、旋转、轴对称；物体和图形的位置及运动的描述。

《课程标准》关于"图形的认识"内容的安排，体现了从生活到数学、从直观到抽象、从整体到局部的特点，且三维、二维、一维图形交替出现，目标要求逐渐提高。图形认识的要求主要包括两个方面：一是对图形自身特征的认识；二是对图形各元素之间、图形与图形之间关系的认识。《课程标准》较多地使用"通过观察、操作，认识……""结合实例（生活情境）了解……""通过实物和具体模型，了解……"的表述，实际上给出了认识图形的过程和方式。

《课程标准》关于"图形的测量"的内容主要安排在小学阶段，要求包括：体会

测量的意义，体会并认识度量的单位及其实际意义，了解测量的一些基本方法，掌握一些基本图形的长度（包括周长）、面积和体积的测量方法和公式，在具体问题中进行恰当的估测。对于图形，人们往往首先关注它的大小。一般地，一维图形的大小是长度，二维图形的大小是面积，三维图形的大小是体积。图形的大小是可以度量的，度量的关键是设立单位，而度量的实际操作就是测量。

《课程标准》关于"图形的运动"在小学阶段主要涉及图形的平移、旋转和轴对称。几何图形的直观为运用图形运动的方法研究图形性质提供了有利条件。通过图形的运动探索发现并确认图形的一些性质，有助于学生发展几何直观能力和空间观念。

《课程标准》关于"图形的位置"在第一学段要求用两种方法定性刻画物体的位置：一种是用"上、下、左、右、前、后"描述物体的相对位置；另一种是用"东、南、西、北"等描述物体的绝对位置。第二学段则在第一学段的基础上定量刻画物体的位置，用数对表示物体的位置。

三、统计与概率

《课程标准》中"统计与概率"的重点内容是统计，统计的核心是数据分析。基于《课程标准》对"数据分析"的阐述，可以将"统计与概率"部分划分为四个主要方面。

数据分析过程，《课程标准》在各学段分别提出了不同的要求。在第一学段中，提出了"经历简单的数据收集和整理过程"；在第二学段中，提出"经历简单的收集、整理、描述和分析数据的过程（可以使用计算器）"。从这些要求中可以看出：①数据分析的过程可以概括为"收集数据""整理数据""描述数据""分析数据"；②随着学生年龄的增长，学生将逐步经历更加完整的数据分析过程；③从第二学段开始使用计算器来处理数据。

数据分析方法常用的有：调查、实验、测量、查阅资料等；整理、描述、分析数据的方法有：分类，用文字、图画、表格呈现数据整理的结果。在第一学段强调用学生自己的话、自己的方法来表示数据；第二学段强调学习用正式的统计图或数字特征（平均数）来表示数据。

数据的随机性，是数据分析观念的内涵之一。数据的随机主要有两层含义：①对于同样的事情每次收集到的数据可能是不同的；②只要有足够的数据就可能从中发现规律。数据分析是统计的核心。在统计的教学中，切忌将统计的学习处理成单纯数字计算和绘图技能的练习；还要注意统计结果判断的原则是"好与坏"，而不是"对与错"。

四、综合与实践

"综合与实践"部分反映了数学课程与数学教学改革的要求，也为学生提供了一种通过综合、实践的过程去做数学、学数学、理解数学的机会。"综合与实践"是数学课程中的一个较新的内容，理解和把握这个领域，对于数学课程的发展和数学教学的改革是非常重要的。

20 世纪是数学大发展的重要时期，最主要的标志就是数学应用。无论数学应用的广度，还是深度，都是空前的。在科技领域，在人文社会科学领域，在影响人们生活的每一个方面，都可以看到数学的应用，特别是在计算机科学的发展过程中。另外，一批优秀的科学家特别强调在儿童教育中开展"做中学"，提高幼儿园和小学的科学教育水平，培育学生科学的思维方式。十年的新课程实践部分地证明了"综合与实践"不但可以提高学生学习数学的兴趣、信心和能力，改变学生的学习方式，加深学生对数学本质的认识，还能提高教师自身的专业素养、开阔教师的视野、改变教师的教学方式。

《课程标准》指出："综合与实践"是指一类以问题为载体、以学生自主参与为主的学习活动。在学习活动中，学生将综合运用"数与代数""图形与几何""统计与概率"等知识和方法解决问题。"综合与实践"的教学活动应当保证每学期至少一次，可以在课堂上完成，也可以课内外相结合。"综合与实践"活动内容要特别突出"综合性""实践性""过程性"。小学阶段的"综合与实践"要注意数学知识、方法的综合运用，关注解决学生身边的真实问题。

【拓展阅读】

分类计数

将边长为 4 的正方体的表面刷上红色的漆，再将它分割成边长为 1 的小正方体（图 2-3-1）。

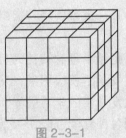

图 2-3-1

探求满足下面条件的小正方体的数量规律：①一面、两面、三面有红颜色的小正方体各有多少个？②将正方体的边长改为 5，表面刷上红色的漆，再将它分割成边长为 1 的小正方体，一面、两面、三面有红颜色的小正方体各有多少个？③将正方体的边长改为 6，结果如何？④分析上面三个问题的求解过程，你能发现什么规律？

本活动可以培养学生的空间想象力，帮助学生积累由特殊到一般、寻找规律的数学经验。在逐渐深入探讨的过程中，教师要引导学生把握问题的共性，从而得到一般性的结论。在活动的过程中，教师应鼓励学生由特例提出新问题，推动思考的深入，并归纳一般规律。鼓励学生用自己的语言和数学语言正确地表达他们发现的规律。

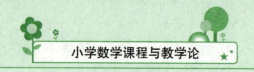
任务四　课程标准的实施建议

学习目标

1. 了解课程实施中"整体把握"的内容。
2. 理解数学课程实施中的"关注的问题"。
3. 掌握数学课程实施中的"注意的关系"。

学习任务

选择数学课程实施中的"关注的问题"中的一个，分析其内涵，进行举例说明，并与同伴交流。

选择数学课程实施中的"注意的关系"中的一个，分析其内涵，进行举例说明，并与同伴交流。

一、小学数学教学的整体把握

数学教学活动是师生积极参与、交往互动、共同发展的过程。数学教学应根据具体的教学内容，注意使学生在获得间接经验的同时也能够有机会获得直接经验，即从学生实际出发，创设有助于学生自主学习的问题情境，引导学生通过实践、思考、探索、交流等，获得数学的基础知识、基本技能、基本思想、基本活动经验，促使学生主动地、富有个性地学习，不断提高发现问题和提出问题的能力、分析问题和解决问题的能力。

在数学教学活动中，教师要把基本理念转化为自己的教学行为，处理好教师讲授与学生自主学习的关系，注重启发学生积极思考；发扬教学民主，当好学生数学活动的组织者、引导者、合作者；激发学生的学习潜能，鼓励学生大胆创新与实践；创造性地使用教材，积极开发、利用各种教学资源，为学生提供丰富多彩的学习素材；关注学生的个体差异，有效地实施有差异的教学，使每个学生都得到充分的发展；合理地运用现代信息技术，有条件的地区要尽可能合理、有效地使用计算机和有关软件，提高教学效益。

好的教学活动，应是学生主体地位和教师主导作用的和谐统一。一方面，学生主体地位的真正落实，依赖于教师主导作用的有效发挥；另一方面，有效发挥教师的主导作用，使学生能够真正成为学习的主体，得到全面的发展。实行启发式教学有助于落实学生的主体地位和发挥教师的主导作用。教师富有启发性地讲授，创设情境、设计问题，引导学生自主探索、合作交流；组织学生操作实验、观察现象、提出猜想、推理论证等，都能有效地启发学生的思考，使学生成为学习的主体，逐步学会学习。

二、数学教学需要关注的问题

（一）注重学生对知识的理解，体会数学知识之间的关联

学生掌握数学知识，应以理解为基础，并在知识的应用中不断巩固和深化。为了帮助学生真正理解数学知识，教师应注重数学知识与学生生活经验的联系、与学生学科知识的联系，组织学生开展实验、操作、尝试等活动，引导学生进行观察、分析、抽象、概括，运用知识进行判断。教师还应揭示知识的数学实质及其体现的数学思想，帮助学生厘清相关知识之间的区别和联系等。

数学知识的教学，要注重知识的"生长点"与"延伸点"，把每堂课教学的知识置于整体知识的体系中，注重知识的结构和体系，处理好局部知识与整体知识的关系，引导学生感受数学的整体性，体会对某些数学知识的学习可以从不同的角度加以分析、从不同的层次进行理解。

（二）掌握技能操作的程序和步骤，理解程序和步骤的道理

例如，对于整数乘法计算，学生不仅要掌握如何进行计算，而且要知道相应的算理。基本技能的形成，需要一定量的训练，但要适度，不能依赖机械的重复操作，要注重训练的实效性。教师应把握技能形成的阶段性，根据内容的要求和学生的实际，分层次地落实。

（三）感悟数学思想

数学思想蕴含在数学知识形成、发展和应用的过程中，是数学知识和方法在更高层次上的抽象与概括，如抽象、分类、归纳、演绎、模型等。例如，在研究数学问题中，常常需要通过分类讨论解决问题，分类的过程就是对事物共性的抽象过程。教学活动中，要使学生逐步体会为什么要分类、如何分类、如何确定分类的标准、在分类的过程中如何认识对象的性质、如何区别不同对象的不同性质。通过多次反复的思考和长时间的积累，使学生逐步感悟分类是一种重要的思想。学会分类，可以有助于学习新的数学知识，有助于分析和解决新的数学问题。

（四）积累数学活动经验

数学活动经验的积累是提高学生数学素养的重要标志。帮助学生积累数学活动经验是数学教学的重要目标，是学生不断经历、体验各种数学活动过程的结果。数学活动经验需要在"做"的过程和"思考"的过程中积淀，是在数学学习活动过程中逐步积累的。

教学中注重结合具体的学习内容，设计有效的数学探究活动，使学生经历数学的发生发展过程，是学生积累数学活动经验的重要途径。例如，在统计教学中，设计有效的统计活动，使学生经历完整的统计过程，包括收集数据、整理数据、展示数据、从数据中提取信息，并利用这些信息说明问题。学生在这样的过程中，不断积累统计活动经验，加深理解统计思想与方法。

"综合与实践"是积累数学活动经验的重要载体。在经历具体的"综合与实践"问题的过程中，教师引导学生体验如何发现问题、如何选择适合自己完成的问题、如何把实际问题变成数学问题、如何设计解决问题的方案、如何选择合作的伙伴、如何有效地呈现实践的成果，让别人体会自己成果的价值。通过这样的教学活动，学生会逐步积累运用数学解决问题的经验。

（五）关注学生情感态度的发展

教师要把落实情感态度的目标作为己任，努力把情感态度目标有机地融合在数学教学过程之中。设计教学方案、进行课堂教学活动时，应当经常考虑如下问题：如何引导学生积极参与教学过程？如何组织学生探索，鼓励学生创新？如何引导学生感受数学的价值？如何使他们愿意学，喜欢学，对数学感兴趣？如何让学生体验成功的喜悦，从而增强自信心？如何引导学生善于与同伴合作交流？如何培养学生良好的学习习惯？

在教育教学活动中，教师要尊重学生，以强烈的责任心，严谨的治学态度，健全的人格感染和影响学生；要不断提高自身的数学素养，善于挖掘教学内容的教育价值；要在教学实践中善于用课程标准的理念分析各种现象，恰当地进行养成教育。

三、数学教学应当注意的关系

（一）"预设"与"生成"的关系

教学方案是教师对教学过程的"预设"，教学方案的形成依赖于教师对教材的理解、钻研和再创造。理解和钻研教材，应以《课程标准》为依据，把握好教材的编写意图和教学内容的教育价值；对教材的再创造集中表现在：能根据所教班级学生的实际情况，选择贴切的教学素材和教学流程，准确地体现基本理念和内容标准规定的要求。

实施教学方案，是把"预设"转化为实际的教学活动。在这个过程中，师生双方的互动往往会"生成"一些新的教学资源，这就需要教师能够及时把握，因势利导，适时调整预案，使教学活动收到更好的效果。

（二）面向全体学生与关注学生个体差异的关系

教学活动应努力使全体学生达到课程目标的基本要求，同时要关注学生的个体差异，促进每个学生在原有基础上的发展。对于学习有困难的学生，教师要给予及时的关注与帮助，鼓励他们主动参与数学学习活动，并尝试用自己的方式解决问题、发表自己的看法，要及时地肯定他们的点滴进步，耐心地引导他们分析产生困难或错误的原因，并鼓励他们自己去改正，从而增强学习数学的兴趣和信心。对于学有余力并对数学有兴趣的学生，教师要为他们提供足够的材料和思维空间，指导他们阅读，发展他们的数学才能。

在教学活动中，要鼓励与提倡解决问题策略的多样化，恰当评价学生在解决问题过程中所表现出的不同水平；问题情境的设计、教学过程的展开、练习的安排等要尽可能地让所有学生都能主动参与，提出各自解决问题的策略，并引导学生通过与他人的交流选择合适的策略，丰富数学活动的经验，提高思维水平。

（三）合情推理与演绎推理的关系

推理贯穿于数学教学的始终，推理能力的形成和提高需要一个长期的、循序渐进的过程。义务教育阶段要注重学生思考的条理性，不要过分强调推理的形式。推理包括合情推理和演绎推理。教师在教学过程中，应该设计适当的学习活动，引导学生通过观察、尝试、估算、归纳、类比、画图等活动发现一些规律，猜测某些结论，发展合情推理能力；通过实例使学生逐步意识到，结论的正确性需要演绎推理的确认，可以根据学生的年龄特征提出不同程度的要求。

课程实施的案例分析

在进行"圆的周长"的教学时，教师给每位学生发了四个圆，直径分别为 4、5、6、7 厘米不等。让学生测量出圆的周长和直径，看看周长和直径有什么关系。大部分学生测量得到周长为 13、16、19、22 厘米。因此发现"圆的周长等于直径的三倍加一"。

具体要求：

1. 根据课程理念、目标和实施建议，对上述教学案例进行分析。假如你是教师，你会怎么办？

2. 搜集类似的案例，根据课程理念、目标和实施建议进行分析。假如你是教师，你会怎么办？

项目三　小学数学学习路径

项目背景 ▼ ....

　　小学生的思维特点是以具体形象思维为主，逐渐向抽象逻辑思维过渡，但形象思维仍然占主导地位，逻辑思维是初步的。由于小学生的思维特点、认知结构和小学数学的学科特点与教学目标的特殊性，小学生数学学习路径有其特殊性。教师只有理解小学生在数学概念学习、数学结论学习和数学问题解决的特殊心理过程，才能科学地设计与实施有效的数学教学。

项目目标 ▼ ....

一、知识与能力目标

　　1.理解小学数学概念及结论的含义，掌握小学生数学概念学习的基本路径，了解帮助小学生形成数学概念的教学策略。

　　2.理解小学数学问题解决的含义，掌握小学生数学问题解决的基本路径，了解提升小学生问题解决能力的教学策略。

二、过程与方法目标

　　1.模拟小学生数学概念及结论的学习路径，进行教学设计并与同伴交流，培养基于学生学习的教学分析能力与教学设计能力。

　　2.模拟小学生数学问题解决的学习路径，进行教学设计并与同伴交流，培养基于学生学习的教学分析能力与教学设计能力。

三、情感态度与价值观目标

　　1.通过知识学习、模拟训练等学习过程，增进教师对小学数学教学的理解。

　　2.通过教学设计、汇报交流等学习过程，增进教师对小学生学习的关爱。

　　3.通过知识学习、教学设计等学习过程，使教师树立以学生为本的教育价值观。

引导案例

小数概念的教学

在一节四年级"小数的意义"的新授课上，教师将一个纸条平均分成 10 份，取出一份用分数表示是 $\frac{1}{10}$，写成小数是 0.1；取出两份用分数表示是 $\frac{2}{10}$，写成小数是 0.2，学生很容易就认可了这一点。

可当教师给学生一张空白纸片，让学生画出自己喜欢的小数时，问题就出现了。一些学生将纸片平均分成 6 份，选择一份涂上颜色，用分数表示是 $\frac{1}{6}$，用小数表示还是0.1 或者不写小数。

教师问了一个不写小数的学生，他回答："如果 $\frac{1}{6}$ = 0.1，$\frac{1}{10}$ = 0.1，就会出现 $\frac{1}{6}$ = $\frac{1}{10}$，这与原来学过的 $\frac{1}{6}$ > $\frac{1}{10}$ 矛盾。"

这个案例在一定的程度上说明，从分数入手认识小数，教学的效果并不理想。原因是多方面的，除了教师和学生方面的人为因素外，我们还需要思考知识本身的原因，即这样认识小数的意义是否恰当，是否符合数学逻辑，是否揭示了小数的真实意义？

思考　如何科学设计教学，让学生更好地学习小数的概念呢？

任务一　形成数学概念的路径

学习目标

1. 理解小学数学概念的含义。
2. 掌握小学生数学概念学习的基本路径。
3. 了解小学生形成数学概念的教学策略。

学习任务

选择一个数学概念，理解其数学本质，遵循小学生数学概念学习的路径，做一个教学设计，并与同伴交流。

一、小学数学概念的含义

数学概念是客观现实世界的数量关系和空间形式的本质属性在人们头脑中的反映。数学概念一般由内涵和外延两部分组成。数学概念的内涵是概念"质"的反映，外延是"量"的反映，两者相互依存，共同构成数学概念统一而不可分割的两个方面。

数学概念的内涵反映了这个概念所包含的一类数学对象的本质属性的综合。比如，平行四边形的内涵是"两组对边分别平行的四边形"，就反映了平行四边形的本质属性：平行四边形是一种特殊的凸四边形，有四条边，四个顶点；两组对边分别平行，相邻边相交；内角和为360°，邻角互补，对角相等；两条对角线交于一点，且相互平分。

数学概念的外延反映了构成概念的所有对象的全体。比如，平行四边形的外延包括一般平行四边形、长方形和菱形。三角形的外延包括锐角三角形（最大角为锐角）、直角三角形（最大角为直角）和钝角三角形（最大角为钝角）。

许多数学概念要通过下定义的语句来表述其内涵。例如，五年级下册质数的概念是这样给出的："一个数，如果只有1和它本身两个因数，那么这样的数叫作质数。如2，3，5，7都是质数。"质数的定义体现了质数的内涵，例子列举了质数外延的一部分。小学数学概念下定义的方式通常有以下几种。

（一）描述性定义

描述性定义就是列举一些元素并加上其某种外部特征来进行定义。描述性定义一般采用"像……这样的……叫作……"的语句来进行描述。这种描述式概念一般借助学生通过感知所建立的表象，选取有代表性的特例做参照物而建立。例如，"像 -3，-500，-4.7，$-\dfrac{1}{6}$……这样的数叫作负数"。再如，像 3.45，0.85，2.60，36.6，1.2 和 1.5 这样的数叫作小数。描述性定义虽然不是很严格，但是符合小学生的认知特点。如果要帮助小学生认识数学概念的本质属性，还需要挖掘定义的内涵。

（二）约定式定义

约定式定义是根据数学上某种特殊的需要，通过规定的方式来下定义的。这种定义一般是利用已经确定的表达式，去规定新引入的表达式的意义。例如，为了使乘法的定义"求几个相同加数的和的简便运算，叫作乘法"中的"几"等于1或0时也有意义，我们规定：一个数×1＝这个数，一个数×0＝0。

（三）属加种差定义

属加种差定义是常用的下定义的方式，其公式为：被定义概念＝种差+邻近的属概念。所谓被定义概念就是我们要给予定义的概念；种差就是被定义概念与跟它并列的其他种概念间的本质属性的差别；邻近的属概念就是邻近被定义概念的概念。例如，"有一个角是直角的三角形叫作直角三角形"。"三角形"是属概念，"直角三角形"是种概念，"有一个角是直角"是种差。

（四）发生式定义

发生式定义是以被定义概念所反映的对象发生或形成的过程作为种差的定义方式。发生式定义告诉人们做出一个图形或得到一个概念的方法。例如，"一个物体、一个计量单位或是一些物体等都可以看作一个整体。把这个整体平均分成若干份，这样的一份或几份都可以用分数来表示"。其中的"把这个整体平均分成若干份，这样的一份或几份"就指出了分数的发生或形成的过程。

（五）关系式定义

关系式定义是以数学对象之间的关系来定义的。如，"在整数除法中，如果商是整数而没有余数，我们就说被除数是除数的倍数，除数是被除数的因数"。在整除的情况下，用被除数与除数的关系定义倍数与因数的关系。因数与倍数概念是相互依存的。

二、形成数学概念的路径

概念形成（Concept Formation），是指从大量同类对象或者事实出发，发现共性、抽象概括，归纳得到本质属性，得到概念的过程。这是儿童学习数学概念的主要方式，通常需要经历"感知具体对象—尝试建立表象—抽象本质属性—语言符号表示—巩固练习运用"五个阶段。

下面以"长方形的概念"为例（表3-1-1），说明儿童数学概念形成的基本路径。

表 3-1-1　数学概念形成的路径

阶段	含义	示例
感知具体对象	儿童运用观察、操作、体验等感知活动，对来自生活经历的事实或者教师设计的教学材料，进行充分的感知，形成对一类对象共同属性的感性认识	儿童发现课桌表面、课本表面、黑板表面、教室墙面的某一面都是四边围成的方形，这就是感知生活中的长方形，根据经验形成感性认识
尝试建立表象	儿童试图在头脑里建立感知对象的表象，当这些事物不在面前时，在头脑中出现的关于事物的形象。从信息加工的角度来讲，表象是指当前不存在的物体或事件的一种知识表征，这种表征具有鲜明的形象性	儿童会在头脑里形成一个方框，它代表了曾经看到过的课桌表面、课本表面、黑板表面、教室墙体的某一面。而且，儿童会在别人提及这些事物的时候，自动想起这些事物的样子
抽象本质属性	儿童通过进一步比较、分析、综合、归纳等活动复合表象，将一类对象的本质属性抽象出来，构成同类对象的关键特征。也就是说，儿童会舍弃前一阶段建立的一些事物的非本质特征，运用推理的方法抽取本质特征	儿童会认为课桌表面、课本表面、黑板表面、教室墙体的某一面里蕴含着平面图形，它由四条边首尾相接而成，而且每相邻边所成的角为直角。或者，儿童会发现，这些物体都由四个点确定，相邻点的连线构成四个直角
语言符号表示	在儿童对同类对象的基本属性有了充分认识之后，儿童就会尝试采用语言或者数学符号对这些对象进行特征的概括和表征，从而获得概念	儿童会发现，这类事物是由四条边围成，是一种特殊的四边形，四个角都是直角的四边形。如果联想到平行四边形，儿童会想到有一个角是直角的平行四边形，是一种特殊的平行四边形。这类事物就叫作长方形，可以用符号"▭"表示

阶段	含义	示例
巩固练习运用	儿童将获得的新概念推广到其他同类对象中去，辨别其他对象是否属于这个概念。这个概念推广的过程，既是概念运用的过程，也是进一步理解和修正新概念的过程	儿童会运用长方形的概念判断：篮球场是长方形；操场跑道不是长方形。比如，下图中左边三个图形是长方形，右边三个图形不是长方形

需要说明的是，很多数学概念比较抽象，并且是用数学关系来定义的。儿童掌握这类概念比较困难，教师需要从具体例子入手，让儿童在充分感知具体事例的基础上，解释其内部关系和本质属性，儿童才能形成数学概念。

【拓展阅读】

小数概念的教学

"小数的意义"的教学，需要让学生明白：小数的本质是十进制数，是整数的延伸。因此，教学的重点就是要让学生理解"小数是自然数的单位1沿着小的方向延伸产生的数，相邻计数单位之间的进率为10"。

（一）类比引入小数

师：目前我国使用的人民币中，最常用的单位是……

生：元。

师：（出示1张壹元的人民币）这是1元，如果3张这样的人民币就是……

生：3元。

师：10张这样的人民币是……

生：10元。

师：（拿出一张拾元的人民币）1张拾元的人民币就等于10张壹元的。（拿出10张拾元的人民币）这是……

生：100元。

师：（拿出1张佰元的人民币）1张佰元的相当于10张拾元的，相当于100张壹元的。拾元、佰元都是比元更大的面值，有没有比元更小面值的人民币呢？

生：有，角和分。

师：角是怎么来的？角有什么用？

生：把壹元平均分成10份，每份就是1角，也就是"1元＝10角"。角表示比元更小的单位，就是不足1元时，可以用角来支付。

师：一个空矿泉水瓶子的价值为 1 角，一个作业本的价格为5角，以元为单位怎么表示？

生：分别是 0.1 元和 0.5 元。

师：6 个矿泉水瓶的价值为多少元？

生：0.6 元。

师：0.5 元、0.6 元里面分别有几个 0.1 元？

生：5 个，6 个。

师：有比角更小的货币单位吗？如果有，它是怎么来的？

生：有，分。把一角平均分成10份，1份就是1分，也就是"1角=10分"。

师：一张作业本纸的价值约为 1 分，一张 A4 打印纸的价值约为 4 分，一张创可贴的价值约为 25 分。如果以元为单位，它们可以分别表示为多少元呢？

生：分别是 0.01 元、0.04 元和 0.25 元。

师：0.04 元、0.25 元里面分别有几个 0.01 元？

生：4 个，25 个。

评析：通过生活实例，学生认识到，人们在度量物体的时候，总把容易感知的量作为单位1，然后依据十进制发展出大数目的位置系统。然而社会生活中有时还需要比单位1更小的单位，人们还可以按照十进制的原则产生更小的单位。

（二）理解小数的意义

师：（出示一个米尺，没有刻度），这把尺子的长度为1米，用它来测量课本的长度，行吗？

生：不行，课本长度远不够 1 米，看不出长度。

师：怎么办呢？

生：把它平均分成 10 段，每一段是 0.1 米，看看能不能测量？

师：（换一把尺子，已经平均分成了 10 份，测量一下课本的长度为两格）那么课本的长度是多少呢？

生：两个 0.1 米，即 0.2 米。

师：现在用这把尺子来测量课本的宽度，可以吗？

生：（量一量，一格多一些）不行。

师：那怎么办呢？

生：再把每一格分成 10 个小格，再来测量，看看行不行。

师：（再换一把已经把每一格分成 10 小格的米尺，测量一下课本宽度 15 小格）现在这把尺子每个小格的长度是多少？课本的长度是多少？

生：0.01 和 0.15，0.15 里面有 15 个 0.01。

师：测量一下课桌的长度和宽度，看看结果是多少？并说明里面有几个 0.1 和 0.01？

生：长 0.6 米，里面有 6 个 0.1，60 个 0.01。宽 0.45 米，里面有 45 个 0.01，它里面有 4 个 0.1 还多一些。

师：根据前面这些例子，请你说一说从 1 是怎么得到 0.1 和 0.01 的？

生：把 1 平均分成 10 份，每份就是 0.1；把 1 平均分成 100 份，每份就是 0.01；而且 0.1 等于 10 个 0.01。

师：假如我想要表示 0.001 呢？

生：那就把 1 平均分成 1000 份，一份就是 0.001。

评析：根据实际需要，创造小数来度量物体的长度，解决相关问题；通过现实体验，学生体会到小数是在已有数学概念不够用的基础上自然引入的，由此产生内在的学习需求，进而抽象概括出小数的意义。

三、形成数学概念的教学策略

数学概念的形成重点是把概念代表的同类事物的本质属性抽取概括出来，并推广到同类事物中去。其间，涉及观察、分类、触摸等动作操作，还涉及比较、归类、分析、综合等思维活动。这个阶段，既是学生理解数学概念的含义的过程，也是发展抽象概括能力的过程。小学数学概念形成的教学策略有很多，且因人而异，常见的策略有以下几种。

（一）多例比较

学习概念，关键是要掌握它的内涵和外延，它反映了归纳本质属性的精确性和归纳对象的清晰性。有时候，我们认为会背诵概念，就能掌握数学概念，只要记住了概念语句，就掌握了概念的要义。其实，这是一种误解，很多数学概念的语言表述很简单，但含义很丰富，概括性极强，需要借助实例作为支撑，才能更好地理解语词含义。

比如，学生初学"垂直"时，往往只把"水平和铅垂形成的位置"误认为是"垂直"的本质属性，或者误以为"只有相交的直线才有可能垂直"。教学中，教师要呈现不同角度的"垂直"和延长后相交的"垂直"等多种"垂直"的变式图样让学生充分地感知，再通过辨析比较，发现变式图样中"垂直"这一本质属性，从而真正理解"垂直"的概念。

（二）多次归纳

有些数学概念，涉及一些相关的基础概念，或者经历了几层抽象，儿童理解起来比较困难。教师可以从具体直观的对象入手，引导学生一步一步地观察、分析、综合，经历多次抽象概括，最后上升到所要学习的数学概念。这样一个过程，涉及的相关概念很多，需要逐层推进，并建立一个概念之间的层级或者网络结构，才有助于儿童理解。

比如，学习"最大公因数和最小公倍数"时，教师在学生已经掌握了"整除""倍数""因数"等意义的基础上，结合具体情境，通过比较和列举找出两个数的相同的"因数"或"倍数"，引出新概念"公因数"和"公倍数"。然后再继续拓展，找到公因数中最大的数和公倍数中最小的数（为什么不是相反呢？），再引入"最大公因数"和"最小公倍数"的概念。

（三）表象过渡

所谓表象，就是人们过去遇见过的实物在头脑里留下的映像。它既有一定的直观性，又有一定的抽象性，是沟通儿童认识的直观对象和数学抽象概念的桥梁。因此，在建构数学概念时，可以先展示一些同类事物，让学生进行形象感知，再让学生反复体会，建立表象。

比如，对于"认识分米"的教学，教师可以先让学生画一条 1 分米的线段，直接感知 1 分米有多长。然后学生张开拇指和食指比画 1 分米长度，在比画的过程中通过看一看、验一验、记一记、找一找、估一估、量一量等活动，在脑海中刻下了 1 分米的长度的表象。以后，只要说到 1 分米，学生自然就会张开拇指与食指来比画相应的长度，就会想到开关面板的边长、一次性水杯的高度等。

（四）语句理解

数学概念大多采用定义的形式呈现的，比较严谨精确。而儿童在学习概念时，常常从已有知识经验出发，直观地理解概念。因而，数学概念的精确性与儿童理解的直观性之间可能存在一定差异。为了让儿童更好地理解数学概念，教师需要解读概念中的关键词句，解读文字中隐含的数学信息。

比如，小学数学教材对"方程"的定义是"含有未知数的等式叫作方程"。教师需要向儿童解释什么是未知数、什么是等式，还需要挖掘文字背后的信息，为了求解未知量，用未知数（通常是字母）表示未知量，建立了关于未知量的等式，这个等式才叫方程。

（五）操作体会

儿童在建构抽象的数学概念时，如果没有一定的直观经历和感知作为基础，很难真正理解概念的含义。因此，在学习比较抽象的数学概念时，教师可以让儿童动手摸一摸具体实物，操作一下相应的学具，摆一摆具体的模型，在操作中体会数学对象的意义，建立对概念的理解。

比如，学习"周长与面积"时，教师可以先让学生用不同颜色的笔涂一涂图形的"面"、描一描图形的"边"，通过操作和色彩的对比使之初步感知"面"与"线"的不同。然后学生再用手指顺次"画"图形的各条"边"，用手掌"摸"图形的"面"，用这样不同的操作方法将不同的概念外化为不同的动作，用以体验两个概念的不同内涵。

任务二　发现数学结论的路径

学习目标

1. 理解小学数学结论的含义。
2. 掌握小学生发现数学结论的学习路径。
3. 理解小学生发现数学结论的教学策略。

学习任务

选择一个数学结论，理解其数学本质，遵循小学生发现数学结论学习的路径，做一个教学设计，并与同伴交流。

一、小学数学结论的含义

所谓数学结论，是指数学概念的性质或者数学概念之间的关系，是数学对象稳定的性质和联系。小学数学中的规律主要包括法则、定理、运算律、公式、性质等，它们是数学知识的重要组成部分。有的国家把这部分内容叫作数学事实，在我国的中学阶段一般称之位数学命题。考虑到小学阶段的特殊性，我们把这部分内容叫作数学结论。

小学数学的结论很多，如运算结果、运算定律、运算性质、数的特性、图形性质、图形度量公式、图形变换的结论、常见量之间的进率、简单概率与统计问题的结论、方程的同解原理等。下面对主要结论做简单的介绍。

（一）运算结果

小学数学的常用运算结果是指"几加几"和"几乘几"的结果，前者在我们的小学教材中没有给出，主要靠学生平时的积累和记忆（表 3-2-1），后者就是九九乘法表。这些基本数学结果在学生的初学阶段相当于学习数学定理，要经历一个探索发现的过程。这些基本运算结论是以后进行四则运算的基础。

表 3-2-1　加法口诀表

1+1=2								
2+1=3	2+2=4							
3+1=4	3+2=5	3+2=5						
4+1=5	4+2=6	4+2=6	4+4=8					
5+1=6	5+2=7	5+2=7	5+4=9	5+5=10				
6+1=7	6+2=8	6+2=8	6+4=10	6+5=11	6+6=12			
7+1=8	7+2=9	7+2=9	7+4=11	7+5=12	7+6=13	7+7=14		
8+1=9	8+2=10	8+2=10	8+4=12	8+5=13	8+6=14	8+7=15	8+8=16	
9+1=10	9+2=11	9+2=11	9+4=13	9+5=14	9+6=15	9+7=16	9+8=17	9+9=18

（二）运算定律

小学数学的运算定理主要指加法交换律、加法结合律、乘法交换律、乘法结合律和乘法分配律。这五大定律是进行竖式计算和简便计算的运算基础，其实质也是数学结论。

需要说明的是，学生在学习这些运算律时，不仅仅需要知道它们的外在语言表述（比如，加法结合律是三个加数相加，先加前两个数再加第三个数的结果，等于先加后两个数再加第一个数的结果），还要知道其实质（比如，加法结合律的实质是三个数相加，可以先加任何两个数，再加上第三个数，结果不变）。这对教师和小学生来讲，都是一个难点，更为重要的，还应该能在整数范围内证明这些运算律。

（三）运算性质

小学数学的运算性质主要有四个：和不变的性质，差不变的性质，积不变的性质和商不变的性质。小学教材中，对商不变的性质做了教学要求，因为小数除法、分数的基本性质、比的性质、正比例等内容都和它有联系。实际上，其余三个性质也非常重要，它们是运算定律的基础。

比如，积不变的性质就是乘法交换律、结合律和反比例的本质所在。例如 $125 \times 32 = 125 \times 8 \times 4 = 1000 \times 4$，就是因为"前一个数放大 8 倍，后一个数缩小 1/8"。

（四）数的特性

小学数学中，数的整除特征、分数的基本性质和小数的基本性质、分数与小数互化的基本规律，其本质都是商不变的性质，也可以看作数学结论。因为它们的本质和学习过程与其余数学规律的本质与学习过程是一样的。

（五）几何图形的特征

几何图形的特征是指简单几何图形的性质，比如长方形的性质是四个直角、对角线平分且相等。同时，如果把圆周率看作圆的周长与直径的比值，这是一个不变的量，也可以看作几何图形的性质。这些性质，也可以看作数学规律，学生学习时，也要经历一个探索发现的过程。

（六）图形的度量公式

图形的度量公式，主要指平行四边形、三角形、长方形、梯形和圆的周长、面积等公式，三角形和多边形的内角和公式。需要说明的是，推导这些公式有很多方法，学生推导方法的多样性与灵活性，正是他们几何思维水平的重要表现。这些公式的推导，需要经历比较严密的过程，这个过程也是培养学生推理能力的有效途径。因此，这些公式的推导，其重要性不亚于其应用。

此外，小学数学的结论还很多，比如：图形变换的结论、常见量之间的进率、简单概率与统计问题的结论、方程的同解原理等。

人们掌握客观结论一般有两种模式：一种是归纳模式，即先观察若干实例，然后抽象概括出一般结论；另一种是演绎模式，即先呈现结论，然后给出若干实例来验证

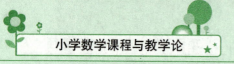
或者说明结论，以加深对结论的理解。有论者认为，前一种对应的是发现学习，后一种对应的是接受学习。

二、发现数学结论的路径

在数学教学中，所谓发现数学结论，就是教师提供相应的情境信息，学习者通过运算、观察、分析、类比、归纳等步骤，自己提出问题、探索规律、建立猜想和形成结论的过程。所以，让学生经历数学结论的发现过程，有助于培养学生质疑猜想、观察归纳、探索发现的能力，这是创新和创造的基础。

学生学习数学结论，要经历探索与发现的过程，因而一般采用归纳模式。由于认知能力的差异和数学规律的潜隐程度不同，学生学习时经历的过程会有一些差异，但总体上会经历"分析情境—观察发现—验证证明—巩固运用"四个基本阶段。下面以"平行四边形的面积"为例，来说明学生发现数学结论的基本过程。

（一）分析情境

在数学教学中，情境指的是刺激性的数学信息，它能够引发学生的认知冲突，诱发质疑猜想。它是数学教学活动进行的物理和心理条件，是进行数学行为的教育背景。分析情境，指的是学生根据自身的认知基础，对数学情境进行富有个性的观察思考、提取信息、寻求联系、质疑猜想和发现隐含信息等活动。

在"平行四边形面积"的教学中，教师让学生拿出准备的平行四边形纸片，请学生说一说平行四边形有哪些特点，指导学生用字母标出平行四边形的邻边。画出不同底边对应的高并用字母表示（图 3-2-1）。用直尺分别测出平行四边形的底和高。回顾长方形的面积，想一想，如何计算平行四边形的面积。

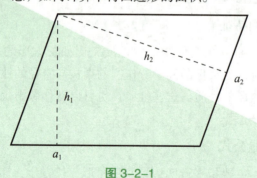

图 3-2-1

（二）观察发现

在观察分析情境的基础上，学生会提出疑惑、形成猜想，进而做出有意义的论断，这就是发现结论。所谓表述数学结论，就是将发现的结论用图表、文字和符号等表达出来，便于理解和记忆。表述数学结论，需要用到常见的数学术语和符号，需要一定的语言描述和概括能力。因而，表述数学结论的环节，也是学生发展数学概括能力、数学交流能力的一种途径。

在"平行四边形面积"的教学中，学生根据测得的数据，猜想平行四边形的面积，常有可能有以下三种情况：①平行四边形的面积可以用两条邻边的长度相乘，即 $a_1 \times a_2$；②直接用底和高相乘，即 $a_1 \times h_2$ 或 $a_2 \times h_1$；③必须用底乘对应的高，即 $a_1 \times h_1$ 或 $a_2 \times h_2$。

（三）验证证明

所谓数学规律的验证证明，就是从数学的角度借助已有的知识说明、解释、验证、证明规律的正确性。数学规律的证明，不仅有利于理解基本结论的内容，促进数学规律的运用，而且更有利于掌握常用的数学思想方法，提高数学修养。

在"平行四边形面积"的教学中，对上述第①和②两种情况，教师举出反例说明不正确。对第③种情况，师生可以用数方格的方法验证，发现结论正确。再举一个类似的例子，引导学生发现结论，即"平行四边形的面积等于平行四边形的底与对应高的乘积"。

教师提出问题，为什么"平行四边形的面积等于平行四边形的底与对应高的乘积呢？"联想之前数方格的原理，学生证明方法，"把平行四边形剪一刀，拼成一个长方形"（图 3-2-2）。平行四边形转化成长方形后，形状变了，面积没变。长方形的长等于平行四边形的底，长方形的宽等于平行四边形的高。因为"长方形面积 = 长 × 宽"，可以得到"平行四边形面积 = 底 × 高"。

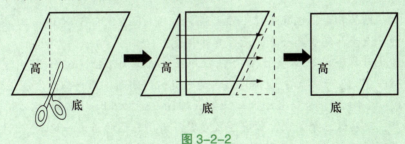

图 3-2-2

（四）巩固运用

所谓数学规律的巩固运用，就是运用数学结论和体现的思想方法去解决相应的数学问题和其他相关问题，加深对数学结论的理解。数学中的定理、法则、公式等都是包摄程度较高的基本结论，应用它们可以解决其他数学问题。同时，数学结论的应用又是学生发展逻辑推理能力、发展数学思维能力的重要途径。

教师在讲授"平行四边形面积公式"的第一课时，可以进行如下巩固运用：根据公式，说出要想求出平行四边形的面积需要知道哪两个条件。例题："一块平行四边形铜板（图略），它的面积是多少平方米？"计算引入新课时那个平行四边形学具的面积。

【拓展阅读】

乘法分配律的教学

乘法分配律是一个重要的数学结论，它的教学，让学生领悟到乘法分配律"从哪里来，是什么，到哪里去"。

（一）分析情境

师：老师这里有两句话，"我爱爸爸"和"我爱妈妈"。你能把它们合并成一句话吗？

生：能，那就是"我爱爸爸和妈妈"。

师：很正确。同学们的校服，每件上衣 62 元，每条裤子 37 元，大家算一算，咱们班 35 个人，每人一套校服，需要花多少钱？暂不计算结果，说一说你是怎么列算式的。

生：每一套校服的钱乘总的套数，$(62+37) \times 35$。

生：所有上衣的钱加上所有裤子的钱，$62 \times 35 + 37 \times 35$。

师：有两种不同的算法，得到两个不同的算式，大家猜一猜，这两个算式的结果会怎样？

生：结果相等，也就是说 $(62+37) \times 35 = 62 \times 35 + 37 \times 35$。

师：是吗？动手算一算，是否真的相等？

学生计算，结果都等于 3465，教师在黑板上写下：$(62+37) \times 35 = 62 \times 35 + 37 \times 35$。然后，教师再出示两个类似的问题，用类似的方法得到两个等式：$(4+2) \times 25 = 4 \times 25 + 2 \times 25$，$(10+8) \times 50 = 10 \times 50 + 8 \times 50$。

师：观察这三个等式，你有什么发现？请用自己的话说一说。

评析：通过生活情境的引入和数学问题的解决，引导学生对多个数学事实进行观察，从而发现乘法分配律，能培养学生的数学探究和归纳猜想能力。

（二）发现表述

生：两个数的和与第三个数相乘，等于每个加数分别与第三个数相乘，再把所得的积加起来。

生：两个数的和与一个数相乘，可以先把它们与这个数分别相乘，再把乘积相加。

生：（甲数+乙数）×丙数=甲数×丙数+乙数×丙数。

生：$(\triangle + \square) \times \bigcirc = \triangle \times \bigcirc + \square \times \bigcirc$。

生：$(a+b) \times c = a \times c + b \times c$。

······

评析：启发学生从多个角度表述乘法分配律，既可以加深对乘法分配律的理解，又可以培养学生的数学表达和数学交流能力。

（三）验证证明

师：大家的发现正确吗？

生：正确，我举了几个例子，都验证了它。

生：不一定，找不到反例，只能说明它正确的概率很大，但不能说明一定正确。

师：怎么才能说明这个结论一定正确呢？

生：除非我们能用学过的数学知识来证明它正确。

师：对！我们数学上，肯定一条结论，需要凭借证明。这里的 a，b，c 都是自然数，以 $(a+b) \times c = a \times c + b \times c$ 为例，你能证明它吗？

生：我试试，可以用乘法的定义来证明。根据乘法的定义，$(a+b) \times c$ 表示 c 个 $a+b$ 的连加，将括号去掉，就是 c 个 a 的连加，再加上 c 个 b 的连加，根据乘法的含义，就是 $a \times c + b \times c$（教师根据学生叙述板书，具体参见前文）。

生（众）：哇！巧妙！

生：我可以用长方形的面积来证明。如图所示，长 $a+b$，宽 c 的长方形 $ABCD$ 的面积为 $(a+b) \times c$，也可以是两个长方形 $ABFE$ 与 $EFCD$ 的面积和，即 $a \times c + b \times c$，从 $(a+b) \times c = a \times c + b \times c$。

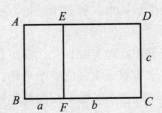

师：这样我们就可以确定 $(a+b) \times c = a \times c + b \times c$ 是正确的。我把这个等式变成 $c \times (a+b) = c \times a + c \times b$，你说它正确吗？

生（众）：正确。

师：我们把这个规律叫作乘法分配律。大家用自己的话说一说，什么是乘法分配律？

评析：让学生证明乘法分配律，能加深学生对乘法分配律和乘法意义的理解，有利于培养学生的数学说理和论证能力；同时也让学生初步体会到数学的研究方法，即在数学上肯定一个结论需要给予证明，而否定一个结论只需要举出反例。

（四）巩固运用

师：下面请大家用乘法分配律计算 $25 \times (10+8)$ 和 $37 \times (20+3)$，并用竖式计算 25×18 和 37×23，看看你有什么发现。

生：我发现竖式的算法就是来源于乘法分配律（具体解释，略）。

师：如果计算 38×102，你打算怎么算？

生：我列竖式计算。

生：我把 38×102 写成 $38 \times (100+2)$，再用乘法分配律计算。

师：大家用两种方法计算，体会一下哪一种方法更简单。

评析： 通过两类练习题，既让学生运用了乘法分配律，培养了学生解决问题的能力，又让学生体会到了乘法分配律的重要价值，加深了学生对相关数学内容的理解。

三、发现数学结论的教学策略

数学是思维的科学，数学教学是数学思维活动的教学。数学结论的发现，正好契合了学生好奇的心理和联想丰富的天性。只要教师创设的情境适当、提供的信息明确，学生就会主动参与、积极思维，在"活动"中展开丰富的联想、提出各种各样的猜想。

（一）用实验发现数学结论

教师提供材料，组织学生进行实践操作，通过动手操作去发现基本结论。教师提供给学生相应的学具，学生操作学具来发现数学结论。实验教学是一种普遍的、有效的教学方法。

例如，在学习"三角形内角和定理"时，先让学生把三角形的两个角剪下来，与另一个角拼在一起，发现这三个角刚好能拼成一个平角，由此实验活动触发学生"发现"这一定理。数学中，易于用观察、实验发现的基本结论主要有：圆的面积公式、平行四边形的面积公式等。

（二）用归纳发现数学结论

教师提供多个性质相同的材料，让学生观察、归纳、概括出隐藏的规律。例如，在学习"长方形的面积公式"时，教师可以让学生在方格纸上观察一些典型的长方形，然后写出它们的面积（表 3-2-2），就很容易归纳出"长方形的面积等于长乘宽"。

表 3-2-2　长方形的面积

序号	长	宽	面积
1	2	2	4
2	2	3	6
3	3	4	12
一般的	长	宽	长×宽

（三）用类比发现数学结论

数学上，类比指的是根据两个数学对象之间的相似性，推测一个对象也具有另一个对象的数学特征。用类比的方法发现数学结论，需要找到两类事物之间的相似点，利用相似点进行类比发现。

例如，在学习"比的基本性质"时，先回顾一下分数的基本性质，分数和比都可以看作两个数相除的商，由此产生类比，比也应该具备像分数那样的性质（图3-2-3）。由此，引出比的基本性质，然后再论证其正确性。

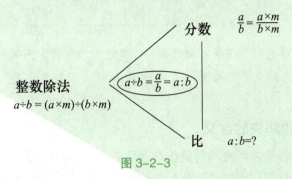

图 3-2-3

（四）用演绎发现数学结论

演绎方法，就是从一般性的前提出发，通过推导即"演绎"，得出具体陈述或个别结论的方法。在小学数学中，常常将陌生的、未知的、未能解决的问题，通过适当变形，转化为熟悉的、已知的、已经解决的问题，这种解决问题的方式中，常常涉及演绎的方法。

在小学数学中，有很多结论都可以利用演绎的方法进行发现。比如，分数的除法法则 $\frac{b}{a} \div \frac{d}{c} = \frac{b}{a} \times \frac{c}{d}$，可以将除数转化为 1，那就根据商不变的性质，再将被除数和除数同时乘除数的倒数即可，也就是 $\frac{b}{a} \div \frac{d}{c} = \left(\frac{b}{a} \times \frac{c}{d}\right) \div \left(\frac{d}{c} \times \frac{c}{d}\right) = \left(\frac{b}{a} \times \frac{c}{d}\right) \div 1 = \left(\frac{b}{a} \times \frac{c}{d}\right)$。

再比如，梯形的面积公式，有多种证明方法，在课堂上应以两种基本方法为主：一种是补形法，用两个完全一样的梯形拼成一个平行四边形，将梯形转化为平行四边形来计算面积；另一种是分割法，将梯形沿对角线分割成两个三角形，将梯形转化为三角形来计算面积。

除了上述几种常用的发现数学结论的方法外，还可以从概念的定义出发，结合图形，运用已知公理、定理进行推理去发数学规律。总之，在数学结论的学习中，要根据数学结论内容，结合学生的具体情况，灵活恰当地设计引入，这对学生发现、理解和运用数学结论是十分有益的。

任务三　数学问题解决的学习路径

❖ 学习目标

1. 理解小学数学问题解决的含义。
2. 掌握小学生数学问题解决的学习路径。
3. 了解小学生数学问题解决的教学策略。

❖ 学习任务

选择一个数学问题，理解其数学本质，遵循小学生数学问题解决的学习路径，做一个教学设计，并与同伴交流。

一、数学问题解决的含义

问题是数学的心脏，解决问题是数学的核心。数学问题解决，既是一种重要的数学素养，又是数学学习应该达到的目标，也是学习数学的基本途径。客观地讲，解决数学问题，不应当仅仅解决数学应用题和实际问题。其实，建立一个数学概念、发现一个数学规律、证明一个数学结论、计算一个数学算式，都可以看作解决数学问题。因此，解决数学问题，应当贯穿于数学学习过程的始终。

（一）数学问题

数学问题是指需要寻找适当的行动，去达到可预见但又不能立即达到的数学目标。数学问题的构成要素有三个：①给定信息，是对问题初始状态的一系列描述；②目标，是对问题结果的描述；③障碍，是指在解决问题过程中会遇到的各种需要解决的因素。

数学问题有三个基本特征：障碍性，儿童事先不知道问题的答案和解决途径，需要经历一个探索过程才能解答，也就是说，问题要能给儿童构成一定的认知障碍；探究性，问题具有一定的挑战性，儿童往往不能按照已有的常规模式去套，而需要被迫去探索思考解决方法；可接受性，问题要能激发儿童的兴趣、引发认知冲突，让儿童愿意去解决，并经过一段时间的探索后才能解决或者能部分解决，并从中获得认知上的发展。

（二）数学问题解决

所谓数学问题解决，就是面对一个数学问题，经历一段探究思考，确定其是否可以解答，在能解答的情况下寻求一个或者多个解答，或者探究其解决的途径。因此，对儿童来讲，解决数学问题具有以下特点：

一是新颖性，解决问题指的是解决初次遇到的新情境、新问题。如果解决以前解决过的类似问题，那就仅仅是做练习。

二是过程性，解决数学问题的过程是一个积极思考探索、克服障碍的思维活动过程。它的途径与方法相对儿童而言是新的或者是含有某些新的成分。

三是收益性，解决数学问题后，儿童获得的不仅是新结论和新知识，还应该获得一些解决数学问题的策略和方法，并伴随积极的数学学习体验。

二、数学问题解决的学习路径

数学教育家乔治·波利亚提出了数学问题解决的"启研"模式，揭示了问题解决的心路历程，被西方誉为"自我启发解决问题的经典概括"。阐述该模式的专著《怎样解题（how to solve it）》成为数学教育领域的经典之作，并引导了 20 世纪数学教育中"问题解决"的热潮。

波利亚关于数学问题解决的"启研"模式由四个部分构成，即理解题意、拟定计划、执行计划和回顾反思。下面以解决平均分油问题"有三个没有刻度的油瓶，分别可以装 8 升、5 升、3 升，用这三个油瓶，如何将 8 升油两等分？"为例，解析波利亚关于数学问题解决的四个阶段。

（一）理解题意

理解题意，就是弄清楚问题是什么。具体包括：了解问题情境，是指认识数学问题、知道问题叙述的内容是什么、它的背景是怎样的、它可能与什么事件有关；明确问题的条件和目标，就是将已知条件和解决后的目标从问题情境中分离出来，同时明确从条件到目标的障碍是什么。

比如，对于"平均分油"问题，解决者需要明白：三个油瓶，若装满油，分别可装 3 升、5 升和 8 升；没有别的刻度，也没有别的工具可以在瓶子上标刻度；这些油瓶的形状是未知的，无法从油的高度来刻画油瓶里装了多少油。此外，还需要明白：当前状态是 8 升油瓶里装满了油，另外两个是空的；用这几个瓶子相互倒油的方法，将这 8 升油平均分，即让 8 升油瓶和 5 升油瓶里各装 4 升油。

（二）拟定计划

拟定计划，就是找出已知数与求知数之间的联系，并以此为基础设想怎样解决问题。你应该最终得出一个求解的计划。寻求解决的方法，是指探索什么方法可能突破障碍，实现预期目标，并对如何实施拟定一个比较完备的计划，设想主要经历哪些步骤，每个步骤大致出现什么结果。

比如，对于"平均分油"问题，解决这个问题要思考：怎么才能产生 4 升呢？3 升加上 1升为 4 升，5 升倒走 1 升为 4 升，所以解决的关键在于找到 1 升。问题就变为，要倒出 1 升油来。怎么才能出现这 1 升油呢？两个 3 升去掉 5 升剩下 1 升；两个 5 升倒出 9 升剩下 1 升。这样一来，方法就找到了。

（三）执行计划

执行计划，就是实行你的问题解决计划，去解决问题。实施指定的解题计划，看看能否顺利解决问题，如果不能解决，再回到上一阶段，修订计划。如果能解决，检验一下结论是否合理。如果合理，则问题解决；若不合理，再修正和调整，或者重新想办法。

比如，对于"平均分油"问题，就有两个计划，实施这两个计划，就会得到两个解决方案（表3-3-1）。

表3-3-1 平均分油问题

步骤	解决方案一	8升瓶	5升瓶	3升瓶	步骤	解决方案二	8升瓶	5升瓶	3升瓶
0	原始状态	8	0	0	0	原始状态	8	0	0
1	8升倒满3升	5	0	3	1	8升倒满5升	3	5	0
2	3升倒进5升	5	3	0	2	5升倒满3升	3	2	3
3	8升倒满3升	2	3	3	3	3升倒进8升	6	2	0
4	3升倒进5升	2	5	1	4	5升倒满3升	6	0	2
5	5升倒进8升	7	0	1	5	8升倒满5升	1	5	2
6	3升倒进5升	7	1	0	6	5升倒满3升	1	4	3
7	8升倒满3升	4	1	3	7	3升倒进8升	4	4	0
8	3升倒进5升	4	4	0					

（四）回顾反思

回顾反思，就是对解决问题过程和方法的回顾和评价。其主要内容包括：问题是如何解决的，怎么想到的思路？用到了哪些方法，这些方法在哪里还用过，还有没有其他方法？问题是否可以拓展，问题的一般形式是怎样的？解决这个问题给我哪些启发，以后遇到类似的新问题要怎样解决？

比如，对于"平均分油"问题，还需要思考以下问题：这个问题还有没有其他的解决方法？还有没有类似的问题？它隐藏的数学背景是什么？其实，这类问题还是有类似的，比如，有三个没有刻度的油瓶，分别可以装10升、7升、3升，用这三个油瓶，如何将10升油平均分成两份？

这个问题隐藏了什么数学知识呢？或者说这个问题的数学背景是什么呢？仔细分析一下上述两种解法，不难发现，其实只是用3和5这两个数，经过若干次加减得到结果4。比如，第一种解法就是 $3 \times 3 - 5 \times 1 = 4$；第二种解法就是 $3 \times (-2) + 5 \times 2 = 4$。也就是说，问题的本质是一个不定方程 $5x + 3y = 4$，它的解很可能就是平均分油的方法。上述解法一对应的解是 $\begin{cases} x = -1, \\ y = 3; \end{cases}$ 上述解法二对应的解是 $\begin{cases} x = 2, \\ y = -2. \end{cases}$ 如果是这样，这个不定方程的一些解，便是平均分油的方法。

通过上例不难发现，一个看似与数学没有多大关系的思考题，背后隐藏了很多的数学知识与思想。如果这个问题仅仅定义为智力题，我们一般就得到一种或两种方法，有助于解决者思维的发展。但是，一旦把它定义为一个数学问题，挖掘背后隐含的数学信息，探究它的数学背景。这个问题就变得更有趣、也更有助于培养解决者思维的严谨性。更为重要的是把这个问题作为一个数学问题来解决，可以体会到数学的魅力，培养学生数学学习的情感态度与价值观。

【拓展阅读】

平均数

　　首先，把学生分成甲、乙两队，教师说："我们来进行一场拍球比赛，在规定时间内，看哪个队拍球数多。"学生都明白了比赛规则，可是教师进一步引导学生提出疑问，"一节课只有 40 分钟，就这样拍呀拍呀，一节课也拍不完。"

　　师：怎么办？你们有没有更好的办法？

　　生：可以选几个代表来拍。

　　师：大家觉得怎么样？（学生觉得可以）我建议每个队选择3名代表上来拍球（学生觉得可以）。

　　每个队各选出 3 名代表上台拍球，每人 5 秒，另选一名学生负责数数，教师负责纪录。结果为甲队拍 25 个，乙队拍 19 个。于是教师宣布"胜利队为甲队"，甲队学生高兴喝彩。两队选手回到座位上。

　　师：老师想加入乙队，不知你们是否欢迎？

　　生：欢迎。

　　教师拍球，5 秒内拍了 9 个球，这时乙队共计 19 + 9 = 28。

　　师：比一比总数，甲队 25 个，乙队 28 个，我重新宣布，胜利队为乙队。（有的学生欢呼，有的学生有意见）你们有什么想法？

　　生：你为什么加入乙队，而不加入甲队？

　　生：我觉得应该自己拍，不靠外面的帮助，要靠自己的实力。

　　师：要靠自己的实力，那你们觉得这样比，怎么样？

　　生：不公平。

　　师：可是在我们的生活中、学习中经常会遇到这样的事情。比如三（1）班和三（2）班，人数并不相等，我们有没有办法比较某一门课的成绩的高低呢？

　　生：可以从里面选出同样多的人数，比较总成绩，就行了。

　　师：我明白了，你还是要人数一样多。请大家听懂老师的问题。人数一样多的时候，比较总数大家心服口服。人数不同，比较总数就不行了，那有没有别的比较方法？

　　生：把总数平均分成几份，有几人就分成几份。

　　师：哦，那你说，28分成几份？

　　生：4份。

师：那25怎么办？

生：平均分成3份。

师：怎么计算甲队每一份是多少？

生：$28 \div 4 = 7$。

师：乙队呢？

生：$25 \div 3$。

师：$25 \div 3$等于多少呢？我们没有学过，不过没关系，我们用计算器算一下，看看等于多少？（学生用计算器计算，结果为8.333……）这是一个小数，虽然我们没有学过，但是我们也能发现它比7大。你觉得哪个队获胜了呢？

生：甲队。

师：是的，胜利队仍为甲队。

评析： 平均数虽然是一个数学概念，但教师是以数学问题解决的方式进行教学的。学生在生动活泼的数学活动中，经历了平均数的产生过程，领悟了平均数的数学含义。

三、数学问题解决的教学策略

在游泳中学习游泳，在解决数学问题中学习解决问题。解决数学问题是一种高级的数学思维活动，学生只有在经历解决问题的活动中才能真正积累经验、获得方法。也就是说，只有真正成为问题解决的实践者、参与者，才有可能成为解决问题的高手。如果采用"教师解决问题，学生在旁边观看、模仿"的方式培养学生的问题解决能力，是收效甚微的。这样的结果是"学生看懂了，却不会做"。

（一）挖掘教材价值

在现阶段课程中，教师与教材的关系逐渐从遵照执行转变为主动开发。教师应该依据具体的课堂教学目标和教学内容，与教材进行对话，挖掘知识目标的隐含背景，对教材整合调整，并结合当前学生所处的生活时代及所遇到的问题将其"活化"，使学生不仅学到客观具体的知识，还认识到知识与社会生活、生产实践的密切关系。尽管教材中以问题解决为主体的课程章节不多，但在不同的章节中亦存在帮助学生体验问题解决过程或提高问题解决水平的素材。

例如，人教版四年级上《三位数乘两位数》练习八第2题，见图3-3-1。

2. 某市郊外的森林公园有124公顷森林。1公顷森林
   一年可滞尘32吨，一天可从地下吸出85吨水。
   （1）这个公园的森林一年可滞尘多少吨？
   （2）这个公园的森林一天可从地下吸出多少吨水？

图3-3-1　人教版四年级上练习八第2题

在学生完成（1）（2）两个小问，即完成知识点的巩固练习后，教师增加一些问题，如"某城市一年产生多少滞尘？需要多少水？这个森林公园够吗？如果不够我们该怎么办？"或"某工厂可以产生多少滞尘，消耗多少水，最多可以建几个工厂？"等。尽管还未学习多位数除法，教师可以选用适当且贴近生活的数据，使学生可以通过使用加法或减法以及比较大小等方法完成"选择算子"与"执行算子"的过程，使学生体会灵活地应用已有知识与能力解决未见模式问题的过程。同时让学生从环保的角度去思考森林面积与生活排污之间的关系，给出他们认为切合此题情境的回答。

比如，北师大版五年级下《分数乘法》练习三第14题，见图3-3-2。

14. 从上海到武汉的水路长约 1100 km。一艘客轮从上海港开往武汉港，已经

行驶了全程的 $\frac{3}{5}$。

    （1）在图上标出此时客轮的大致位置。

    （2）此时客轮行驶了多少千米？

    （3）此时客轮离武汉港还有多少千米？

图 3-3-2 北师大版五年级下练习三第 14 题

此题的（1）小问要求学生标出此时客轮的大概位置。给予比例尺、刻度尺或小细绳等教具或其他帮助，观察学生的解题过程。学生是凭借感知，还是通过计算得出1100 与图上两点距离的换算关系，还是用绳子替换航线再选取相应的点等不同的方法解决问题，关注学生根据题意"提出问题"与"选择算子"的过程。

（二）关注教学过程

由上可知，学生可以在教学过程中潜移默化地获得体验和问题解决方式。这需要教师在教学过程中，引导学生体会问题解决"提出问题""选择算子""执行算子""评价结果"的完整过程。在涉及不同环节时，需要教师具备问题解决的意识，强调学生在审题、解题、答题的过程中都从数义结合的角度去思考。

在"提出问题"环节选用恰当的教学语言，在避免过度引导局限学生思维的同时为有困难的同学提供有效的指导；在"选择算子"环节，给予学生充分的思考时间与操作空间，鼓励学生去交流方法与策略，接受学生富有个性的结论表征方式；在"执行算子"的环节，除关注执行准确率外，要求学生说出每步计算代表的实际意义，比如"教室的长×教室的宽＝教室的面积""果汁总体积÷人数＝每人可分到的果汁"等；在"评价结果"环节，教师应尊重问题解决思路的开放性，不急于否定学生的想法等。

此外，有研究表明，丰富的业余数学活动对学生数学问题解决能力的提升具有促进作用。学校数学活动摆脱了课堂对于问题解决过程时间和空间的限制，其足够的开放性可以供学生充分体会在问题解决过程中数学化与实践化的过程。

（三）重视发展阶段

由于问题解决的过程维度与水平维度需要学生具备的能力各有不同，且不同能力具有不同的发展关键期。教师需要把握关键期，给予学生恰当的指导，进而提升问题解决的整体水平。培养学生自主完成问题解决完整过程的习惯是提升过程维度的主要方法。比如，从低年段（三年级）开始让学生养成验算的习惯，并在解答含有实际情境问题的题目时，用完整的具有逻辑性的表征方式解答等。

在提升水平维度方面，根据学生的发展趋势可知，问题解决各环节的水平维度提升关键期集中在三年级与四年级两个学年度。在重点发展阶段，增加学生高水平问题解决过程的接触时间与空间。比如，提供具备包含数理逻辑关系且符合实际意义的情境，鼓励学生表达自己的解题思路，与其他同学交流对同一题目的不同解法，并比较哪种更符合情境等。

研究表明，中年级女生水平相比较男生略低。分析可知，出现这种性别差异的原因为女生在过程维度上略逊于男生，且在高年级性别差异分析时男女无明显性别差异，可见此类差异可随年级增长基本消除。因此，针对部分女生无法完成问题解决过程这一情况，教师应先关注该学生的发展趋势。在该学生出现一定的落后情况或退缩与畏难情绪时加以适当地引导，且避免过多地提及纠正，导致学生暗示自己存在不足影响其本身的发挥。

项目检测

小学生问题解决的错误分析

小学生解决数学问题时，常会出现一些错误。例如，针对问题"放学了，小明和其他几个小朋友站成一排等公交车，小明发现自己前面有 6 人，后面有 7 人，那么小明这一排一共有多少人等公交车呢？"学生常会列出两种错误的算式：① 6+7=13；② 6+7-1=12。

请深入小学，收集学生在问题解决时出现的一些错误，并进行分类整理，探讨一下每一类错误出现的可能原因，再提出一些教学建议。

具体要求：

1. 收集学生在认识问题解决时出现的一些错误，并进行分类整理。

2. 探讨一下每一类错误的可能原因，再提出一些教学建议。

3. 就某一类错误，根据你的教学建议，给小学生讲一讲，看看效果如何。

项目四　小学数学教学原则

项目背景 ▼ ··

　　小学生的思维具有很强的直观性与形象性，而数学的学科特点是具有高度的抽象性与逻辑性，两者之间的差异就为数学教学带来很大的挑战。人们在教育教学的理论与实践中，逐渐形成了面对挑战而又行之有效的行为准则，即教学原则。小学数学教学具有一般性，要遵守一般教学原则，例如"直观性原则""启发性原则""巩固性原则""循序渐进原则""因材施教原则""理论联系实际原则"等。更重要的是，小学数学教学具有特殊性，要体现数学学科的特点和儿童心理的特点，这就形成小学数学的教学原则。

项目目标 ▼ ··

一、知识与能力目标

　　理解小学数学教学中"直观与抽象相结合的原则""归纳与演绎相结合的原则""实例与模型相结合的原则""算法与算理相结合的原则"的基本含义，掌握该原则在小学数学教学中的具体实施策略。

二、过程与方法目标

　　1.依据"直观与抽象相结合的原则""归纳与演绎相结合的原则""实例与模型相结合的原则""算法与算理相结合的原则"，分析小学数学教学中存在的问题，加深对小学数学教学的理解。

　　2.依据"直观与抽象相结合的原则""归纳与演绎相结合的原则""实例与模型相结合的原则""算法与算理相结合的原则"，选择小学数学教学中的具体知识点进行教学设计与模拟教学，提升教育教学能力。

三、情感态度与价值观目标

　　1.通过知识学习、案例研读等学习过程，增进教师对小学数学教学原则的理解。

　　2.通过教学设计、模拟教学等学习过程，增进教师对小学学生学习特点的关注。

　　3.通过案例分析、模拟教学等学习过程，教师领悟小学数学教育的价值观。

引导案例

三角形内角和为什么是 180°？

在一节"三角形的内角和"的公开课上，教师期望学生通过度量发现三角形的内角和等于 180°，便让每位学生随意画一个三角形，用量角器量出三个内角的度数，然后把它们加起来，看看和等于多少。然而，大部分学生测量的结果都不是 180°（要么多一点，要么少一点），仅有几个学生量出所画的三角形内角和为 180°，教师就通过投影展示了这几个学生的"作品"，然后通过投影出示结论"三角形的内角和为 180°"。

谁知，胆大的学生开始反驳："老师，大多数同学测量的三角形内角和都不是 180°，你为什么却同意少数几个同学的结果？"老师连忙解释道："因为你们的测量存在误差，如果你们测量准确，也会得到三角形内角和为 180°。"然而，学生却不依不饶："就算我们测量准确，得到三角形的内角和为 180°，我们班上 30 多个同学测量的也是成千上万个三角形中的很少一部分，这怎么就能说明所有三角形的内角和都是 180° 呢？"这下，教师无言以对了。

思考 小学数学到底要遵循哪些原则，才能促进学生更好地学习呢？

任务一 直观与抽象相结合的原则

◆◆ 学习目标

1. 理解小学数学教学中"直观与抽象相结合的原则"的基本含义。
2. 掌握小学数学教学中"直观与抽象相结合的原则"的实施策略。

◆◆ 学习任务

选择一个小学数学的具体知识点，理解其数学本质，遵循"直观与抽象相结合的原则"，做一个比较详细的教学设计，然后与同伴进行模拟教学，并进行教学反思与评价。

一、原则的基本含义

数学具有高度的抽象性，数学研究的是从具体内容中抽象出来的形式、结构和数量关系。也就是说，数学是在纯粹状态下以抽象形式出现的理想化的各种模式。对此，怀特海曾有精辟的概括："数学是在从模式化的个体做抽象的过程中对模式进行的研究。"

数学的抽象只保留了数量关系和空间形式，舍弃了其他的一切。数学是在人类生产生活的实际需要中产生和发展的，人们从 5 个手指头、5 只羊、5 个人、5 步远、5 个人高、5 个白天等物体个数、长度、高度、时间等现实概念中抽象出了数字 5，用它来表示一类量。由于要建造房屋等生活设施，人们要量地面的长、宽，测量物体的长、宽、高等，从物体的具体形状中逐渐抽象出点、直线、线段、三角形、长方形、长方体和圆等几何概念。

人们除了从现实生活和生产实践中抽象概念和运算外，还从数学结构出发，抽象出新的概念和运算法则，通过逻辑推理来建构新的数学，比如复数和非欧几何。所以说，数和形的概念来自于人们对现实世界具体对象的抽象概括。纯数学的对象是现实世界的空间形式和数量关系，是非常现实的材料，这些材料经过想象创造、抽象概括，以极度形式化的结果出现，再借助逻辑的力量将它们巧妙地连接起来。

如果把抽象的数学内容直接呈献给小学生，小学生是很难接受的。因为小学生的思维特点是以具体形象思维为主，逐渐向抽象逻辑思维过渡，但是逻辑思维是初步的。因此，数学教师应当把抽象的数学内容以直观形象的形式展现出来，让小学生在从直观到抽象的过程中学习数学。这就需要教师对教学材料进行适当加工，将数学的逻辑结构和小学生的心理结构与认知结构有效地结合起来，科学合理地设计和实施有效的数学教学。

由此就产生了小学数学教学的一条基本原则，即"直观与抽象相结合的原则"。该原则的内涵是，教师借助所要教授的抽象数学内容的直观载体，学生通过直观载体，借助视觉、听觉和想象建立具体而清晰的表象，再进行抽象概括、推理论证等思维活动，理解和掌握所学的数学内容。同时，该原则也要求教师关注学生的认识过程，让学生从感性认识逐渐上升为理性认识。

在小学数学教学中，如何落实"直观与抽象相结合的原则"，引导学生从直观逐渐过渡到抽象呢？可以沿着以下四个阶段进行：实物→表象→符号→关系。这也是数学学习的四个基本阶段。下面我们通过"带余数除法"和"认识长方形"两个例子来理解这四个阶段。前者的难点在于理解"如何试商"和"余数要比除数小"，后者的难点在于理解"四个角是直角"和"特殊四边形"（表 4-1-1）。

表 4-1-1　数学学习的基本阶段

学习阶段	带余数除法	认识长方形
实物，通过自己或者他人对具体实物的把玩，借助具体的动作来直接认识数学对象的初始形态	分豆子游戏：教师发给学生 7 颗豆子和 3 个盘子，让学生把豆子分到盘子里。活动要求：每个盘子分到的豆子一样多；剩下的豆子尽可能少。 学生有很多方法：①一颗一颗地放，到最后剩下一颗；②两颗两颗地放，剩下一颗；③三颗三颗地放，最后发现不行，再调整	观察和把玩长方形的事物，比如桌面、书面、纸张等，看看这些事物有什么特点
表象，在头脑中想作操作或者画出图像来直观形象地认识和理解数学对象	这一阶段，儿童有两种学习形式：①脑袋里面回想着刚才分豆子的操作过程，最后得到每个盘子放两颗，还剩下一颗；②画出图像，用图像表示结果（如下图）	脑袋里面想着长方形实物的样子，或者画出图像

续表

学习阶段	带余数除法	认识长方形
符号，利用文字、符号、数学语言（比如文字、算式、符号等）来比较抽象地描述和刻画数学对象与生活事物，常表现为数学概念、公式、定理、法则等	用除法式子表示分豆子的结果，有横式和竖式两种形式 实物　　　　　算式 形式化 $7 \div 3 = 2 \cdots\cdots 1$　$3\overline{)7}$ 不能分了？ 被除数 除数 商　余数 寻找意义 盘子中试放几颗豆子……………试商的过程 剩下的豆子数小于盘子数…………商小于除数	抽象得到长方形的定义：有一个角是直角的平行四边形叫作长方形；四个角是直角的四边形叫作长方形；用符号"▭"表示
关系，从数学的角度，深层次地揭示数学对象背后的含义，将相关对象联系在一起	将刚才的除法算式用其他形式表示，比如 $7 = 3 \times 2 + 1（0 < 1 < 3）$。 对此进行一般化处理，得到带余除法的运算规则： 被除数=除数×商+余数（0<余数<除数）	长方形是特殊的平行四边形；长方形有四个直角、四条边

二、原则的实施案例

现在我们使用的除法竖式，已经有了几百年的历史，又经历了若干次演变，才到了今天的形式。它表现为抽象的规则和程序性的运算形式，不容易被小学生理解和掌握。如果不理解其实质，仅靠死记硬背和机械运算，就容易出现差错。因此，"除法竖式"的教学，要遵循"直观与抽象相结合的原则"，让学生经历从实物操作到数学计算的过程，弄清"要分层书写""除到哪位商到哪位""不够除补零"等形式中隐藏的道理。

运用"直观与抽象相结合的原则"，借助简单的除法竖式，使学生明白竖式计算除法是一种程序性操作，它的计算规则是：从被除数的最高位起，去除出和除数位数相同的数（如果去除的数小于除数，则要去除比除数多一位的数），用除数去除它，就得到商的最高位数和余数（余数可能为零）；把余数化为下一级的单位，加上被除数上这一位原来的数，再用除数去除它（除数小于该数时商为0），得到商和余数；这样继续下去，直到被除数上的数字全部用完为止，得到最后的商和余数。

【拓展阅读】

除法竖式的教学

（一）实物——分小棒，感悟程序性操作

师：老师为每个学习小组准备了42根小棒（4捆加2根，每捆10根），请动手把它平均给2个小朋友。分完后，请告诉老师，你是分几步完成的？

生：我分两步来分的。第一步，把4捆平均分给2个人，每人2捆；第二步，把剩下的 2 根平均分给 2 个人，每人 1 根。最后结果为每人 21 根。

师：很好。请同学们把小棒放回上课前的样子。老师要提新问题了：把这 42 根小棒平均分给 3 个小朋友，你怎么分？请你分一分。分完后请告诉老师，你是分几步完成的？

生：我分三步来分的。第一步，把 4 捆平均分给 3 个人，每人 1 捆，还余下 1 捆；第二步，把余下的 1 捆打开，和剩下的 2 根放在一起，得到 12 根；第三步，把 12 根平均分给 3 个人，每人 4 根。最后结果为，每人 14 根。

师：嗯，非常好。老师又要提新问题了：如果把 75 根小棒平均分给 3 个小朋友，你怎么分？请你分一分，分完后请告诉老师，你是分几步完成的？

生：我分三步来分的。第一步，把 7 捆平均分给 3 个人，每人 2 捆，还余下 1 捆；第二步，把余下的 1 捆打开，和剩下的 5 根放在一起，得到 15 根；第三步，把 15 根平均分给 3 个人，每人 5 根。最后结果为，每人 25 根。

师：通过上面三个分小棒问题的解决，你有什么发现？一般是几步完成的？

生：一般是三步，都从整捆开始分。第一步，分整捆的；第二步，余下的捆打开和单根放在一起，看看一共有多少根；第三步，分散的。

师：为什么第一个问题只有两步呢？

生：因为整捆刚好分完了。

（二）表象——画图像，为抽象做准备

师：通过刚才的讨论，我们发现后两个问题更具有普遍性。请同学们回忆一下，刚才怎么解决第二个问题的。方便的话，你可以在纸上画出关键步骤的草图。

学生回忆，画图（图 4-1-1）。

图 4-1-1

（三）符号——写竖式，感悟竖式的形成过程

师：这三步都是表内除法和加法，我们已经学习了它们的竖式书写，你能正确写出来吗？

生：能（书写，图 4-1-2）。

$$
\begin{array}{r}
1\\
3\overline{)4}\\
3\\
\hline
1
\end{array}
\qquad
\begin{array}{r}
1\ 0\\
+\ \ \ 2\\
\hline
1\ 2
\end{array}
\qquad
\begin{array}{r}
4\\
3\overline{)1\ 2}\\
1\ 2\\
\hline
0
\end{array}
$$

①　　　　　　　②　　　　　　　③

图 4-1-2

师：写得很好。不过，一个问题用了三个竖式才计算出结果。我觉得有点麻烦。你能不能把这三个竖式精简浓缩成一个竖式。

生：我们试一试（书写，图4-1-3）。

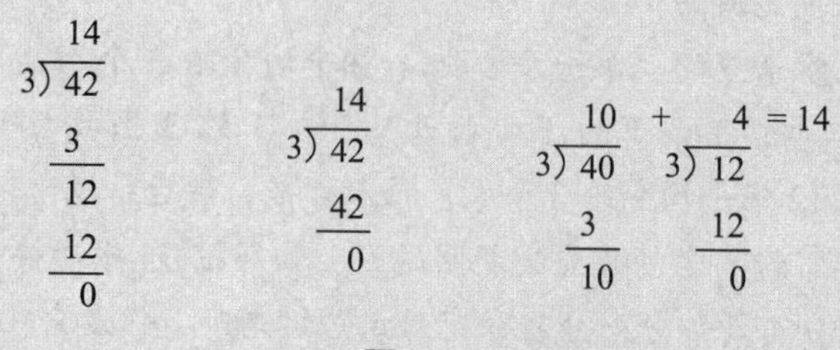

$$
\begin{array}{r}
14 \\
3\overline{)42} \\
\underline{3} \\
12 \\
\underline{12} \\
0
\end{array}
\qquad
\begin{array}{r}
14 \\
3\overline{)42} \\
\underline{42} \\
0
\end{array}
\qquad
\begin{array}{r}
10 \\
3\overline{)40} \\
\underline{3} \\
10
\end{array}
+
\begin{array}{r}
4 \\
3\overline{)12} \\
\underline{12} \\
0
\end{array}
= 14
$$

图 4-1-3

师：这三种表示方法可以看作三种计算除法的方法。假如我让大家用除法竖式计算42÷3，你觉得哪种计算方法好？为什么？

生：第一种好，因为它反映了刚才分小棒的三个步骤，并且隐藏了每一步所对应的算式（并用虚线连接起来）。

师：你的见解真深刻！大家对另外两种方法怎么看？

生：第二种虽然简单，但体现不出过程，数字大了看不出结果。

生：第三种用了两个算式，比较浪费，还是一个竖式对应一个问题好。还有一个问题是，分4捆的算式4÷3=1……1在第三种方法里变成了40÷3=10……10，违反了余数要小于除数的原则。

师：如果用竖式计算42÷2，我们以后选择哪一种？

生：第一种。

师：说得很好。数学上，我们就是用第一种方法写竖式的。

（四）关系——总结，体会除法竖式的算法

师：请大家用数学上的方法，用除法竖式计算 75÷3、72÷4。完成后，总结除法竖式的计算方法。

生：用除数去除被除数的十位数字，得到商和余数；将余数和被除数的第二个数字组成一个新的数，再用除数去除，得到商和余数。

三、原则的实施策略

数学的抽象性与小学生思维的直观形象性之间的差异，要求我们在小学数学教学中使用"直观与抽象相结合的原则"。该原则的要义是利用多种感官使学生获得大量感性认识，其目的则是在此基础上由抽象概括上升到理性认识。因此，小学数学教学要由具体到抽象，帮助小学生获得清晰的数学概念。

（一）采用多种直观手段

直观教学手段，按照具体化过程可以分为实物直观、模型直观、图形直观和语言直观。

实物直观，让学生观察现实生活中的实际物体，来直观感知数学的具体对象。比如，钟表、人民币、米尺、天平等就是学生认识时间、货币、长度和质量的直观实物。实物直观比较具体实在，有助于学生学习比较原始化和比较生活化的数学概念和关系。

模型直观，让学生通过观察实物的模型或者教具来直观感知抽象的数学对象。比如，进行整数运算时使用的计数器。又如，求圆面积时，将圆分割成很多小扇形，重新拼成近似于长方形的教具。再如，教学"方程的认识"时，使用的天平模型等。模型比较好操作，成本也比较低，能近似直观地解释抽象的数学概念和原理。

图形直观，利用图像、视频等影像资料，来帮助学生直观感知抽象的数学对象。比如，教学挂图、情境图、模型图等。此外，在理解分数的意义、解决行程问题时画出的线段图、圆形图等，借助数形结合的手段，可以帮助学生比较直观地理解抽象的数学问题。

语言直观，利用生动形象、妙趣横生的语言，来帮助学生理解抽象的数学对象。比如，数字儿歌——"1像铅笔能写字，2像鸭子水中游，3像耳朵能听话，4像小旗迎风飘，5像钩子能钩物，6像哨子嘟嘟响，7像镰刀割青草，8像葫芦空中摇，9像勺子盛稀饭"，有助于儿童认识、记忆和书写数字。

（二）发挥表象的中介作用

表象是曾经感知过的事物不在面前时，在脑中重现出来的形象。表象具有直观形象性和概括性，它反映的是事物的共同的表面形象特征。小学生的具体形象思维向抽象逻辑思维的过渡，就是依靠表象这一中介环节来实现的。

教学中运用直观，可以使学生形成和积累表象，从而过渡到抽象思维，达到理解抽象数学概念和原理、分析和解决数学问题的目的。比如，分豆子的表象就有利于学生理解带余除法的概念，分小棒的表象就有利于学生理解除法竖式的计算过程。再如，用假设方法解决鸡兔同笼问题，其本质也是依据表象来完成的。

任务二　归纳与演绎相结合的原则

学习目标
1. 理解小学数学教学中"归纳与演绎相结合的原则"的基本含义。
2. 掌握小学数学教学中"归纳与演绎相结合的原则"的实施策略。

学习任务

选择一个小学数学的具体知识点，理解其数学本质，遵循"归纳与演绎相结合的原则"，做一个比较详细的教学设计，然后与同伴进行模拟教学，并进行教

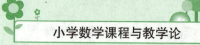

学评价与反思。

一、原则的基本含义

推理是数学的明显特征，推理一般包括归纳推理和演绎推理。归纳推理是根据已有的事实和正确的结论（包括定义、公理、定理等）、实验和实践的结果，以及个人的经验和直觉等推测某些结果的推理过程。演绎推理是根据已有的事实和正确的结论（包括定义、公理、定理等），按照严格的逻辑法则得到新结论的推理过程。

归纳推理得到的结论是或然的。在解决问题的过程中，归纳推理具有猜测和发现结论、探索和提供思路的作用，有利于创新意识的培养。演绎推理得到的结论是必然的。数学结论的正确性必须通过演绎推理或逻辑证明来保证，即在前提正确的基础上，通过正确使用推理规则得出结论。归纳推理和演绎推理之间联系紧密、相辅相成，两者结合起来，就构成了数学推理的基本过程。

因此，在小学数学教学中，我们要将归纳推理和演绎推理结合起来。具体操作过程可以这样进行：先用归纳推理发现结论，再用演绎推理证明结论；先用归纳推理探索解决问题的思路或者预测答案，再用演绎推理解决问题和进行论证；用归纳推理发现一门学科的基础知识，再用演绎推理将这些基础知识整理成逻辑严谨的结构体系，形成学科的基本框架。

通俗地说，数学是一门讲道理的学科。在教学中注重"归纳与演绎相结合的原则"，其实就是让学生讲数学的道理、用数学特有的方式讲道理。讲道理有多种方式：从几个个别想象归纳概括出一般性规律，这就是归纳；两个事物之间具有很多相似点，从一个具有的特征推测另一个也具有此特征，这就是类比；用已有的数学概念、结论等计算、说明其中的道理，这就是演绎。

二、原则的实施案例

在数学里，归纳常常作为猜想和发现数学结论的方法，并不能真正作为判断一个数学结论正确与否的依据。要判断一个结论正确与否，依靠的是证明。证明指的是依靠演绎逻辑推理，引用一些真判断，通过推理来判别某个判断真假性的思维过程。因此，数学教学，既要教归纳猜想，又要教演绎证明。"三角形的内角和为180°"这个数学结论的教学，要经历发现与证明的基本过程，渗透归纳与演绎两种基本的数学思想方法。

给定一个三角形，我们可能会用剪拼等方法发现它的内角和在180°附近，再给几个三角形，我们可能会有同样的发现。于是，我们很自然地猜测，"所有三角形的内角和都为180°"。但是，我们的猜测正确吗？要依靠超越具体三角形的理论来进行证明。在小学数学中，"长方形的内角和为360°"，这是一个熟知的结论。案例中正是以此结论为基础，一步一步用演绎的方法推理得到"三角形的内角和为180°"的。这种"观察—归纳—证明"的模式，符合我们的思维和认识习惯，也容易被小学生所接受。

【拓展阅读】

三角形的内角和

（一）运用归纳方法发现结论

师：三角形按角可分为哪几类三角形？请每类画出一个三角形。

生：直角三角形，锐角三角形，钝角三角形（画图，图略）。

师：你是按什么标准将三角形分为这三类的呢？

生：按最大角来分的，最大角是什么角，就是什么三角形。

师：从锐角三角形到直角三角形，再到钝角三角形，最大的角在变化，另外两个角呢？

生：另外两个角在变小。

师：可以大胆地设想，你还能发现什么？

生：在三角形中，一个角变大，另外两个角会变小。

生：有可能三个角的和是不变的，是一个固定值。

生：我也觉得有这个可能。我们文具盒里的两个三角板，内角度数分别为 $90°$ 、$45°$ 、$45°$ 和 $90°$ 、$60°$ 、$30°$ ，总和为 $180°$ 。

生：好像等边三角形每个角 $60°$ ，那么它的内角和为 $180°$ 。

生：有可能所有三角形的内角和都是 $180°$ 。

师：真是这样吗？你能够用事实来说明吗？

生：我剪下一个三角形的三个角，拼在一起，好像形成一个平角，可以大致说明三角形的内角和是 $180°$ 。

生：我画出了一个三角形，量出它的三个内角分别为 $75°$ 、$83°$ 和 $21°$ ，和为 $179°$ ，接近 $180°$ 。

生：我画出了一个三角形，量出它的三个内角分别为 $112°$ 、$53°$ 和 $16°$ ，和为 $181°$ ，比 $180°$ 多了一点点。

生：我画出了一个三角形，量出它的三个内角分别为 $66°$ 、$71°$ 和 $43°$ ，和刚好为 $180°$ 。

师：从上述四位同学的研究中，你发现了什么？

生：三角形的内角和很有可能是 $180°$ 。

生：可是我们两个的结果是 $179°$ 和 $181°$ 啊？

生：可能你们测量得不够准确，所以有点偏离 $180°$ 。

生：我们测量得到的结果都在 $180°$ 附近，没有偏离得太远，这说明三角形的内角和很有可能是 $180°$ 。

评析：学生通过观察猜测三角形的内角和可能是一个确定的值，再通过有目的的测量和图形剪拼来验证，动手操作服务于思维活动，使得发现数学结论的过程更流畅。

（二）运用演绎方法证明结论

师：三角形的内角和确实是 180°，如何用我们已经学过的数学知识来证明这个结论呢？

生：对于直角三角形，可以用两个完全一样的直角三角形拼成一个长方形（图 4-2-1）。长方形四个角是直角，其内角和为 90°×4 = 360°，这样每个直角三角形的内角和为 180°。对于锐角和钝角三角形，我还没想出来。

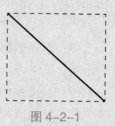

图 4-2-1

生：对于非直角三角形，可以在内部作一条高，将其分成两个直角三角形（图 4-2-2）。这样两个直角三角形的内角和为 360°，减去高与底边所成的两个直角的度数，就得到所求的非直角三角形的内角和为 180°。

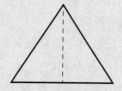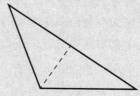

图 4-2-2

生：对于非直角三角形，还可以这样证明。将要求的三角形放在一个长方形当中（图 4-2-3），相当于长方形被分成了三个三角形。这样，三个三角形的内角总和，就等于长方形的内角和加上一个平角，即 360° + 180° = 540°。所求非直角三角形的内角和，就等于从这 540° 中减去两个直角三角形的内角和，即 540° -180°×2 = 180°。

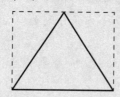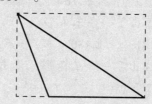

图 4-2-3

师：嗯，非常好！这样，我们就成功地证明了"三角形的内角和为 180°"这个非常重要的数学结论。

评析：学生以长方形内角和为基础，利用演绎推理证明了"三角形的内角和为 180°"，使新知和旧知建立了自然的、内在的联系。这样教学，既有助于培养学生思维的严谨性，又能让学生体会到检验数学真理依靠的是逻辑推理，而不仅仅是依靠观察和动手操作。

三、原则的实施策略

我们知道，数学好的人，一般推理能力比较强。因此，学习数学，有助于培养推理能力。归纳与演绎，是小学数学中两种最为基本的推理形式。我们主张"归纳与演绎相结合"的教学原则，其实是强调两者不可偏颇。

（一）把握"观察—归纳—证明"的基本思路

前面已经论述了，"观察—归纳—证明"符合我们的认知习惯，很多数学结论的教学都是采用这个思路进行的。前面提及了"乘法分配律"和"三角形内角和"的教学，读者可以再回味一下，它们是怎么进行的，有哪些具有共性的东西。

（二）把握"计算其实也是推理"的基本道理

在小学数学中，计算占有较大比重。有时候，我们仅仅关注计算程序化的操作（表现为算法），而忘记了其中隐含的推理成分（表现为算理），更没有注意如何用算理指引我们进行计算和发现其他的计算方法。关于这部分的内容将在后面的任务中进行讨论。

任务三　原型与模型相结合的原则

▶▶ 学习目标

1. 理解小学数学教学中"原型与模型相结合的原则"的基本含义。
2. 掌握小学数学教学中"原型与模型相结合的原则"的实施策略。

▶▶ 学习任务

选择一个小学数学的具体数学问题，理解其数学本质，遵循"原型与模型相结合的原则"，做一个比较详细的教学设计，然后与同伴进行模拟教学，并进行教学反思与评价。

一、原则的基本含义

数学的研究对象极为广泛。但是，数学并不是一个现实问题接一个现实问题的单个研究，这样怎么也研究不完，而且没有系统性和整体性。数学是将很多现实问题进行分类整理，做必要的简化假设，抽取数量关系和空间形式，将空间形式和数量关系相同的问题分为一类，再将其核心的数量关系和空间形式用学科语言转化为一个数学结构进行研究。

我们把现实世界的一个一个的真实问题叫作现实原型，把从一类真实问题中抽取出来的数学结构叫作数学模型。比如，我们从现实世界中的桌面、黑板表面、书本表面、墙面、地板砖表面等中抽象形成了长方形的概念。那么桌面、黑板表面、书本表面、墙面、地板砖表面等便是长方形的现实原型，而长方形就是它们的数学模型。从这个角度说，数学中的很多概念、公式、定义、命题、法则等都可以看作数学模型。

可见，数学模型是一个抽象的概念，不适合小学生直接学习。而现实实例是一些具体生动的案例，容易被小学生所接受，但是仅仅学习单一实例，又上升不到理论的高度。因此，从数学的抽象性和儿童思维的形象性出发，小学数学教学要遵循"原型与模型相结合的原则"，借助典型的现实原型，从中抽取数量关系和空间形式，形成数学模型，借助模型的研究，既形成数学理论，又研究现实问题。

因此，"原型与模型相结合的原则"要求我们在数学教学中针对抽象的数学概念和命题，利用学生可以理解的形象直观、生动具体的现实原型来说明，通过原型的逐渐抽象与概括来帮助学生理解抽象的数学内容。在小学数学中，我们希望通过一个典型问题的解决，带动相关问题的解决，由一个到一类，逐渐深化拓展，达到触类旁通的解决问题的目的。这样数学的高度抽象性和广泛应用性才能逐渐被小学生所接受，这样的数学教学才会生动有趣。

二、原则的实施案例

在数学中，减法的基本含义是"分离"，即表示从整体中去掉一个部分后剩下的另一部分。减法的模型用集合的语言描述是：集合 A 的基数为自然数 a，集合 B 的基数为自然数 b，$A \subseteq B$，集合 A 与 B 的差集的基数定义为 $a-b$（即从集合 A 中去掉与集合 B 元素）。这也就是说，自然数 a 与 b 相减的差 $a-b$，是指 a 与 b 代表的集合 A 与 B 的差集 $A-B$ 的基数。

对小学生来讲，一个算式就是许多数学故事。一个数学概念，就浓缩了许多生活事物。数学模型是抽象的，但学生的生活现实是具体的。以学生已有的现实生活中的丰富具体生动的原型为基础，逐渐抽象概括，有助于学生理解数学模型的本质特征和内部联系。如何实现从现实原型到数学模型的认识过渡，是很值得数学教师思考和亲身探索的问题。

【拓展阅读】

神奇的算式

[教学片段1] 初步认识减法

教师先利用电脑动画设计停车场的情境，学生很快发现信息并提出问题：停车场原来有 5 辆小汽车，开走了 2 辆，停车场还剩几辆小汽车？学生很顺畅地列算式并计算，教师将算式"5－2＝3"板书在黑板上。

[教学片段2] 经过操作进一步感知"减法"的意义

教师请学生利用手中的学具，自己动手"创造"一个用"减法"解决的问题，并列式解决。（这一环节的意图是让每个学生都亲历"减法"意义的

感知过程，并通过学生所列出的各种不同的减法算式，为后续观察、比较、总结减法的意义做准备）

[教学片段3] 汇报交流

一位女生到实物展台前一边演示"水果"学具，一边介绍自己刚才的操作过程："我本来有5个水果，送给同桌2个，我还剩几个水果？我列的算式是5-2=3。"

话音刚落，另一位男生喊道："怎么还是5-2=3啊？重复了！不能写到黑板上。""我没重复，这次不是汽车，是水果。"展台前的女生不服气地为自己辩解，坐在下面的男生竟站了起来反驳："反正你的算式是5-2=3，还说不重复。"女生一脸疑惑地看着教师。

教师请学生发表自己的看法，大部分学生同意男生的看法，但也有人觉得女生说的有一定道理，辩论不出结果。

这时教师问："你还能想一件'事情'，也可以用5-2=3来表示吗？"学生们的思维活跃起来，编出了很多的情境。例如：教室里有5个小朋友，走了2个，还剩下3个；草地上有5朵小花，被小朋友摘走了2朵，还剩下3朵；5支铅笔，丢了2支，还剩下3支……这时刚发完言的一名学生不肯坐下："我还能说这样的好多事儿呢，都可以用5-2=3表示，5-2=3的本领真大呀。"

教师继续捅破"那层窗户纸"："为什么有的事情是发生在停车场里，有的事情是发生在教室里，有的说的是摘花，有的说的是铅笔，完全不一样的事，却能用同一个算式来表示呢？"学生们终于发现，虽然事件是不一样的，但它们所表示的意思都是一样的，都是从5里面去掉2，剩下3，所以都用5-2=3来表示。

教师又问："3+6=9可以表示的事情多不多？"这时候学生都不再去举现实实例了，他们脱口而出"那太多了"。看到学生们"意犹未尽"的样子，教师问："你们现在有什么想法？"其中一个学生说："我觉得'数'和'算式'都太神奇了，能表示很多很多不同的事情。"

评析：减法是解决某类问题的一个数学模型，它关注的是抽象的数量关系而非现实意义。但学生的学习不能直接"背诵"抽象的数量关系，必须在大量的现实情境中做出取舍、抽象和概括，并在质疑、争论、举例以及教师及时、到位的"点拨"引导下来学习。学生经历的"过程"非常充分，因而能够认识到减法解决的就是"从整体中去掉一部分，求另一部分"，甚至有的学生能够感悟出"数和算式都太神奇了"。

三、原则的实施策略

（一）情境—问题—模型—拓展

《课程标准》指出，"综合与实践"教学要结合实际情境，经历解决具体问题的方案，并加以实施的过程，体验建立模型、解决问题的过程。这就从某种层面上告诉我们"实例与模型相结合的原则"的实施策略：在数学教学中，先要从相关情境中提出问题，然后建立数学模型，通过模型解决来帮助解决实际问题，并在此基础上对模型做解释与拓展运用。下面我们以"浓度问题"为例，来说明此教学策略。

"浓度问题"比较通俗的现实原型是：把 n 克盐溶解到 m 克水中形成盐水，那么盐水的浓度是 $\dfrac{n}{n+m}\times100\%$ 。由此可以抽象出一般性的定义，溶液的浓度 = $\dfrac{溶质质量}{溶液质量}\times100\%$（其中，被溶解的物质叫作溶质，能溶解溶质的物质叫作溶剂，溶液由溶质和溶剂组成）。

小学数学以及生活中的很多问题都可以看作浓度问题，比如，"五年级有男生 180 人，占全年级人数的 45%，全年级有多少人？"那么我们将男生看作溶质，把占年级人数的百分比看作"浓度"，全年级学生看作"溶液"，这道题可以套用浓度模型来解决，得到全年级人数为 $180\div45\%=400$（人）。

稍微复杂一点的问题是："现有含糖量 7% 的糖水 600 克，要使其含糖量增加到 10%，还需要加入多少克糖？"分析题意发现，糖水中水的质量是不变的，即溶剂质量一定，可以先求出水的质量 $600\times93\%=558$（克）。当溶液浓度变为 10% 的时候，相应溶液质量为 $558\div90\%=620$ 克，那么需要加入糖 $620-600=20$（克）。

再复杂一点的问题是："要配置 15% 的盐水 600 克，需要 20% 的盐水和 5% 的盐水各多少克？"要解决这个问题，比较可行的是列方程，假设需要 20% 的盐水 x 克，那么需要 5% 的盐水（$600-x$）克，由于混合前后盐的质量不变，那么可以列出方程 $x\times20\%+(600-x)\times5\%=600\times15\%$，解得 $x=400$，因此需要 20% 的盐水 400 克和 5% 的盐水 200 克。

把这个问题的结论推广到一般情况，要配置 $c\%$ 的溶液，需要 $a\%$ 的溶液和 $b\%$ 的溶液的质量比为 $(c-b):(a-c)$（假设 $a>c>b$）。这个一般性的公式可以用十字法比较直观地表示为图 4-3-1 的形式。前一个问题，如果将盐看作浓度为 100% 的溶液，可以套用这个公式比较轻松地解决。

推而广之，鸡兔同笼问题也可以看作浓度问题。比如，"鸡兔同笼，一共 35 个头和 94 只脚，那么有多少只鸡和多少只兔子呢？"就可以把脚的数目看作"浓度"，那么鸡的脚"浓度"为 2，兔的脚

```
C浓          C混-C稀
       C混
C稀          C浓-C混
```
图 4-3-1

"浓度"为 4，混合后鸡与兔的脚"浓度"为 $\dfrac{94}{35}$，套用前面的公式，鸡与兔的比为

$$\left(4-\frac{94}{35}\right)\div\left(\frac{94}{35}-2\right)=23:12，那么就得到笼子里有 23 只鸡和 12 只兔子。$$

（二）原型—关系—模型—概念

数学不是研究现实世界的具体存在的事物本身，而是研究从现实的材料中抽象出数量关系和空间形式。数学研究的是抽象了的东西，这些"抽象了的东西"来源于现实世界，来源于人们的感性经验，是人们通过抽象和概括得到的。通过抽象，"人们把外部世界与数学有关的东西抽象到数学内部，形成数学研究的对象"。

数学的高度抽象性在某种层面上告诉我们"实例与模型相结合的原则"的一个实施策略：选取现实世界中数学本质相同的实例，放在一起归纳抽取出其中相同的数量关系和空间形式，再用数学语言构建成一个模型，再将本质相同的模型归纳、概括和抽象成一个数学概念。下面我们以"除法的意义"为例，对该教学实施策略进行说明（见表 4-3-1）。

表 4-3-1　除法的原型与模型

原型	关系	模型	概念
6 个桃子分给 2 只小猴，每只小猴分到的桃子一样多，每只小猴分到几个桃子	6 平均分成 2 份，每份是 3	a 平均分成 b 份，每份是 c（等分除）	一个有限集合 A（基数为 a），能够分解为 c 个具有相同基数 b 的子集 B，其结果记为 $a\div b=c$
12 根萝卜分给 3 只小兔，每只小兔分到的萝卜一样多，每只小兔分到几根萝卜	12 平均分成 3 份，每份是 4		
……	……		
每 4 个桃子装一袋，装 12 个桃子需要几个袋子	12 中包含 3 个 4	a 中包含 c 个 b（包含除）	
每辆玩具小汽车 5 元，20 元可以买几辆玩具小汽车	20 中包含 4 个 5		
……	……		
小猴有 3 只，小鸭有 6 只，小鸭的数目是小猴的几倍	6 是 3 的 2 倍	a 是 b 的 c 倍（倍比关系）	
有 4 只蝴蝶，12 只蜜蜂，蝴蝶的数目是蜜蜂的几倍	12 是 4 的 3 倍		
……	……		

可见，实施"实例—关系—模型—概念"策略，符合学生认知特点，遵循了由具体到概括、由直观到抽象的认知顺序，易于学生理解抽象的数学概念和原理。实施此策略的要领在于，选择典型原型，进行数学的抽象概括，进而建立相应的数学模型。

任务四　算法与算理相结合的原则

◆ 学习目标

1. 理解小学数学教学中"算法与算理相结合的原则"的基本含义。
2. 掌握小学数学教学中"算法与算理相结合的原则"的实施策略。

选择一个小学数学的计算例题，理解其数学本质，遵循"算法与算理相结合的原则"，做一个比较详细的教学设计，然后与同伴进行模拟教学，并进行教学反思与评价。

一、原则的基本含义

在数学中，提到计算，常常会涉及算理和算法。算法，即计算的操作方法，是一系列操作程序，解决"怎样计算"的问题。算理，即计算过程中的道理，是一系列逻辑推理模块，解决"为什么这样算"的问题。算理为计算提供了正确的思维方式，保证了计算的合理性与正确性。算法为计算提供了行之有效的操作方法，提高了计算的科学性和快捷性。算理往往是隐性的，而算法往往是显性的。

在小学数学中，算法和算理是相辅相成、不可分割的。探寻算理，有利于形成和优化算法。执行算法，有利于理解算理。因此，在小学数学的计算教学中，要将算理和算法有机融合，实现和谐统一。在探寻算理的过程中，形成算法、优化算法。在执行算法的过程中思考隐含的算理，在计算中推理，促进逻辑思维能力的发展。

在小学数学教学中，落实"算法与算理相结合的原则"，要"寓理于法"。也就是在寻找算法的过程中融入算理，即说明为什么这么算，还可以怎么算。可以通过学具、画图、动画等多种形式，让学生理解计算方法背后的道理。在算理与算法的融合中实现思维的突破，发现和形成新的算理与算法。只有这样，才能在数学计算中促进学生创新意识和能力的培养，促进学生个性化的发展。也只有这样，学生才能知道为什么这么做，还会去思考还可以怎么做，这样才有助于培养学生创造创新的意识和能力。

二、原则的实施案例

多位数乘法的竖式计算，是机械的形式化运算程序，对不明白其道理的小学生来讲，仅靠机械记忆运算步骤是很容易出错的。如果能让学生在理解算理的基础上，理解算法各部分的意义，就能减少计算当中的对位错误和其他错误。下面的教学片段，向我们展示了从多种算法中提炼形成竖式算法的过程，通过算理与算法的融合，让学生形成了对"笔算多位数乘法"的内在意义的理解。

数学中的算法性知识，比如整数乘除法的竖式计算、用等式性质解方程等，是人们经过上千年的实践探索逐渐优化形成的。它们表现为有严格步骤的操作性程序，是一种程序性运算。学生如果不了解它的内在意义，学习之后很容易遗忘或者在执行程序时容易出错。有鉴于此，要做好这部分内容的教学，教师首先要理解这些内容的发展历史和蕴含的思想方法，并在教学中以适当的方式再现这些数学内容的发生发展过程，学生才能形成有意义的理解。

【拓展阅读】

多位数的乘法竖式

（一）探索多位数乘法的计算方法

师：我们已经学习了笔算两位数乘一位数和两位数乘整十数，下面我们解决一个具有挑战性的问题，计算 37×23。请同学们用自己想到的方法计算，并给大家讲一讲你为什么这么算。

生1：（板书并讲解，见图4-4-1）我把23分成20和3，分别计算 $37 \times 20 = 740$ 和 $37 \times 3 = 111$，两个数相加就得到 $37 \times 23 = 740 + 111 = 851$。

生2：（板书并讲解，见图4-4-2）我和他差不多，不过用到了竖式，这样比口算更准确一些。

生3：（板书并讲解，见图4-4-3）我是利用同学2的方法计算的，不过分得更细。我把37和23都分解成整十数，再计算它们的乘积。

$37 \times 20 = 740$	37×23	37	37	740
$37 \times 3 = 111$	$= 37 \times (20 + 3)$	$\times 20$	$\times 3$	$+ 111$
$740 + 111 = 851$	$= 37 \times 20 + 37 \times 3$	740	111	851
$37 \times 23 = 851$	$= 740 + 111$			
	$= 851$			

37×23
$= (30 + 7) \times (20 + 3)$
$= (30 + 7) \times 20 + (30 + 7) \times 3$
$= 30 \times 20 + 7 \times 20 + 30 \times 3 + 7 \times 3$
$= 600 + 140 + 90 + 21$
$= 851$

图4-4-1　　　　　　　图4-4-2　　　　　　　　图4-4-3

师：你们如何看这三种计算方法？

生4：第一种写起来比较简单，但容易出现计算错误，因为要求口算能力较强，错了还不容易检查。第二种将综合算式和竖式相结合，写起来显得比较复杂，但结合笔算不容易出错。第三种计算也很简单，但分得太细，容易遗漏，最后连加时容易出现错误。

师：那你喜欢哪一种呢？

生4：相对而言，我喜欢第二种，正确率比较高。

生5：我也是。

师：好，那我们就用第二种方法计算一下 86×58（并将其板书在黑板上）。

评析：条条大路通罗马，通过解决一个具有挑战性的问题，让学生领悟多位数乘法的算法多样性和其中的算理，为学习竖式算法奠定基础，并从中培养学生的数学创造力和评价反思能力。

（二）优化形成竖式乘法

师：观察 37×23 和 86×58 的计算过程，你想说点什么？

生6（迷惑）：没什么可说的，就是算起来有点复杂。

生7：好像很多步骤是重复的。比如37、740、111等数字就写了好几遍。

生8：要是能省略一些重复的步骤，把三个竖式合并到一起就好了。

师：你的想法很有创意。假如像同学8说的那样，省略一些重复的，把三个竖式合并到一起，你想怎样合并？

生9：（图4-4-4）我是这样合并的，就是把前面学习的笔算两位数乘整十数和笔算两位数乘一位数的竖式加在一起。

生10：（图4-4-5）我和同学9有点不一样，我把乘3的写到前面了。

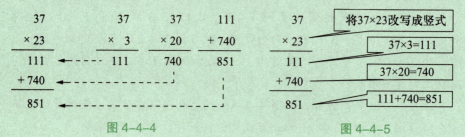

图4-4-4   图4-4-5

师：（结合图）大家怎么看这两位同学的方法？

生11：他们都讲得很清楚，本质是一样的。

生12：可能同学10的方法更合理一点吧，因为我们用竖式计算加法时，是从低位向高位算的。现在做乘法，还是从低位算起更好一点吧。

师：好吧，以后我们统一一下，竖式计算两位数乘法时，仍从低位算起，也就是按照同学10的方法进行计算。下面，大家领悟一下这种方法是怎么写的，然后用竖式计算86×58，并说明各数的含义。

评析：学生通过对37×23和86×58计算方法的优化，形成多位数乘法的竖式算法，并理解其中的算理。在竖式乘法教学的初期，适当保留一些有意义的符号和数字（比如图4-4-5中74前面的加号和后面的0），有利于学生更好地理解竖式乘法的意义。通过这种有意义的建构式学习，学生能比较深刻地理解笔算两位整数乘法"是什么、为什么和怎么算"等问题，有利于减少乘法计算中的错误。

三、原则的实施策略

算法与算理是计算的两个重要方面，两者彼此相联系。因此，实施"算法与算理相结合的原则"，既可以从算法到算理，又可以从算理到算法。

（一）从算法到算理——计算是解决问题

一个陌生的计算，其实可以看作一个陌生的问题，先分析和解决这个问题，得到正确的答案，这就是算法。然后在研究正确解答的计算过程中，阐述其每一步的依据，即为什么可以这样计算，这就是算理。从算法到算理，比较适合儿童的认知规律，也容易使儿童体会到计算的乐趣，有利于培养其计算能力和解决问题的能力。

【拓展阅读】

两位数乘一位数

情境问题，引入计算。两人植树，每行 12 棵，种了 4 行，一共种了多少棵树？再列出算式：12×4。教师让学生思考后回答出列式的依据，然后提问："你想用什么方法算？"学生回答，有的用口算，有的用小棒摆，有的列竖式。

汇报交流，各种算法。（1）摆小棒，学生在实物投影上展示小棒的拼摆过程，小组成员介绍：12×4 就是算 4 个 12 是多少，先摆 4 个 12；10×4 是 40，就移动摆出 4 捆小棒；2×4 是 8，就摆出 8 根小棒。（2）口算：10×4=40，2×4=8，40+8=48。（3）展示竖式：

$$\begin{array}{r} 12 \\ \times\ \ 4 \\ \hline 48 \end{array}$$

梳理过程，寻求算法。首先梳理口算过程，老师让学生看小棒图（图4-4-6），然后对应口算式子 10×4=40，让学生用手圈出整十的 4 捆小棒；2×4=8，再让学生圈出零散的 8 根小棒；40+8=48，让学生圈出所有的小棒。教师同时在课件中用不同的颜色圈出相应的部分。接着梳理竖式，运用相同的方法，指导学生对着小棒图，分别找出竖式中十位上的 4、个位上的 8 和 48 对应的小棒图，用手圈出来（图4-4-7）。

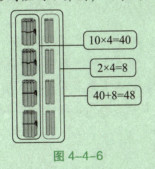

图 4-4-6

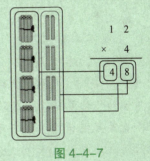

图 4-4-7

$$\begin{array}{r} 1\quad 2 \\ \times\qquad 4 \\ \hline 4\quad 8 \end{array}$$

图 4-4-8

优化算法，形成算理：老师在黑板上示范板书出 12×4 的竖式（图4-4-8），集体整理竖式计算的顺序，优化算法，并进一步强化"为什么把 4 写在十位上"。统一认识后，进行巩固练习：32×3，132×3。最后学生通过操作、体验、思考、练习、巩固、交流总结得出两位数乘一位数需要从个位乘起的法则。

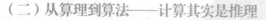

（二）从算理到算法——计算其实是推理

数学的特征之一是具有逻辑的严谨性，学习数学也是学习逻辑推理。面对一个陌生的计算，可以根据已有的概念和判断，依据逻辑推理和已知的数学运算，寻求相应的结果。推理的过程就是算理，正确结果的执行程序就是算法。因此，从推理的角度，可以先发现算理，再产生算法。当然，这对儿童的思维与能力的要求是比较高的。

通常情况下，计算教学往往关注标准计算程序的执行，而忽视隐藏的推理，其结果与数学的特征背道而驰。因此，应当提倡"计算的过程也是逻辑推理的过程"的观点，学生在计算的同时也应当经历逻辑推理的训练，把计算教学的重点定位于计算与思考的统一，这样对提高儿童的思维水平是有帮助的。

【拓展阅读】

小数乘法

（一）感受差异，澄清误解

学习小数除法的第一步，可以是通过与整数除法的对比，感受两者之间的不同，初步认识小数除法产生的背景。比如，首先出示两个语言结构完全相同的问题作为学习任务，让学生思考讨论。

任务1：用尽可能多的方法解决下面两个问题，并对比两个问题的相同之处和不同之处。

（1）如果买3千克苹果，共花费18元，那么1千克苹果多少元？

（2）如果买0.5千克苹果，共花费3元，那么1千克苹果多少元？

问题（1）是学生已经熟悉的平均分类型，把3千克苹果平均分为3份，其中的1份的价格就是1千克苹果的价格，因此不难列出除法算式18÷3，求出1千克苹果的价格等于6元。但对于问题（2），运用"分"的方法就很难想到列出算式3÷0.5，求出苹果的单价。

学生面对类似于问题（2）时，首先不是列出除法算式，而后进行计算；而是运用自身已有经验，直接进行问题的解决。多数学生可能运用的方法主要有两个。

第一个是基于对小数0.5的认识，以及"加倍取半"的思维方式。知道0.5千克就是1千克的一半，也就是说1千克是0.5千克的2倍，因此1千克苹果的价格应当是3元的2倍，运用乘法算式3×2，可以求出1千克苹果等于6元。这样的过程其实是运用了乘法的思维。

第二个可能运用的方法是将0.5千克和3元同时扩大10倍，也就是买5千克苹果需要30元，因此1千克苹果的价格可以用30÷5计算出来，等于6元。

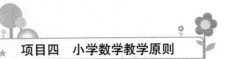

这样的方法使用了除法商不变的规律，实质是运用了比例的思维方式，用运动与变化的眼光看待乘与除的关系，把这样的关系清晰地表示出来（图4-4-9）。

价格/元	3	?	18	……	30
数量/千克	0.5	1	3	……	5

图4-4-9

问题中出现了"千克"和"元"两类不同的量，用变化的眼光看，一类量增加或者减少，另一类量也随之增加或者减少相同的倍数。这样的过程中，就可以感受到3÷0.5与30÷5的结果是相同的。同时可以感受到，当除数小于1时，除法运算使得结果变大，拓展了整数除法中"越除越小"的认识。

在两个问题的对比讨论中，应当引导学生发现两个问题的共同点。第一个问题的算式18÷3=？实质上是在问"几的3倍等于18？"按照这样的理解，第二个问题同样可以列出算式3÷0.5=？实质上是问"几的0.5倍是3？"学生过去通常对"倍"的理解为扩大，有了小数之后，"倍"同样可以描述缩小。这样就将过去对于除法运算单一的"平均分"的认识，拓展为"乘法运算逆运算"。整数除法通常表达的是"缩小"的过程，小数除法也可以表示"扩大"的过程。

（二）巩固提升，综合应用

通过任务1的两个问题的思考讨论，学生可以初步感知小数除法与整数除法的差异，小数除法计算主要依赖将小数转化为整数，以及用乘法看待除法。在此基础上，一方面这样的方法需要进一步巩固，另一方面也需要感知加倍取半方法的局限性。为此，可以出示下面的任务2让学生思考讨论。

任务2：用尽可能多的方法解决下面两个问题，通过对比，找到两个问题的不同之处。

（1）如果买2.5千克苹果，共花费15元，那么1千克苹果多少元？

（2）如果买2.4千克苹果，共花费14.4元，那么1千克苹果多少元？

对于问题（1），同样可以运用加倍取半的方法，从"2.5千克花费15元"，想到"5千克花费30元"，因此求1千克苹果价格可以列式为15÷2.5=30÷5，计算结果为6元。

对于问题（2），由于2.4加倍后仍然是小数，所以自然的想法是前面使用过的将2.4千克和14.4元同时扩大10倍，将14.4÷2.4改变为整数除法算144÷24，计算结果为6元。

通过对任务2的思考讨论，可以将学生对于乘法和除法两者关系的理解拓展为如下的认识：

●除法运算对应的未必一定是分的活动，经常是乘法的逆运算导致除法运算的出现。

●除法算式的计算，基本思路是将小数除法变为整数除法。

鉴于学生在实际情境中经常会混淆乘法和除法运算，因此还可以让学生利用计算器，经历乘法和除法同时出现的问题解决过程。

任务3：每个国家都有自己的货币，因此需要将货币进行兑换。请你使用计算器，分别解决下面两种货币兑换的问题。

（1）按照今天的汇率，用0.88元人民币可以兑换0.13美元。那么美元与人民币的汇率是怎样的？如果在美国消费了99美元，相当于人民币多少元？

（2）按照某天的汇率，用0.66元人民币可以兑换10.96日元。那么日元和人民币之间的汇率是怎样的？如果在日本消费了400日元，相当于人民币多少元？

这两个问题的设计目的，是为了澄清学生对于除法算式中被除数要比除数和商大的误解。所谓描述汇率无非是要计算兑换的问题，因此学生需要思考的问题可能是如下四个：

●1美元可以兑换多少人民币？（算式 $0.88 \div 0.13$）

●1元人民币可以兑换多少美元？（算式 $0.13 \div 0.88$）

●1日元可以兑换多少人民币？（算式 $0.66 \div 10.96$）

●1元人民币可以兑换多少日元？（算式 $10.96 \div 0.66$）

思考过程中出现的算式既有被除数大于除数的情况，也有被除数小于除数的情况。而且除数有大于1的情况，也有除数小于1的情况。因此学生可以充分感受到除法运算从整数到小数所发生的变化，拓展对于除法的认识。

对于"相当于多少人民币"的问题，事实上是一个开放的设计。可能用乘法，也可能用除法。比如，如果已知1美元兑换6.77元人民币，那么消费99美元相当于人民币的数额就要用乘法 99×6.77 计算。如果已知1元人民币可以兑换0.15美元，那么就要用除法算式 $99 \div 0.15$ 计算。为了进一步将学生已有知识和经验与小数除法联系起来，可以给学生出示更加开放的任务。

任务4：举出尽可能多的实例，解释除法算式 $0.2 \div 0.8$ 的含义。

面对这样的问题，整数除法中"分"的活动已经不再适用，期望学生能够运用在小数乘法中积累的经验，运用已经熟悉的量进行理解。

比如，从长度的角度看，两根绳子长度分别为0.2米和0.8米，如果要描述两者的关系，可以说0.8米比0.2米多，或者0.2米比0.8米少（0.8-0.2）米。也可以说0.8米是0.2米的（$0.8 \div 0.2$）倍；还可以说0.2米是0.8米的"$0.2 \div 0.8$"倍。

如果从行程问题看，一只蚂蚁用 0.8 分钟爬行了 0.2 米，那么（$0.2 \div 0.8$）就可以表示蚂蚁每分钟爬行的距离，也就是蚂蚁的爬行速度。

总之，鉴于小数除法的实际意义与学生已经熟悉的整数除法的意义有很大差异，因此学习小数除法之初，应当把学习目标定位于"除"运算产生的背景以及对除法算式自身结构的理解，而不是竖式计算的方法。

 项目检测

小学生数与运算的错误分析

小学生认识数和进行计算时，常会出现一些错误。例如，把 22 写成 202，把 27 + 36 计算成 513。

请深入小学，收集学生在认识数和计算时出现的一些错误，并进行分类整理，探讨一下每一类错误的可能原因，再提出一些教学建议。

具体要求：

1.收集学生在认识数和计算时出现的一些错误，并进行分类整理。

2.探讨每一类错误的可能原因，再提出一些教学建议。

3.针对某一类错误，根据你的教学建议，给小学生讲一讲，看看效果如何。

项目五 小学数学教学方法

项目背景 ▼

　　小学数学的教学内容虽然比较简单，但是，要使小学生学好"数学"内容并非易事，教学方法和手段尤为重要。以教学方法为显著特征的小学数学教学活动必须充分考虑小学生的数学学习特点、符合小学生的认知规律和心理特征，才能达到最佳的教学效果。

项目目标 ▼

一、知识与能力目标

　　1. 理解教学方法在小学数学教学中的作用，知道影响教学方法选择的因素。

　　2. 理解各种小学数学基本教学方法的优点和局限性，能比较出不同的教学方法之间的区别，会根据不同教学内容选择相应的教学方法。

　　3. 熟练掌握小学数学教学的各种辅助手段，能够运用恰当的教学手段有效地呈现小学数学教学内容。

二、过程与方法目标

　　1. 通过小学数学的教学设计以及小组讨论活动，体会不同的教学方法在教学过程中的不同作用以及所体现的教学思想。

　　2. 通过模拟讲课和评课的活动，体会小学数学教学方法在课堂教学中相互搭配使用时所达到的效果，感受教学方法的多样性和灵活性。

　　3. 在实际操作中，经历不同的教学辅助手段的使用方法和过程。

三、情感态度与价值观目标

　　1. 通过创造性地设计和使用小学数学教学方法的过程，提高教师对小学数学教学方法的研究兴趣。

　　2. 结合小学数学的具体教学内容设计相应的教学目标和教学方法，教师养成深入思考、大胆创新、不断完善的良好学习习惯。

　　3. 在教学案例的分析和比较中，教师养成关心数学教育、主动研究教学方法的意识。

引导案例

圆的周长

　　教师要求学生用直径分别是1、2、3、4厘米的圆进行实验，探究圆的周长和直径之间的关系。交流时，第一组学生的实验结果都是"周长是直径的3.2倍"。教师说：你们小组合作得非常好，很默契！还有哪个小组上来汇报？

　　思考　分析学生们对实验过程的体验是真实的还是走过场？教师对学生众口一词没有质疑，这样的做法合适吗？

任务一 小学数学教学方法概述

学习目标

　　1. 理解小学数学教学方法的含义。
　　2. 了解小学数学教学方法的选择依据。

学习任务

　　选择小学数学某节课一课时的内容，根据小学生学习该内容之前具备的知识基础和心理特点，展开小组讨论，商定适合于本节课的教学方法，并分析其在数学教学过程中的特征和作用。

一、小学数学教学方法的含义

　　教学方法是教学过程整体结构中的一个重要组成部分，能凸显教学活动的显著特征。教师在开展教学活动过程之前，往往需要设计教学方法来优化教学效果。小学数学教学方法就是在小学数学课堂教学中，师生为达到教学目标所采取的一系列教与学相互作用的活动方式和手段的总称。它包含教师教的方式、学生学的方式及其相互之间的有机联系。

　　在数学教学中，当教学目标、教学内容和其他条件都确定后，教学方法将是取得预期教学效果的决定性因素。对于相同的班级学生和教学内容，若采用不同的教学方法，可能会产生明显不同的教学效果。因此，灵活选用行之有效的教学方法是达成教学目标的关键。具体的教学方法都是以一定的教学思想为理论基础的。

　　注入式，又称填鸭式，是指把学生看作没有主观能动性的接受知识的容器，教师只是从主观愿望出发向学生灌输知识和传递信息，对学生的认知水平和兴趣需要考虑较少，学生的学习比较被动。这种教学思想指导下的教学容易导致学生机械记忆、死

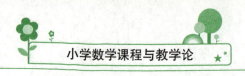

记硬背、课业负担重，产生厌学情绪。

启发式，是指教师把学生看作学习的主体，从学生的实际出发，通过启发诱导，采取有效的方法和手段，充分调动学生学习的积极性和主动性，从而达到发展智力、提高能力的目的。这种教学思想指导下的教学使学生的学习生动活泼，由被动转为主动，由苦学转为乐学。

导学式，是指教师通过有针对性地教，让全体学生主动参与到学习中，学会学习，提高学习能力，发展智力。它不单强调"导"和"学"，也强调教，注重"教、导、学"的有机结合，从而实现小学数学教学的导学平衡。它主张教学过程是以"导"为中心的多种教学策略的综合，具有教育主体的参与性、教学过程的协调性和教学结构的整体性，它表现为一个动态平衡的发展过程。

从注入式到启发式，再发展到导学式，表明了在不断发展的教学思想指导下的小学数学教学方法在不断创新和完善。

数学课程改革总是伴随着教学方法的变革。《义务教育数学课程标准（2011年版）》中指出："有效的教学活动是学生学与教师教的统一，学生是学习的主体，教师是学习的组织者、引导者和合作者。"同时还指出："学生学习应当是一个生动活泼、主动的和富有个性的过程。认真听讲、积极思考、动手实践、自主探索、合作交流等，都是学习数学的重要方式。"那么，如何选择数学教学方式方法才能体现学生的主体地位和教师的主导地位呢？回答这一问题需要我们详细分析影响数学教学方法选择的因素。

二、小学数学教学方法的选择依据

影响教学方法的因素有很多，主要有教学内容、学生情况、教学环境、教师情况等，包括学校的文化氛围、设备条件；教师的个性特点、教学理念、教学手段以及对课程资源开发和利用的能力；课堂教学的组织形式等。随着数学课程改革的不断深入，教师作为教学活动的组织者、引导者、合作者，在教学过程中的可支配因素不断加大，如多样化的教材、教具、教参和数学软件等，其教学方法表现出灵活性和多样性的特点。

在既定的教学时间、进度和教学条件下，教师选择小学数学教学方法时还要依据以下几方面的因素。

（一）教学内容

小学数学教学内容主要来自教材。分析教学内容包括弄清教材的编写意图、理解数学知识本质和知识间的联系，以及挖掘教学内容中所蕴含的数学思想方法、核心概念和数学文化等。在此基础上，教师才能创造性地使用教材并创建合理的呈现数学知识的方式方法。

比如，在"11～20各数的认识"一节课中，由于教学内容包括两位数的概念以及其中所蕴含的十进制计数法，而小学一年级学生的认知能力有限，学好这些内容有难度。因此，我们可以利用"计数器"这一教具和学具，采用教师"演示"、学生"动手实践"

的教学方法使学生深入理解内容。

小学数学课程内容分为数与代数、图形与几何、统计与概率、综合与实践等四个领域。不同的内容领域适用的教学方法不同，比如，在图形与几何领域，教师为了揭示图形的本质特征，往往要借助实物、教具、课件等进行生动形象地演示，或者让学生动手操作，通过"折一折、画一画、涂一涂"等方式从不同角度感知图形，以帮助学生形成空间观念。又如，在综合与实践领域，由于知识的综合运用程度较高，教师往往要让学生通过主动探究、小组讨论、合作交流来提高思维能力。

即使是同一内容领域，数学知识类型的不同特点决定了教师应采用不同的教学方法。对知识进行"陈述—程序""联结—运算"的两维分类模式所产生的四种类型中，联结类数学知识主要具有信息意义，宜采用接受学习的方式学习，而运算类数学知识则适合以探究学习的方式进行。对于许多小学数学概念、书写方法或计算规则等联结类知识，教师往往先通过讲解或谈话使学生理解知识，之后再通过"顺口溜""儿歌"等形式使学生顺利掌握知识。

比如，"年月日儿歌"：一三五七八十腊（12月），三十一天永不差；四六九冬（11月）三十日；平年二月二十八，闰年二月把一加。再如，"多位数写法歌"：写数要从高位起，哪位是几就写几，哪一位上没单位，用0占位要牢记。

数学教材中的例题、练习题也会无形中强化教师选用某种教学方法。如果某节课的教学内容包括几道典型的练习题，教师则可以采用"练习"的教学方法来引导学生总结归纳数学规律。

另外，教学内容所属的不同课型也影响着教师选择什么样的教学方法。比如，对于复习课，我们可以采用教师系统"讲授"、学生"积极思考"的教学方法，使学生在头脑中形成知识网络。

总之，教师要充分认识到"用教材教，而不是教教材"，才能创造性地使用教材、选择教法。

（二）教学环境

教学环境从学校层面来看，包括校园文化、教学设施设备等；从课堂层面来看，包括师生关系、同伴关系、班集体氛围、班级容量等。比如，在20人以下的小班教学环境下，教师宜采用"对话法"展开教学。

（三）教学目标

小学数学的教学目标包括知识技能、数学思考、问题解决、情感态度四个方面。对于具体的某一节课，教师偏重于哪个方面的目标多一些，为达成既定教学目标就要采用与之相应的以某种教学方法为主的教学活动。

如果偏重知识的系统性和完整性，就宜采用以"讲授"为主的教学方法。如果偏重学生分析和解决问题的能力，就宜采用以"探究""发现"为主的教学方法。如果侧重提高学生的学习兴趣和动机，就宜采用以动手操作、游戏等"活动"为主的方法。

（四）学生情况

教学方法的选择必须要考虑学生的实际情况，包括学生的认知水平、年龄特征、已有经验、心理需求、学习动机、学习风格、所在年级以及数学学习过程中思维活动等。只有立足于对小学生真实情况的充分了解，才能正确选择、取舍和运用恰当的教学方法。比如，低学段适合以活动、游戏为主的教学方法，高学段更适合以探究、问题为主的教学方法。

学生是学习活动的主体。教师不论使用什么方法，都要因材施教，与学生的学习情况相匹配，这样才能取得良好的教学效果。

（五）教师情况

教师的教学行为受其教育理念、教学思想的指导。教师的数学教学观、数学观都影响着教学方法的选择。教师的专业能力、教学经验、个性特点、成长历程和内在的个体需要等方面也都影响着教学方法的选择和运用。基于考试文化形成的数学观的教师偏向于选择便于学生模仿、快速记忆的教学方法；外向开朗的教师比较倾向于用形象化的动作、表情或教具演示的方法。

优秀的教师总是要不断地更新教育和教学理念，改进和变化教学方法。

三、数学教学方法的创造性使用

小学数学教学活动的复杂性决定了小学数学教学方法具有多样性和灵活性。不存在某一种放之四海而皆准的、对所有教学内容都行之有效的教学方法。任何教学方法都是一系列教学方式和学习方式的综合，并且都有它的优点和局限性，也都会对数学教学活动产生重要影响和启示。

我们要继承和发扬我国优秀的教学传统。不应将"新""旧"看成区分教学方法"好""坏"的主要标准，并因此而对某些教学方法采取绝对肯定或否定的态度，恰恰相反，我们应当更为明确地去提倡教学方法的多样化，并通过积极的教学实践深入地去认识各种方法的优点与局限性，从而就能依据特定的教学内容、对象、环境（以及教师本人的个性特征）创造性地加以应用。

小学数学的一节课，通常是"一法为主、多法配合"。教师可以依据以上几方面因素，对基本的教学方法进行适当调适、灵活组合，综合各种教学方法中的有用成分加以改造和创新，以达到课堂教学效果的最优化。总之，小学数学教学是创造性地使用教学方法的一门艺术。

任务二　小学数学教学的基本方法

◀ 学习目标 ·····

1.理解小学数学教学基本方法的含义、优点和局限性。

2. 了解每种教学方法对小学数学教学活动的教学启示。

◆◆　学习任务 ···

选择小学数学一课时的教学内容，分别采用两种不同的教学方法进行教学设计和模拟讲课，并进行比较和分析，说明不同教学方法所起到的作用和效果。

一、讲授法

（一）含义

讲授法是指教师运用口头语言，辅以形体语言和适当的板书，向学生说明、解释、论证数学原理，传递信息的一种教学方法。在现有学校环境和班级授课制的条件下，讲授法是小学数学课堂教学中最主要、使用最广泛的教学方法。

在现代先进的教学思想的指导下，教师在使用讲授法的过程中，可以根据小学生的实际情况，结合演示、板书、情境设置、提问（对话）互动、操作实验等形式，在传授知识的同时，引导学生积极思考。

（二）优点和局限性

讲授法的优点：教师通过入情入理地讲解、分析，展示自己的思维过程，可以帮助学生在短时间内获得较为系统的数学知识；教师通过讲授，可将知识中所隐含的数学思想显性化，从而帮助学生更好地理解数学知识的本质；讲授时教师的语言具有主动性、连贯性和流畅性，比较节省时间和精力；大班授课时，讲授法便于教师管理和调控，统一进度，完成教学计划。

讲授法的局限性：讲授法是一种单向的信息交流过程，学生质疑和反馈的机会较少，只能被动接受信息。因此，使用不当会抑制学生智力的发展。比如，讲授时间太长或内容太多，容易形成"满堂灌"的局面，对缺乏持久的注意力的低年级小学生来讲，会感到单调乏味，学习比较困难。

讲授法以口头语言为主要传播媒介，小学生直接体验和参与学习不够的话，可能导致他们难以理解数学知识的内涵。

（三）教学启示

使用讲授法时，教师应注意以下两个方面。

（1）讲授法是以"教师讲解、学生聆听"为主的接受学习，但是并不意味着学生始终处于被动学习、机械诵记的状态。根据奥苏贝尔的有意义学习理论，只要教师的教学设计和实施都能以学生为本，从学生学的角度出发，结合学生的已有经验和知识基础去启发引导，并重视对学生的及时评价和反馈，学生完全可以实现有意义地接受学习。

（2）教师应尽量做到：求精，有针对性；求准，有严密性；求思，有启迪性；求妙，有趣味性。"精"，指精练，即教师所使用的数学课堂教学语言要针对本节内容

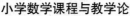

和学生实际；"准"，指准确，即教师所使用的数学语言要准确、规范，符合数学严密性的特点；"思"，指思考，即教师的讲解要注重引发学生深入思考；"妙"，指美妙，即教师的讲解要尽可能地吸引学生的学习兴趣，使学生能感受到数学课堂妙趣横生，从而喜欢上数学课。

【拓展阅读】

圆的周长

（一）摆正多边形，体验无穷

1. 教师用小棒摆一个三角形，这是一个什么三角形？再摆一个正方形，再摆一个正六边形，正八边形，是这样的吗？

2. 观察思考：

仔细观察，有什么想法？（等待）想象一下，如果摆一个正120边形，会是什么样？

（PPT展示"大树围栏照片"——几位工人师傅的作品）他们是怎样做到的呢？能求出这些正多边形的周长吗？（边长×边数）

（通过活动，让学生理解，随着边数越来越多，正多边形越来越像圆，它的周长也越来越接近圆的周长。）

（二）一刀剪圆

1. 一张正方形的纸，一把剪刀，不借助其他工具，请你只用1刀剪出个圆来。（发纸、巡视、收集作品）贴3个在黑板上展示。

2. 欣赏作品：

为什么这个比那个更"圆"呢？（沿直线剪的居然比沿曲线剪的更"圆"；对折的次数越多，就越"圆"。）

3. 要是折很多、很多次，想象一下，打开后会怎样呢？能实际操作吗？

借助电脑来演示吧！是这个意思吗？（见图5-2-1，画板课件演示：割圆！）

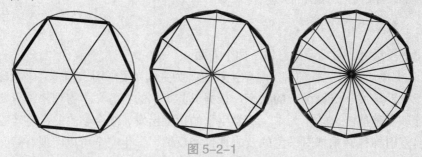

图5-2-1

演示文稿中演示：割之弥细，所失弥少，割之又割，则与圆合体，而无所失矣！

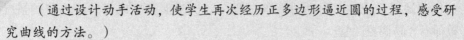

（通过设计动手活动，使学生再次经历正多边形逼近圆的过程，感受研究曲线的方法。）

（三）体会割圆思想，总结周长公式

1.通过以上两个活动和这段话，现在你有什么想法？

（用求正多边形周长的方法来得到圆周长的近似值，通过比较，再次体会研究曲线的"以曲化直"方法。）

比较这种得到周长数据的方法与实验测量有什么不同？（仍然是近似值，但可以更精确；用计算代替实验操作。）

目前你认为这种方法有什么困难？

（分的份数越多就越精确；精确度可以控制了……还不具备计算正多边形周长的知识。）

2.介绍割圆术和祖冲之。

[通过教师讲解，学生阅读，认识圆周率及圆周长计算公式。圆的周长（c）与直径（d）的比值，是一个固定不变的数，是一个无限不循环的小数，并称之为圆周率，用希腊字母 π 表示。]

3.总结周长公式。

（板书：$c = \pi d$）有了这个关系，我们就可以利用它来计算圆的周长了。

评析：这是以讲授法为主的一节数学课。在整个教学过程中，教师利用多媒体课件演示了大树围栏照片和割圆的动态过程，介绍了中国古代的"割圆术"以及祖冲之对圆周率 π 的研究。同时，设计了摆正多边形和剪纸的探究活动。通过讲解，向学生传授了"转化"的方法。

二、对话法

（一）含义

对话法，也称谈话法，是教师以谈话、问答的方式，根据学生已有的知识和经验提出问题，启发学生对所提问题进行思考，从而使学生自己得出结论、获得新知识的一种教学方法。

（二）优点和局限性

对话法的优点：通过问答的方式，有利于激发学习兴趣，使学生集中注意力，并对新知识留下深刻印象。教师精心设计的提问，可以激发学生的思维、增强学生头脑中知识之间的相互联系。学生通过回答问题，有助于提高语言组织和表达的能力以及逻辑思维能力。师生谈话还可以充分地反映出学生学习中存在的问题，便于教师及时发现问题并纠正学生的错误。

对话法的局限性：教师使用对话法需要设计启发性强的问题，若问题太泛、太多，则不利于学生的学习。通过谈话来引导学生自己得出结论，相对比较费时，学生获得的知识缺乏系统性。对话进行的过程中，课堂上会生成与预设不符的情况，因此，教师不容易调控课堂。

（三）教学启示

使用对话法时，教师应注意以下几个方面。

（1）问题要精心设计，要适量、适度、明确，要富有启发性，要有利于学生深入思考并自己发现结论。

（2）教师要创设民主的课堂氛围，使学生积极参与，学习轻松愉快。

（3）对学生的回答，教师要耐心倾听，善于追问，并通过解释、补充的方式来理解学生的真实想法。

（4）为了调控对话的范围，防止发生太广、太偏的现象，教师可以采用"重复学生的语句""再一次确认学生的意思"等策略。

（5）对话后，教师要进行概括、小结或讲评，并通过归纳、梳理零散的知识点，使学生获得比较系统的知识。

【拓展阅读】

圆的认识

师：我们描述图形的特点的时候一般要和以前学过的图形做比较。以前我们学过三角形、正方形等。我们以前描述图形的时候往往从"边"和"角"两个角度来说明，那么，从边和角的角度来看，圆有什么特点呢？

生：它没有棱也没有角。

师：没有棱是什么意思？

生：没有棱是说它没有边，它不像正方形有4条边。

师：（追问）那它没有边吗？

生：不是，有边。

师：有边，几条边？

生：1条。

师：那你们说，圆的边和我们以前学过的图形的边有什么不同？

生：以前学过的图形的边是直线，而圆的边是由曲线构成的。

师：曲线是围不成角的，看来，我们从角来看，圆是没有由两直边所围成的角的。从边上来看，圆只有1条边。

师：这是圆很特别的地方。其他的图形最起码有3条边，而圆只有1条边。并且它的边怎样呢？

生：是曲线的。

师：对，是由曲线围成的。其他的图形是由直线或者说是线段围成的。

师：圆，我们从边和角来看是这样的特点。《墨经》中有这样的记载："圆，一中同长也。"知道这句话是什么意思吗？一中指什么？

生：圆心。

师：同长，是什么同长。

生：半径。

师：半径同长，有人说直径也同长。那你们同意古人说的话吗？

生：同意。

师：难道说正三角形、正四边形、正五边形不是"一中同长"吗？为什么不是呢？

生：这些图形的中心到边上各点的距离不相等。

师：那圆呢？

生：圆心到圆上各点的距离是一样的。

师：对，圆心到圆上各点的距离是相等的，这是圆的本质特征。

评析： 本节课主要采用了对话法。教师通过与学生问答的方式以及不断追问，引导学生自己发现了"圆心到圆上各点的距离是一样的"这一特征。并且在对话的过程中，教师熟练地使用了控制课堂对话的教学策略。

三、练习法

（一）含义

练习法是指在教师的示范、指导下，通过让学生完成一定动作或活动的方式来巩固数学知识、形成技能、获得活动经验的一种教学方法。在现代教学思想的指导下，教师使用练习法的形式是多样化的。比如，书面的、口头的、板演的；游戏活动、小型竞赛、实际操作；单一的、综合性的；预备性的、复习模仿性的、训练性的、创造性的；判断、改错、计算……教师根据教学内容和学生的年龄特点，恰当选择和使用练习形式，可以增强教学效果。

（二）优点和局限性

练习法的优点：通过一定数量的练习，学生能够更好地将所学的概念、法则、定律、公式等数学知识复习再现、原理内化。通过运用所学数学知识和技能，提高分析问题和解决问题的能力，提高思维品质。

练习法的局限性：大量重复性的单一训练会导致"题海战术"，使学生感到练习很枯燥，从而失去学习兴趣。

（三）教学启示

教师使用练习法时应注意以下几点。

（1）练习要适时、适量，要处理好分散练习和集中练习的关系。

（2）要精心选择材料作为课前、课中、课后的练习，使练习目的明确、难易适中。

（3）在使用练习法时，教师要注重个别指导，及时指正学生练习中所出现的问题，并面向全体学生进行归纳总结。

四、演示法

（一）含义

演示法是教师通过展示实物、教具、多媒体课件或进行示范性演示（动作或操作方法），引导学生去观察、发现，从而获得数学知识的一种教学方法。演示法可以生动形象地向学生展示数学对象的本质特征。

（二）优点和局限性

演示法具有直观性，有助于帮助学生理解抽象的数学知识。演示法具有趣味性，有利于激发学生的学习兴趣。学生通过观察和思考来发现知识，有助于提高学生的观察能力和思维水平。

但是，教师在课堂上展示实物、教具、挂图等，或者动作演示（示范），都要占用一定的时间，因此，比较费时，课的容量不大。

（三）教学启示

使用演示法进行教学时，应该注意以下问题。

（1）教师所选的教具要有典型性，能反映数学知识的本质特点。

（2）演示要目的明确、时机恰当，使学生带着问题去观察、去思考。

（3）教师在演示时要与讲解相结合，使学生明白演示意图。

（4）在演示后要及时总结归纳、揭示数学本质。

五、实验法

（一）含义

实验法，也称操作实验法，是指在教师的指导和要求下，学生通过亲自动手实验，来探索发现数学规律或结论的教学方法。小学数学实验的内容一般包括：折纸、画图、涂色、剪拼图、摆放物体、操作小棒或其他学具，以及数一数、摸一摸、摆一摆等活动。

（二）优点和局限性

实验法的优点：学生亲自动手操作符合小学生活泼爱动的性格特点，能激发学生学习数学的积极性。通过参与实验来经历数学知识的形成过程，不仅有利于学生掌握知识、发展智力，而且还积累了一定的数学活动经验。有利于调动学生学习的积极性和对数学知识的探索精神。

局限性：在数学课堂上做实验，需要较长的活动时间和较大的活动空间，教师调控课堂的难度加大了。学生在实验操作过程中可能会产生一些新问题，往往需要教师花费更多时间和精力去组织、管理和辅导。

（三）教学启示

使用实验法，教师要注意以下几方面的问题。

（1）提前设计实验方案，最好自己亲自操作一遍，预想实验中可能产生的问题。

（2）课前需要提前通知学生准备实验所需材料或学具。

（3）实验开始以前，教师要清楚实验目的和要求，使学生的操作更有序、有目的性和真实体验，而不是仅仅为了操作而操作。

（4）在实验过程中，教师要加强个别指导，随时关注实验中产生的问题。

（5）实验结束后，教师要及时引导学生从实验中得出结论。

任务三 小学数学教学的综合方法

◆ 学习目标

1. 理解小学数学教学的综合方法的使用范围和注意事项。
2. 能根据小学数学教学内容，灵活地选择某种教学方法。

◆ 学习任务

从小学数学四个内容领域中分别选取 2 个教学案例，分析这些案例中教师所使用的主要的教学方法。

一、活动教学法

（一）含义

活动教学法是指教师创设适当的教学情境，使学生以活动为主要形式，充分调动学生的多种感官参与，把学生感知学习与实践操作、体验交流融合在一起的教学方法。

活动教学法

在活动教学法中，教师根据教学要求和学生心理特点来设置数学教学情境，引导学生积极参与讨论、游戏、学具操作等活动，通过听觉、视觉、空间知觉、触觉协同活动而获取知识。

（二）优点和局限性

活动教学法的优点：通过动手操作、游戏等活动形式平衡了数学的抽象性特点和小学生以形象思维为主之间的矛盾。活动教学法把抽象的数学知识转化成了丰富多彩的游戏或活动，符合小学生的心理特点。因此，能充分发挥学生学习的主动性和兴趣，使学生受到数学思想和方法的熏陶。活动教学法尤其适用于小学低年级。

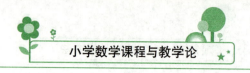

活动教学法的局限性：教师不易管理和调控课堂，在组织课堂纪律、维护课堂秩序方面比较费精力；活动教学法占用课堂教学的时间比较多。

（三）教学启示

教师使用活动教学法时应注意以下几点。

（1）课前必须做好准备工作，使每个学生都能参与到活动中，要注意处理好个别活动与集体教学的有机结合。

（2）教师要提前让学生明确从事活动的原因和目的，要使活动成为学生的自觉行动，避免盲目性。

（3）在学生充分调动多种感官参与活动的过程中，教师要给予适当的引导，从而使学生获取数学活动经验，将感悟到的数学知识内化于心，而不是仅停留于课堂活跃的表面现象。

（4）活动要适量、适度，太多的活动会影响主题、分散学生注意力。

【拓展阅读】

测量黑板面积

师：如果老师想测量黑板的面积，应选择哪一个测量单位呢？

生：选择1平方分米为单位。

师：下面就请同学们自己到黑板前面来，帮老师测量。

大多数学生来到黑板前，开始测量。只有个别学生坐在座位上，没有动身。

教师走到这几位同学身边，轻声地与他们交流。

不一会儿，大多数学生停止测量，告诉老师黑板太大了，用1平方分米为单位太小。教师请他们先回到座位上去。

还有几个学生继续在黑板上测量。

师：刚才我注意到有几个同学没有去测量黑板的面积。他们说黑板的面积太大了，用1平方分米为单位太小，所以他们不愿意去测量。你们中途停下来，是什么原因呢？

生：用1平方分米为单位太小了。

师：同学们猜一猜，测量像黑板大小的物体面积，需要一个怎样的面积单位呢？

生：平方米（这时，刚才在黑板上测量的同学也回到了座位上）。

评析： 教师主要采用了活动教学法，让每一个学生都参与到测量黑板面积的活动中。学生通过亲自测量，体会到测量像黑板大小的物体的面积需要一个比平方分米更大的面积单位，对抽象的数学单位有了具体的感知，为以后数学单位的学习奠定了良好的基础。

二、问题教学法

（一）含义

问题教学法是指教师把知识点转化成问题的形式向学生呈现，引导学生通过以问题为主线进行深度思考、讨论交流，在寻求答案的过程中理解数学知识、提高思维能力的一种教学方法。

教学中，教师不直接把现成的数学知识传授给学生，而要从教学内容入手精心设计问题，并在课堂教学过程中灵活地使用提问、追问等技能引导学生，充分发挥学生的主体性，最终使学生自己得出结论、获取新知识，并体验知识发现和建构的过程。

（二）优点和局限性

问题教学法的优点：通过问题来激发学生的好奇心和探索欲、引发学生思考，使学生主动学习。因此，可以增强学生的问题意识和解决问题的能力。问题教学法通过鼓励学生质疑、发问，注重学生对数学知识的深入理解和再发现。因此，有利于发展学生独立思考问题的能力和提出问题的能力。

问题教学法的局限性：教师设计恰当的问题存在一定的难度，往往需要花费很多精力，如果问题太简单，或者巩固记忆性的问题太多，则会使课堂教学成为简单的问答对话，不利于学生思维的发展。在课堂教学过程中，对教师的要求比较高，需要教师具备娴熟的提问、追问技能，灵活的协调应变能力以及及时评价和课堂管理的能力。

（三）教学启示

问题教学法在使用时应注意以下几点。

（1）要根据学生已有的认知基础和经验基础来设计问题，问题要难度适宜、富有启发性，使学生通过概括、归纳、推理等思维活动过程来理解数学概念的本质和数学规则及算理。

（2）课堂教学中教师把各个知识点以不同的问题为载体进行呈现，这就需要精心设计问题，围绕重点和难点对这些问题进行梳理、整合，最终形成问题串而把整个教学内容串联起来，使学生获得较完整的知识。

（3）在思考和解决问题的过程中，教师要耐心倾听，及时纠正和总结学生的回答和质疑。

【拓展阅读】

平均数

（一）明确问题

师：学校想知道咱们三年级到底男生高还是女生高，你打算怎么办？

生：测量我们学校三年级8个班所有同学的身高，然后进行比较。

师：这是个好办法。不过老师很好奇，想这节课就知道大概的结果。你打算怎么办？

生1：那就以咱们班为代表，测量一下我们的身高。

生2：咱们班近40人，全部都测量也需要很多时间。干脆找一个小组代替，比较那个小组内男女生的身高，这样更快，也能大致回答学校的问题。

师：这也是一种解决办法。那就在咱们班找一个小组吧，通过一个小组的身高来推测全班同学的身高。

（二）收集数据

师：找哪个小组呢？

生3：第三组比较合适，他们组没有太高的，也没有太矮的，身高较为中等，比较有代表性。

师：好。现在咱们测量第三组同学的身高。（教师将学生的身高写在黑板上，见图5-3-1。）

第三小组同学的身高(单位：厘米)
男生：133,135,134,138;
女生：134,133,136,134,137。

图5-3-1

（三）分析数据

师：从这九个数字出发，怎么比较呢？

生4：把这些数字加起来，看看谁大。

生5：那不行。女生人数多，肯定女生总数大。不一定能说明女生高，因为这些同学中最高的是男生。

生6：那就把他们折算一下，折算成一个人大概有多高，不就可以比较了吗？

师：这是一个好办法，怎么折算呢？

生7：第四个男生高，把他的身高移2厘米给第一个男生，移1厘米给第三个男生，大家都成了135厘米了，这就是折算后男生的大致身高。

师：这种方法叫作"移多补少"，比较直观形象。那女生呢？

生8：好像不太好移，可能"移多补少"的方法不灵了？

师：是的。谁还有别的方法？

生9：全部加起来除以5就可以了，也就是 $(134+133+136+134+137)\div 5$，结果是商134还余4。

生10：我用计算器算的，女生身高 $(134+133+136+134+137)\div 5 = 134.8$ 厘米。

（四）得出结论

师：我们没有学习小数，但观察这两位同学的计算结果，你能得到什么？

生11：女生身高大致接近135厘米，但不到135厘米，说明男生高一些。

师：男生的身高可以这样计算吗？

生12：可以。（计算过程略）

师：我们把计算的方法整理一下，就是总数除以个数。（指着数据说）数学上，把 135 叫作这四个数的平均数，134.8 叫作这五个数的平均数。大家说一说，135 能表示什么？

生13：4 位男生的大致身高，身高的一般情况。

生14：4 位男生的平均身高，有的比它高，有的比它低。

生15：男生身高的代表，4 位男生的身高在它附近。

（五）总结提升

师：通过刚才这个问题，你可以怎样求平均数？

生16：用"总数除以个数"的方法，即"平均数＝总数÷个数"。

生17：数据少的时候，还可以用"移多补少"的方法。

生18：平均数处于一组数据中间，比最大的数小，比最小的数大。

生19：平均数表示一组数据折算后的一般水平，不是真实的数值，有可能这组数据中恰巧有这个数。

生20：数据中的每一个数都会影响平均数。

评析：这节课的整个教学过程以"学校三年级到底男生高还是女生高？"这一问题为主线展开，使用了问题教学法。在教学过程中，有师生对话、生生对话，计算以及统计活动。这节课知识与技能方面的教学目标，既包括让学生掌握平均数的计算方法，又包括让学生理解平均数的统计意义。而统计意义的理解，需要让学生在统计的过程中去领会和感悟。因此，平均数的教学，需要让学生经历统计的全过程。

三、探究教学法

（一）含义

探究教学法是指在教师的组织和引导下，学生以问题为研究的方向和目标，运用类似科学研究的方法主动去获取知识、形成技能、领悟方法的一种教学方法。探究教学法要求学生事先具备一定的知识基础和发现问题、分析问题的能力基础，面对教学情境中一个较难的问题，通过观察、归纳或猜想、验证等探究过程，不断地探索规律、发现问题、分析问题和解决问题，最终获得结论。

探究教学法的一般流程是"提出猜想—验证猜想—获得结论—反思评价"，不仅注重结果的获得，还注重探究过程中创造性思维能力的训练、科学态度的培养和探究经验的积累。由于探究获得的结论具有开放性，可能与假设相符，也可能与假设相悖，还可能会出意料之外的新问题，因此教师要及时地做出指导、协调、评价和对问题的拓展延伸。

小学数学探究教学法有个人独立探究、小组合作探究和全班集体探究三种组织形式。根据探究问题的难易、复杂程度，教师可灵活组织学生展开不同难度、不同形式的探究学习。

（二）优点和局限性

探究教学法的优点：帮助学生学会数学的思维方法，学会独立求知与研究；探究结果有时具有开放性和启发性，可能会产生新的问题，有利于培养学生的创新思维能力。

探究教学法的局限性：探究教学法要求学生必须具备良好的知识基础和分析推理的能力，以及克服困难的毅力。因此，不适合低年级。探究需要花去很多时间，而且需要教师提供材料、协调组织、及时指导，也比较费精力。

（三）教学启示

探究教学法使用时应注意以下几个方面。

（1）教师要精心设计探究计划，使学生真实地体验发现知识的过程，要考虑哪些内容适合学生探究、适合个体探究还是小组合作探究，而不是难度太大超出学生的探究能力。

（2）探究的问题应符合学生的年龄特点，激发学生的学习兴趣和探究欲望，展现学生的智慧和能力。

（3）要为学生的探究活动提供充足的时间，使学生在提出猜想或假设的基础上，充分地进行检验或验证，从而得出结论。同时，教师要发挥组织者、引导者的指导作用，而不是对学生放任自流。

（4）教师要对探究结果进行及时的指导和评价，促进学生的智力发展。同时，要避免教师对探究过程调控太多、探究时间太急，使学生缺乏真实的体验，不利于抽象思维能力的提高。

【拓展阅读】

快递费是多少

（一）短片回顾，情境再现

师：同学们，还记得我们上节课的问题吗？（播放视频，师生回顾上节课活动）

要想计算快递费需要做哪些事情？（按顺序写一写）	1、选择适当的快递箱，包装。 2、称重量。 3、选择地区。 4、以物体的重量、地区远近计算快递费。

图 5-3-2

关于计算快递费你有什么疑惑？	是到哪支付快递费还是先支付快递费再寄出去？ 怎么更省钱？

图 5-3-3

关于计算快递费你有什么疑惑？	1、收费标准是多少？ 2、如何计费？

图 5-3-4

师：同学们在计划中提出影响快递费的因素有包装、重量、计费方法。这节课我们就根据这几个因素解决"快递费是多少"的问题。

（二）明确任务，选择包装

1. 明确任务和要求，了解信息

教师提出任务和要求：每个小组要计算快递 6 本字典需要的费用。每组有一本字典实物、一把尺子。包装箱的尺寸和价钱如图 5-3-5、图 5-3-6 所示。

小包装箱：1元/个

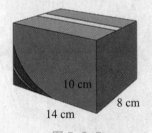

10 cm
8 cm
14 cm

图 5-3-5

大包装箱：4元/个

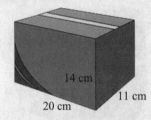

14 cm
11 cm
20 cm

图 5-3-6

学生可以量一量字典的尺寸，通过对比来选择包装箱。

2. 小组合作选包装箱，培养空间观念

师：要想包装 6 本字典，你要选择哪种包装箱呢？选几个？请四人小组商量一下，并把你们的思考过程记录在学习单对应的方框内（图 5-3-7）。

请对比字典与纸箱的尺寸，说说字典应怎样摆放。

选（大）（小）包装箱，选（　　）个。

（　　）

（　　）（　　）

图 5-3-7

评析：高年级学生有一定的抽象能力，能够借助数据对比分析问题。要寄6本字典，而教师只给出1本字典和包装箱的尺寸，学生必须通过测量、比较、交流等活动来解决问题，以此积累数学活动经验，培养空间观念。

3. 汇报包装方法，引导学生用数学语言描述思考过程

（1）选3个小包装箱。

师：你是怎样想的？对比尺寸说说怎样装。

每本字典长13.5厘米，小包装箱长14厘米；字典宽9.5厘米，小包装箱高10厘米；把字典横着放，字典厚3厘米，小包装箱宽8厘米，这样每个小包装箱可以横放2本字典，需要3个小包装箱。

用同样尺寸的透明小包装箱演示，如图5-3-8所示。

（2）选1个大包装箱。

师：选大包装箱的同学是怎样想的？对比尺寸说说怎样装。

我们将每个大包装箱装6本字典，字典长13.5厘米，大包装箱高14厘米；字典宽9.5厘米，大包装箱宽11厘米；把字典竖着放，字典厚3厘米，大包装箱长20厘米，可以一次装下6本字典。用同样尺寸的透明大包装箱演示，如图5-3-9。

图 5-3-8

图 5-3-9

评析：教学中以学生为本，引导学生清晰地表达自己的想法，培养学生用数学语言描述现象的意识。本环节中，一部分学生可以借助数据，用语言描述自己的选择，另一部分学生则要借助透明箱的演示来理解。

（三）探寻计费优化，培养思维广阔性

1. 视频介绍，了解运费

师：从视频的介绍中，你了解到了什么信息？

通过视频我了解到寄快递的收费标准："首重"——1千克以内部分收费8元；"续重"——超过1千克的部分按6元/千克收费，不足1千克的按照1千克算。

2. 小组合作，探究计费

师：根据视频信息，不管你选大包装箱还是小包装箱，老师都只给每个

小组提供1个包装箱，同学们要根据这1个包装箱来计算费用。请每组派一名同学来领取包装箱，然后称重并计算。

学生合作完成活动。

评析：引导学生在亲身实践、合作交流的过程中，发现问题、提出质疑、分析和解决问题。

3.汇报交流，感受方法多样性

生1：3个小包装箱算1个包裹，8+6+1+1+1=17（元），首重8元，续重6元，购买3个小包装箱，每个1元，共计17元。

生2：3个小包装箱算3个包裹，8+8+8+1+1+1=27（元），3个首重各8元，购买3个小包装箱，每个1元，共计27元。

生3：1个大包装箱，8+6+4=18（元），首重8元，续重6元，购买1个大包装箱4元，共计18元。

评析：组织学生交流不同的计费方法，学生一般有三种计算6本字典所需快递费的方法；让学生描述计算过程，使思维从浅显走向深刻。学生选择不同的包装箱，计费结果也不同，体现方法的多样性、开放性。

（四）回顾课堂，畅谈体会

师：同学们，今天的数学课堂经历了什么活动？你有什么体会吗？

生1：我知道了快递是怎样收费的。

生2：以后做事情之前要先想一想，可能有很多办法。

生3：数学知识还能帮我省些钱。

评析：通过回顾，学生对于本节课的实践活动有了更深入的体会，感悟到生活中遇到问题可运用数据来进行全面思考。本节课让学生在自主探索"做数学"的活动中，积累了丰富的数学活动经验。

总评：这是综合与实践内容领域中的一节课（第二课时）的教学设计。本设计中采用了探究教学方法。在教师组织和安排下，学生以小组合作探究的形式，通过测量、计算等多种方法寻求解决快递费是多少的实际问题，并在亲身实践、合作交流的过程中，发现问题、提出质疑、分析和解决问题。

任务四　小学数学教学的辅助手段

◆◆ 学习目标

1. 理解小学数学的传统辅助手段和现代辅助手段及其作用。
2. 会根据具体的教学内容选择恰当的教学手段来呈现教学内容。

3. 了解线上教学的平台和工具，能灵活使用网络技术开展线上教学。

学习任务 ··

　　选择小学数学的某个知识点，运用一定的教学辅助手段向同学现场呈现和讲解该知识点。同时，录制一段十分钟的视频，作为翻转课堂的材料。

一、传统的教学辅助手段

　　教学手段是指教师和学生在进行教和学的过程中相互传递信息的媒体、工具或设备，它通常与板书、教具或学具、电子视听设备、多媒体等"物体"相关。高效的小学数学课堂离不开各种教学辅助手段的运用。在小学数学教学中，各种教学手段及其整合都具有重要的价值。下面介绍几种常见的传统教学辅助手段。

（一）板书

　　板书（板画）是小学数学课堂教学的一种辅助形式，是教师为了帮助学生更好地理解和掌握数学知识而采取得一种重要教学手段。与教师的口头语言讲授相比，板书可以直观的方式揭示数学知识的特征，并通过视觉通道与学生进行信息交流。

小学数学板书示例

　　小学数学教学中，教师设计板书要通盘考虑、合理布局，要少而精，要强化重点、主次分明、脉络清晰，突出数学内容的本质，便于学生理解和记忆。好的板书还要文字工整、符号和图形规范。

（二）教具和学具

　　教具和学具是教师在课堂教学中最常使用的一种传统教学手段。在小学数学课堂上，教师除了教材、教案、粉笔之外，有时教师还会把一些实物（比如，挂图、模型、小棒、小球等教具，或者积木、纸片等学具）运用到课堂上，以帮助学生理解数学概念、规则，体会数学知识的本质特征。

　　例如，在学习数与数位关系、方位、几何图形的周长、面积与体积等内容时，教师通过演示教具或指导学生摆放学具，使学生形象直观地感受数与形，体会知识的形成过程。

　　好的教具应具备以下几个特点：在教师演示的过程中，要有利于学生观察和思考，增强学生的学习兴趣；教具的外形要尽可能地与数学知识密切相关，使学生获得较为正确而鲜明的深刻印象；不同学段的学生，其思维水平和兴趣爱好是有差异的，因此，教具要适合学生的年龄特点，能启迪学生的思维。

【拓展阅读】

小立方块

在小学，方块是自然数的认识的教学中经常使用的学具。一个小方块表示一，一个一个地数，十个小方块摆成一条，这一条就表示一个十；十个十个地数，十个十就是一百；把十个小长条拼成小方块；再十个小方块十个小方块地数，十个小方块就拼成了一个大的正方体，也就是一千（图5-4-1）。

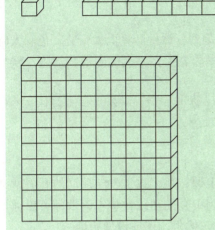
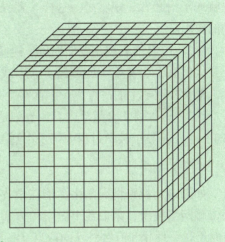

图 5-4-1

运用小立方块可以进行"整数的认识""运算律"和"整数加减法"的教学。它直观形象，有利于帮助学生建立数的大小概念和运算的直观感知。同时，运用小立方块还可以进行面积、体积等内容的教学。

二、现代信息技术与网络技术手段

（一）电化设备

电化设备，是指把投影仪、录音机、录像机、电视机、计算器、DVD 机等运用到课堂上作为教学辅助设备。电话设备可以为学生提供更多的视频或音频信息。比如，小学数学课堂上，教师把学生的典型练习或手工作品摆放在幻灯机上，其他学生则可以清晰地观看。这样，可以提高教师的课堂教学效率。

（二）多媒体技术

随着计算机科学和网络技术的普及和发展，计算机辅助教学（CAI）已成为很常用的一种教学辅助手段。

多媒体技术应用到小学数学课堂上的主要形式有两种。

几何画板

（1）教师演示。通过数学软件（几何画板、超级画）、课件或利用声、光、电、虚拟仿真等多媒体技术进行演示。教师利用计算机的图形、声音、动画等把教学内容生动形象地展现在学生面前，使数学概念、规则、原理与学生头脑中所形成的清晰的表象结合起来，激发学生学习数学的兴趣和热情。

（2）自主学习。对教师提出的探究问题或自己选择的学习内容，利用学生工作台进行自主学习，增强学生学习的体验性。

小学数学教学中，制作PPT课件应注意以下三点。

（1）课件要从数学学科教学需求的角度来考虑，仅作为一种辅助手段，它不能替代学生的动手操作、抽象思维以及师生互动。课件如果过多地注重教师演示，那么学生就成了附和者、观赏者。这样，就失去了帮助学生理解数学知识、启迪学生数学思维的作用。

（2）PPT的表现主题要明确，避免产生干扰因素。课件的界面太精美、色彩太暗（或太鲜亮）、文字（或习题）太多或存在与教学内容关系不大的图形、动画、特效等，都会分散学生的注意力，干扰学生的学习。

（3）课件要切合教学内容，有效地突出教学重难点。不是所有教学内容都适合用PPT，也不是整个教学过程中都要用到PPT。

（三）网络技术

如果遇到特殊情况学生不能在学校的教室里上课，那么数学教学活动的开展就必须依赖网络技术，采取线上教学的方式。以技术为中介的在线教学中，教师可以通过及时推送个性化和有针对性的信息，满足学生的学习需求，保证教学质量。

现代信息技术和数学教学过程的深度融合，是线上教学的主要手段。由于小学生的自学能力和自控能力都比较弱，如果仅仅是传统课堂教学的简单翻版，那么线上教学将达不到原来的课堂教学的效果。因此，教师需要改变教学理念，突破时空的限制，提高教育技术素养，熟练多种信息技术，及时更新教学方法和手段。

【拓展阅读】

利用网络画板计算圆周率

执教者：彭蕾（首都师范大学附属小学）

师：老师向大家介绍一间神奇的互联网实验室——网络画板。打开电脑，上网搜索"网络画板"，或者点击 https://www.netpad.net.cn/，进入网络画板主页（图5-4-2）。

师：点击"开始作图"，进入作图区域。点击一下画圆图标，在绘图区画出一个圆，再画出它的一条直径（图5-4-3）。

选中圆，点击鼠标右键，选择"测量"，再选择"周长"，测量出圆的周长。然后选中直径,点击鼠标右键,选择"测量",再选择"长度",测量出圆的直径(图5-4-4)。

图5-4-2

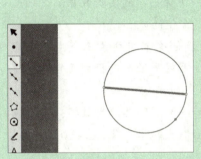

图5-4-3

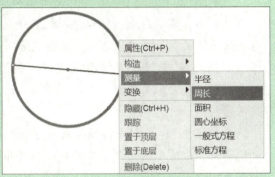

图5-4-4

把鼠标放在空白区域,点击右键,选择"计算",点击周长的测量结果,然后点击除号"÷",再点击直径的测量结果(图5-4-5)。

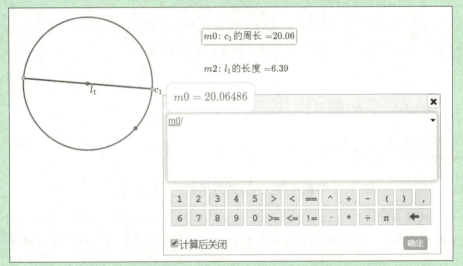

图5-4-5

点击等号"=",得到计算结果3.14,最后点击"确定"(图5-4-6)。

进行数学实验,每个小组利用网络画板,探究圆周长与直径之间的关系(时间8分钟)。

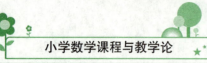
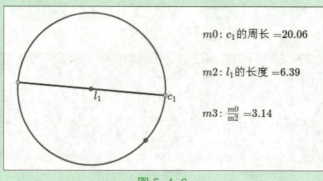

$m0: c_1$ 的周长 =20.06

$m2: l_1$ 的长度 =6.39

$m3: \dfrac{m0}{m2} =3.14$

图 5-4-6

师：好，实验结束，哪组想和大家分享一下你们组的实验数据，说一说你们认为圆的周长与直径之间的商到底是不是定值的呢？

小组汇报1：我们认为是固定的，因为我们这个组画了三个圆去测量的，我们发现它们的商都是3.14，所以我认为圆的周长与直径之间的商是固定的。

小组汇报2：我们先按照原来的方法做好一个圆和其他的数据，然后拖动这个点，让这个圆的大小不停变化，这些数据也跟着变化，但是它们的商都是3.14。

师：好，谢谢这两组同学，建议给他们掌声！请问你们得到圆的周长与直径的商是多少呢？

生：（齐）3.14。

师：数学家们把圆的周长除以直径的商叫作圆周率，用字母 π 来表示。现在我们探索出了 π 约等于3.14，用算式表示就是——

生：（齐）圆的周长 ÷ 直径 ≈ 3.14。

项目检测

小学数学教学方法的分析和手段的运用

小学数学教学中常用的基本的教学方法有哪些？举例说明，每种教学方法分别有哪些优缺点。其中，如果使用PPT课件的话，应该呈现什么内容？注意哪些问题？

项目六 小学数学教学技能

项目背景 ▼

小学数学教学技能是教师小学数学教学能力的重要组成部分，专业知识习得与教学技能训练，是教师专业成长的两翼。理解小学数学教学技能的内涵，掌握小学数学教学技能类型与方法，加强教学技能的实践训练，是提高未来教师教学技能的有效途径。

项目目标 ▼

一、知识与能力目标

1. 了解小学数学教学导入技能、提问与理答技能的功能与原则，掌握小学数学教学导入、提问与理答的方法，会设计小学数学教学的导入和提问与理答。

2. 了解小学数学教学小结与总结技能、板书技能的功能与原则，掌握小学数学小结与总结、板书的类型，会设计小学数学教学小结与总结、板书。

3. 了解小学数学教学的说课技能的含义、类型、内容、方法，会设计小学数学教学说课稿。

二、过程与方法目标

1. 设计小学数学教学课堂导入，模拟小学数学课堂并与同伴交流，体会课堂导入技能，培养教学设计与实施能力。

2. 设计小学数学教学的提问与理答，模拟小学数学课堂并与同伴交流，体会课堂提问与理答技能，培养教学设计与实施能力。

3. 设计小学数学教学小结与总结，模拟小学数学课堂并与同伴交流，体会小结与总结技能，培养教学设计与实施能力。

4. 设计小学数学教学板书，模拟小学数学课堂并与同伴交流，体会教学板书技能，培养教学设计与实施能力。

5. 设计小学数学教学说课，并与同伴交流，体会教学说课技能，培养教学设计与实施能力。

三、情感态度与价值观目标

1. 通过知识学习、模拟训练，增进教师数学教学的积极情感。

2. 通过教学设计、交流反思，增进教师对小学数学教学的理解与价值认识。

3. 通过知识学习、技能训练、交流反思，树立教师科学的数学教育价值观。

引导案例

为什么得 45 呢？

教师的提问在教学中有着非常重要的作用，然而，教师如何提问才能激发学生思考、引导学生探究呢？这是一个非常值得关注的问题。

在一节数学课上，教师出示问题"计算 1+2+3+4+5+6+7+8+9"。过了一会儿，一个学生抬起头兴奋地回答，"45"。教师问，"为什么得 45 呢？"学生脸上呈现出一副茫然的表情，无言回答，深深地低下了头。

为什么学生哑口无言呢？是学生瞎猜的答案而不会计算吗？是学生不喜欢回答教师提出的问题吗？是学生不会回答吗，还是有其他什么原因呢？这些问题都值得我们思考。

思考 教师应该如何有效提问，才能更好地促进学生积极地思考呢？

任务一 小学数学教学导入

◇ 学习目标

1. 了解小学数学教学导入的功能。
2. 了解小学数学教学导入的原则。
3. 掌握小学数学教学导入的类型。

◇ 学习任务

选择一个教学内容，设计教学导入，并与同伴交流。

一、小学数学教学导入的功能

数学课堂导入的目的是激发学生的兴趣，明确学习目标，为学习新知识营造良好的学习氛围。"良好的开端是成功的一半。"精心设计课堂导入，可以起到低耗高效、事半功倍的效果。小学数学课堂导入的主要功能如下。

（一）激发兴趣，产生动机

兴趣是最好的老师，可以引起学习动机的产生。采用精练的语言，创设美妙的情境，恰当地导入，可以在短时间内吸引学生，同时，好的导入能激发学生浓厚的学习兴趣，激起学生强烈的求知欲望，使他们积极主动地进入学习状态。

（二）引起注意，集中思维

新课刚开始，学生的思想还处于分散状态。如果教师用新颖的、强烈的刺激（比如语言、图片、动画等）导入新知，就可以一下子抓住学生的注意力，帮助学生收敛课前的各种思想，在大脑皮层和有关神经中枢形成对新课内容的"兴奋中心"。这样做能迅速引起学生注意，使学生集中思维，为新课的学习做好心理上的准备。

（三）温故知新，承前启后

当新课内容与以前学习的知识密切联系，教师可以引导学生回顾复习，架起新旧知识的桥梁。教师有意设计陷阱，让学生用已有的知识或已有的方法无法解决新问题，产生认知冲突，迅速进入探求新知的状态。

二、小学数学教学导入的原则

（一）目的性原则

导入的设计应具有明确的目的性，紧扣教学目标和教学内容，充分考虑到小学生的已有认知基础。

（二）针对性原则

导入的针对性是指针对教材内容、学生情况、教学目标来设计教学导入。导入要抓住教学重点、难点和关键，根据学生经验基础、知识基础、年龄特征、兴趣爱好来设计。

（三）启发性原则

教师基于学生已有的知识、经验和思维水平，创设"愤悱"的问题情境，使学生产生认知冲突，从而启迪学生主动思维。启发导入会让学生出现"愤悱"两种心理状态，教师及时点拨就能够有效促进学生认识水平的提高。

（四）趣味性原则

导入的趣味性原则是指将数学家的故事、数学故事、数学游戏、数学谜语等与教学内容关系密切的材料设计教学导入。导入富有趣味性，能吸引学生，把学生注意力指向导入材料的主要内容，激发学生的学习兴趣。

（五）简洁性原则

导入要简洁明了，快速进入主题，引发学生的认知冲突。导入仅仅是课的开始部分，一般所占的时间为 2～5 分钟，避免冗长费时而又主次不清。

三、小学数学教学导入的方法

（一）复习导入法

复习导入法就是通过复习与本节课密切联系的旧知识导入新课的方法。数学知识的结构性特点决定了数学教学是一个环环相扣的过程，许多新知识的学习需要前面的知识做铺垫或生长点。因而这种导入使用范围较广，是最常用的导课方法之一。

比如，教学"两位数乘两位数"时，教师出示"$13 \times 2 = ?$"，待学生计算后，教师提问：这是几位数乘几位数？现在老师将算式改为 13×12，是几位数乘几位数？大家会算吗？这就是今天我们要学习的"两位数乘两位数"。

（二）故事导入法

故事导入法是以讲故事的方式导入课题的方法。小学生都是故事迷，教师将教学内容恰当地融入学生喜闻乐见的故事中，能吸引学生，使学生积极投入到新知识的学习中。

比如，在教学"分数大小的比较"时，可以用故事导入：唐僧师徒 4 人去西天取经。有一天天气炎热，八戒大汗淋漓地抱来 1 个大西瓜，可 1 个西瓜 4 个人怎么分呢？唐僧说："为了公平每人分四分之一吧。"这可把八戒给急坏了，猪八戒说："西瓜是我找来的，怎么说我也得多分一些，我至少要分五分之一。"小朋友们听了，哈哈大笑。老师趁热打铁：四分之一和五分之一，哪一个数大呢？今天我们来学习"分数的大小比较"。

【拓展阅读】

1 元钱怎么分

执教者：吴正宪（北京教育科学研究院）

在进行小数除法的学习之前，教师讲了一个故事，让学生用自己的方式记录，培养学生倾听意识和提取数学信息的能力。

教师说：赵楠、张华、李辉、王立四位好朋友，马上就要大学毕业了，他们相约吃了一顿饭，赵楠同学去结账付了 100 元，找回 3 元。最后，他们四人商量想 AA 制。

有的学生不会记录信息；有的学生像写日记一样记录一段文字；有的学生只摘录数学信息：4 人，100 元，找 3 元，AA 制。在教师的引导下，学生完善了情境中的数学信息。

然后，教师引导学生发现和提出数学问题。教师说：你们觉得这里面有什么问题吗？学生提出数学问题：每人付款多少元？之后，学生独立列式计算，解决问题，绝大部分学生列式为"（100 - 3）÷ 4 = 24……1"。

教师进一步启发学生，说：这里面就没有点儿新的问题？如果你是赵楠同学，每人给你 24 元，你就同意了？学生再次发现问题"余下的 1 元怎么分？"于是探究的问题就产生了，即"1 元平均分 4 份，每份是多少？"

（三）游戏导入法

游戏导入法就是教师通过组织学生做游戏导入课题的方法。心理学家弗洛伊德说，"游戏是由愉快原则促动的，它是满足的源泉"。爱玩是小学生的天性，做游戏可以满足他们爱玩的心理需求。游戏导入法能寓教于乐，使学生在轻松愉快的游戏中探求新知，增加对新知的兴趣。

比如，在教学"找规律"时，可设计如下游戏：教师邀请学生一起来做游戏，先请同学们仔细观察老师的动作，教师拍手一次，拍肩两次，重复做三次，然后问："谁知道接下去怎么拍，为什么？"学生高兴极了，纷纷拍了起来。这时让同学们互相说说他是怎么知道这样拍的，然后再找一名学生说。此时，学生已经感悟到了老师的动作是有规律的，紧接着请同学们与老师一起边拍边说。老师接着说："在我们日常生活中，也有很多像这样按照一定顺序、有规律的排列，今天就让我们一起来找规律。"

（四）情境导入法

情境导入法就是以童话人物、生活事例等为素材，创设学生喜闻乐见的情境导入新知的方法。将数学知识融入情境中，让学生在情境中尝试解决问题，而问题是无法用前面学习的知识能解决的，使学生达到一种心求通而不能的愤悱状态时，引出新课题。

比如，教学"平行四边形面积计算"时，教师可以创设小熊和小猴刷墙比赛的情境：利用多媒体课件展示，喜乐公园围墙需要粉刷。有一天，小熊和小猴比赛刷墙壁（屏幕呈现墙壁上画的两个等底等高，但形状不同的平行四边形）。小猴说："我刷的面积比你的大！"小熊不服气地说："我刷的面积比你的大！"同学们，它们俩谁刷的面积大呢？谁能当这个裁判？同学们激烈讨论，但谁也说服不了谁。这时，老师趁势说："如果我们知道平行四边形的面积计算公式，就能当好这个裁判。今天我们就来学习'平行四边形面积计算'。"

（五）演示导入法

演示导入法是教师利用教具或课件将教材内容演示出来的一种导课方法。演示导入一般可以分为四种：①利用图画、图片演示；②利用教具、模型演示；③利用录像、幻灯片、多媒体课件演示；④学生角色扮演来演示。演示导入法可以将抽象的数学知识具体化，静态的数学知识动态化，使学生获得丰富的感性认识，加深对数学概念本质的认识。但演示过程不要太复杂，要避免非本质属性的干扰。

比如，教学"相遇问题"时，可让两名学生分别从讲台左右两端，面对面地向对方行走，让学生理解"相遇""相向"等抽象的数学术语，理解路程、时间、速度三者之间的关系。

（六）悬念导入法

悬念导入法是教师通过创设悬念性的问题情境导入新课的方法。悬念对大脑皮层有强烈而持久的刺激，使学生产生一种迫切求知的心理状态，激发学生的学习热情，活跃学生的思维。使用悬念导入法时，教师要结合教学内容以及学生的心理状态，恰当地把握问题的难易程度，既不能过于简单让学生一下就能破解，也不能过难让学生无法解决。

比如，在教学"能被 2、3、5 整除的数的特征"时，教师可这样创设悬念。教师："今天我们进行一场特殊的考试——学生考老师。你们任意说出一个数，我就能马上说出它能否被 2、3、5 整除。"学生考老师，同学们高兴极了，都想把老师考倒，学生争先恐后地说数，老师迅速地回答，学生通过用计算器验证，老师的回答准确无误。学生们很佩服，此时，教师说："学了'能被 2、5、3 整除的数的特征'这节课后，大家就知道老师为什么回答得这么快，这么准了。"此时，学生强烈的探究欲便油然而生。

（七）实验导入法

实验导入法就是通过利用实物、仪器实验引入新知识的方法。对于比较抽象的知识，除了采用语言直观以外，还需要通过实验的方法才能让学生理解新知识。因为实验生动直观、动手动脑，符合儿童的思维特点与心理发展。

例如，在教学"圆锥的体积公式"时，就可以设计一个实验。等底等高的圆柱和圆锥，从圆锥里向圆柱里倒沙子，倒三次刚好把圆柱装满。这样学生就容易发现，等底等高的圆柱和圆锥，圆锥体积是圆柱体积的三分之一。

小学数学课堂导入的方式方法多种多样，教师要依据教材内容、学生情况以及教师自身的教学风格灵活选择和运用。无论采用哪一种，都应该充分调动学生的学习积极性，使学生在短暂的时间内进入学习状态。

任务二　数学教学提问与理答技能

学习目标

1. 了解小学数学教学提问与理答的功能。
2. 了解小学数学教学提问与理答的原则。
3. 掌握小学数学教学提问与理答的类型。

学习任务

选择一个课时教学内容，设计教学这节课教学的提问，并与同伴交流。

一、小学数学教学的提问技能

数学课堂提问是数学教师在课堂上运用问题与学生交流对话，促进学生积极主动参与课堂学习，启迪学生思维，了解学生的学习情况，使学生理解和掌握知识，发展

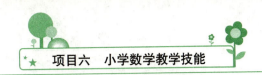

数学能力的一种教学行为。我国古代教育家孔子的"不愤不启，不悱不发"、古希腊哲学家苏格拉底的"产婆术"，都主张通过提问促进学生思考，促使学生发现真理。提问是教师进行有效教学的一项重要教学技能。

（一）小学数学课堂提问的功能

1. 检查效果，及时反馈

提问可以检查当前学生的学习效果，对数学知识的理解和掌握情况。教师对反馈的信息及时利用，调整教学进程和策略。

2. 训练思维，锻炼表达

提问可以引发学生思考，训练学生的思维。学生思考教师提出的问题后，要把思考的结果用语言表达出来，需要组织语言，以使自己的思考能清晰表达出来，可以锻炼学生的语言表达能力。

3. 引起注意，组织教学

心理学研究表明，小学生课堂注意的时间为十五分钟左右。如果课堂是教师的一言堂，学生的听觉会长时间受到刺激而处于疲倦状态，容易分散注意力，降低学习效率。如果在讲解过程中，适当地提出问题，给学生思考的时间和空间，并给学生话语权，更能引起学生的注意，有助于课堂教学的组织，有利于提高课堂教学效果。

（二）小学数学教学提问的原则

1. 目的性原则

提问的目的性原则就是指提问要服务于实现具体教学目标。在设计问题时，应围绕教学任务，根据教学目标，从知识与技能、过程与方法、情感态度与价值观等方面有针对性地设计问题。

2. 启发性原则

提问的启发性原则是指根据学生已有的认知结构和新知识产生的矛盾，设置对学生来说既不是完全未知，又不是完全已知的问题，使学生产生探索活动的心向，激发学生的求知欲。

3. 适宜性原则

提问的适宜性原则是指教师提问的数量要适当，问题的难度要有梯度，提问的时机把握要恰当。

（三）小学数学教学提问的方法

小学数学课堂提问的方法很多。按照认知水平的指向可以分为回忆性提问、理解性提问、运用性提问、分析性提问、综合性提问、评价性提问。

1. 回忆性提问

回忆性提问就是指要求学生回忆学过的知识来回答问题的一种提问方式。比如，学习三角形面积计算公式之前，我们先来回忆，平行四边形的面积公式是什么。

通过回忆性提问，教师可以获得学生关于学过的知识识记情况的反馈信息，以确定下一内容的教学起点。回忆性提问需要学生回答"是什么"，会限制学生的思维，因而这类提问不宜过多。

2. 理解性提问

理解性提问就是指要求学生用自己的话来解释、说明、阐述已经学过的知识。理解性提问常用的关键词是解释、比较、叙述、说明等。比如，你能用自己的话来解释三角形的高吗？

通过理解性提问，教师可以检查学生对概念、法则、规律、公式等数学知识的理解和掌握情况。而学生通过思考和回答，对所学内容有了进一步的理解。

3. 运用性提问

运用性提问就是创设一个问题情境，让学生运用所学知识解决新问题的一种提问方式。常用的关键词是应用、运用、举例等。比如，你能举例说说路程、速度与时间的关系吗？

通过运用性提问，教师可以了解学生将数学知识运用于解决问题的水平与能力。而学生通过解决问题，体会数学的应用价值，提高解决问题的能力，建立学好数学的信心。

4. 分析性提问

分析性提问就是要求学生对所给问题的构成要素、条件与结论的关系进行分析。常用的关键词是分析、证明、验证、为什么等。比如，你能验证三角形的内角和等于180°这个结论吗？

这类提问没有现成的解决方案，学生仅通过回忆无法回答问题，必须从所给问题中寻找直接条件、推导间接条件，理清条件与结论之间的关系才能解决问题。

5. 综合性提问

综合性提问要求学生对数学概念、法则、规律进行再加工、再组织，得出新结论的一种提问方式。常用的关键词是归纳、总结、根据……你能想出问题的解决办法吗等。比如，根据这三组等式，你能归纳出共同的规律吗？

要回答这类提问，学生要从整体把握，从全局出发，把各部分、各单元联合起来思考，有利于培养学生的创造性思维。

6. 评价性提问

评价性提问，要求学生根据一定的评价标准或评价准则，对所提问题进行价值判断的一种提问方式。常用的关键词：对于……你的看法是什么、评价、证明等。比如，你认为他这样解答有道理吗？为什么？

这类提问需要学生基于自身的价值观念、各种知识经验，独立思考，才能提出个人见解，评价他人观点。

二、小学数学教学的理答技能

有问必有答，有答必有反馈，这种反馈就是理答。教师的理答是学生积极思考、探求真理的催化剂。贝尔曾说过，虽然提出问题对教师来说是重要的，但更重要的是教师听取学生对问题的回答，并对其进行评价。因此理答也是教师必须掌握的一项教学技能，在小学数学教学中，常用的理答的策略有以下几种。

（一）有效的倾听

1. 恰当把握等待的时间

等待的时间分为两段，从教师提问到学生回答的时间间隔，是第一等待时间；从学生回答到教师做出反应的时间间隔，是第二等待时间。

第一等待时间的把握，是根据学生对教师提问的反应而定，当班级上大多数学生举手，或面带微笑时，说明等待足够，可以让学生回答了；当多数学生挠挠头、一脸茫然时，说明还没找到答案或还没有完全找到答案，应再给一些时间，或者给一些提示。

第二等待时间的把握，可以视班上其他学生的反应而定，当回答得到班上多数学认可，教师给予正面的积极的回应；当班上多数人有否认的表现，说明答案不够完善或不正确，可以再给一些时间让回答者思考。

2. 倾听的对象要全面

教师应该关注全体学生的全面发展，倾听好、中、差三个层次的学生。让每一层次的学生都有回答问题的机会，力图让每一个层次学生都有获得教师肯定的成功体验。

3. 倾听的内容要广泛

应认真倾听各种观点、看法、思想、解法，尤其是与教师或教材不一致的思想，甚至是错误的看法。

4. 及时地鼓励学生

在倾听过程中，教师不能随意打断学生。当学生的回答陷入困境时，及时给予鼓励，用期待的目光注视着学生，鼓励学生继续思考。教师全神贯注地倾听学生回答，一方面可以捕捉到学生语言反馈信息，适时调整教学策略；另一方面，对学生的尊重和接纳，是对学生最大的鼓励和奖赏，同时感染其他学生也认真倾听，形成良好的课堂学习氛围。

（二）有效的评价

有效评价的方法多种多样。就评价的主体而言，有教师评价，学生评价。就评价的内容而言，有对表达的清晰性、准确性和科学性的评价，还有对学生思维的深刻性、广阔性、灵活性和独特性的评价。就评价的表现形式而言，有点头、微笑等无声语言的评价，有表扬、鼓励、鞭策等有声语言的评价，还有伸出大拇指表示"顶呱呱"的肢体语言的评价。无论采用何种形式的评价，其目的是让学生明确答案的对错及其原因，更能让学生得到鼓舞，建立学好数学的信心。

（三）恰当的追问

恰当的追问，可以使学生回顾、反思自己的回答，使观点更明确、更完善，还可以使学生生成更多的信息。追问的形式多样，就思维水平来说，可以分为理解性追问和分析性追问。

例如，在引导案例中，当学生得到答案"45"后，教师应当追问"你是怎么计算的？"当学生回答出自己的计算方法后，教师应当再追问"还有其他计算方法吗？"这样引发学生的发散性思维，学生还能想到很多计算方法，都能一一讲出来。最后，教师再一次追问"这么多方法，它们的优缺点是什么？它们之间有什么联系"，这样，将学生的思维引向更深层次，进行反思和评价。

解释性追问，就是在学生回答问题后，让学生进一步解释或说明理由而做出的追问。提问的形式常常有"为什么？""理由是什么？""你能解释吗？"等。解释性追问只需要学生简单说出理由，重点给出解释。

分析性追问，就是对回答的依据或思维过程进行分析的追问。常用的提问形式有"为什么""你的思路是什么""关键是什么"等。分析性追问侧重于分析解决问题的思维过程。分析性追问有利于澄清回答中的模糊内容，发展学生"有理有据"的逻辑思维能力。

任务三　数学教学小结与总结技能

❖ 学习目标

1. 了解小学数学教学小结与总结的功能。
2. 了解小学数学教学小结与总结的原则。
3. 掌握小学数学教学小结与总结策略。

❖ 学习任务

选择一个课时教学内容，设计教学这节课教学的小结与总结，并与同伴交流。

一、小结与总结的功能

小学数学课堂小结就是指，小学数学课堂教学过程中的某一教学活动结束时，教师所采用的结束该教学活动的一种教学行为方式。如，在某一个数学概念、数学规律、运算法则、数学公式等相关知识的学习后，教师引导学生对该学习活动进行归纳、概括。小学数学课堂总结就是指在一节课接近尾声时，教师引导学生对本节课进行结束活动的一种教学行为方式。在小学数学教学中，课堂小结主要有以下几种功能。

（一）适时巩固，反馈信息

当数学课堂教学中的某一教学活动或整节课接近尾声时，小结与总结，既能及时巩固刚学习的新知识，又能适时反馈存在的问题。教师通过适时提问、点拨、归纳和概括，可以强化学生学习记忆，促进学生反思，促使学生对学习重点的掌握和难点的理解。总结和小结可以及时发现问题和困惑，为下一步教学提供反馈信息。

（二）及时回顾，完善认知

小学数学课堂教学中，某一教学活动或整节课接近尾声时，教师引导学生围绕学习目标，有目的、有计划地将这一教学活动中的知识要点或整节课的收获、体会，进行回顾、梳理、概括，以同化或顺应的方式建构新知识，完善认知结构。

（三）承前启后，延伸拓展

数学学科的逻辑性和严谨性特征，决定了小学数学课堂教学应该是一个环环相扣、循序渐进的过程。小结是在一个教学活动任务结束之际，教师引导学生进行归纳、概括，使学生获得本任务的知识点外，还激发学生新的求知欲，为下一步学习做好充分的心理准备。总结是在整堂课的教学活动接近尾声时，教师引导学生对整节课的知识进行系统梳理、归纳外，还对后续学习设置悬念，让学生意犹未尽。这样的小结和总结，可以起到承上启下、承前启后、拓展延伸的作用。

二、小结与总结的原则

（一）及时性原则

及时性原则是指在课堂上一个相对独立的任务完成后，应该及时小结与反思。教育心理学中的"近因效应"和"遗忘曲线"揭示了课堂及时小结与反思的必要性。"近因效应"是指当人

艾宾浩斯遗忘曲线

们识记一系列事物时对末尾部分项目的记忆效果优于中间部分项目的现象。"遗忘曲线"告诉我们：遗忘的进程很快，并且先快后慢。学过的知识，如果不及时复习和小结，过20分钟后，只会记住原来的58.2%，过60分钟后，只会记住原来的44.2%，一天后就只剩下33.7%了。

另外，已有研究表明：下课前的几分钟，学生的注意力由发散期进入反弹期。因此，教师应抓住机会及时回顾、小结和反思。这样，能有效地增强记忆、加深理解。

（二）精简性原则

精简性原则是指课堂结束无论在时间和空间上还是内容和形式上，应该简洁而紧凑、精要而易懂。这是由人脑信息加工特点决定的。根据人脑信息加工特点，人脑在短暂时间只能够处理 7 ± 2 个有意义的信息组块，否则将增加人脑加工信息的负荷。

向45分钟要效率和效果，课堂结束就不能忽视，并且要精心设计。数学课堂结

束，在时间上，一般为 2 到 5 分钟，不能占太多时间；在空间上，努力做到过渡自然，承前启后，下课铃响课终结，杜绝拖堂；在内容上，具有较高的概括性，既提纲挈领，又重点突出，还凸显结构，不求面面俱到，但求切中要害；在形式上，删繁就简，避虚就实，返璞归真，简单明白。

（三）多样性原则

多样性原则是指课堂结束所采用的方式和类型应该多种多样。这包括两层含义，其一，在同一节课中，可以一种方式为主，其他方式为辅进行。譬如，以交流分享式为主，可以配以归纳总结或拓展延伸的方式。其二，根据不同课型、学生情况和教师自己的实际，在相对集中的一段时间内，教师应该放开思路采用不同的课堂结束方式或类型。譬如，这节课采用归纳总结式，下节课则采用交流分享式。这样既可以避免课堂结束方式千篇一律，又可以增强学生的学习兴趣感和对课堂结束的期待感。

三、小结与总结的策略

课堂结束不仅是一种技能，也是一种艺术。完美的课堂教学，不仅要有引人入胜的教学"序曲"，扣人心弦的"主旋律"，还应有回味无穷的"尾声"。在小学数学教学实践中，很多教师会精心设计"序曲"和"主旋律"，却忽视"尾声"。常常出现"讲到哪里黑，就在哪里歇"的现象，没有充分发挥课堂结束应有的作用。有鉴于此，我们结合案例探讨小学数学课堂结束的优化策略，以引起读者的共同关注。

（一）及时安排，关注紧凑性

无论是对某一教学活动或任务完成后的小结，还是整节课的结束，在教学设计时，都要做到善始善终，不仅重视开头，也应重视结尾，有意识、有目的、有计划地留出一定时间用于课堂结束。在总结时，应该做到目标明确、及时安排、环节紧凑，避免虎头蛇尾、拖延课堂。

（二）简洁精练，注重概括性

课堂结束要达到良好的效果，总结性和概括性是其基本要求。如何进行总结和概括，一方面，应整体把握一节课的主线和框架，梳理主要知识点以及蕴含在知识中的数学思想和数学方法；另一方面，运用精练的语言、精致的图表或精美的图形，简明扼要地加以呈现。

【拓展阅读】

"三角形面积计算"的课堂总结

师：通过这节课的学习，同学们学到了哪些主要知识？

生1：三角形面积计算公式。

生2：三角形的面积等于底乘高除以2，可以写成 $S=\frac{1}{2}ah$。

师：我们是怎么推出三角形面积计算公式的，谁能用简练的语言来概括？

生3：我们把三角形转化成平行四边形。

生4：我们用旋转、平移的方法把两个完全相同的三角形转化成一个平行四边形。

师：说得真好！老师把同学们的收获概括如下（图6-3-1）。

> ➤ **数学知识：三角形的面积=底×高÷2**
> $$S=\frac{1}{2}ah$$
> ➤ **数学思想：转化**
> ➤ **数学方法：旋转、平移**

图6-3-1

师：我们用旋转、平移的方法，把三角形转化成已经学过的平行四边形，推导了三角形面积计算公式。这种转化的数学思想可以帮助我们找到解决问题的方向，希望同学们今后用这种方法解决更多的数学问题。

评析：在以上案例中，教师首先引导学生回顾本节课的主要知识点"三角形面积计算公式"，再进一步追问"怎么推出"，进而促使学生梳理、总结蕴含在数学知识中的思想（转化）以及方法（旋转、平移），最后用精练的语言呈现知识要点和思想方法。这样的课堂结束，能帮助学生强化记忆，深化理解。

（三）抓住核心，凸显结构性

在课堂结尾短短的几分钟内，要凸显学习内容的结构性，这是由数学知识的结构性特点决定的。如何凸显结构性，找"点"、连"线"、构"面"是一种有效的策略。

找"点"就是找准本节课的核心知识点，如重点与疑点，关键点与错漏点等；连"线"就是理清贯穿学习本节课的主线；构"面"就是沟通数学知识内部的联系、数学知识与学生的联系、数学知识与社会生活的联系。

这样，可以帮助学生抓住核心知识，理清层次结构，掌握内在联系和外在形式，形成知识结构框架。

【拓展阅读】

"圆柱的认识"的课堂总结

师：同学们，通过本节课的学习，你学会了什么，能与大家分享吗？

生1：我知道了圆柱有两个底面，有一个侧面。

生2：圆柱的侧面沿着高展开是一个长方形。

生3：我们的生活中有许多物体是圆柱体，如蛋糕盒、笔筒。

生4：圆柱的高有无数条。

师：大家都有自己的收获（整理后见图6-3-2）。只要你善于总结，善于发现，你会有更多的收获，因为数学就在我们身边。

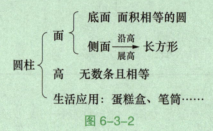

图6-3-2

这个案例中，教师提出开放性问题，让学生交流分享，教师顺势梳理总结，找出本节课的知识点：圆柱的底面、侧面、高；理清贯穿本节课的主线：圆柱的面→圆柱的高→圆柱的侧面展开；构"面"：廓清本节课的知识结构，沟通了"圆柱底面"与"圆""圆柱侧面"与"长方形"之间的关系以及圆柱与生活的联系。这样的课堂结束不仅有利于学生把新知识纳入原有的认知结构，而且使学生感受到数学的应用价值。

（四）启迪引导，关照主体性

《课程标准》指出："在数学教学活动中，学生是数学学习的主体，教师是学习的组织者、引导者与合作者。"但当前课堂结束的行为主体基本上是教师。课堂结束是数学学习一个不可或缺的环节，如果作为数学学习主体的学生积极参与这个环节，课堂结束的效果就会大为增色。

因此，教师一方面应充分发挥主导作用，启迪和引导学生对本节课学习的过程与结果进行自我检查、小结与反思；另一方面应面向全体学生，尊重和赏识学生，激励和促进学生积极主动地认知投入和较高水平的行为参与，让学生真正成为课堂结束行为的主体。

"两位数乘两位数"的课堂总结

　　某位教师这样进行课堂结束："同学们，我们这节课学习了"两位数乘两位数"，有多种计算方法，比如可以先把其中一个两位数拆成两个一位数相乘或相加的形式再计算，也可以用竖式计算。用竖式计算是这节课的新知识，要注意计算顺序和部分积的对位，还要注意先估算后计算或计算后验算。"这样的课堂结束由教师归纳总结，以教师为主体，学生被动接受，没有体现学生的主体地位。

　　可以把课堂结束优化为教师提出问题："今天这节课，我们主要学习了哪些知识？你想提醒同学们在计算过程中要注意什么？"先组织学生小组讨论，再全班交流分享，教师参与讨论并适当点拨，最后归纳总结（图6-3-3）。

图 6-3-3

　　这样，让学生围绕教师提出的问题讨论、交流。从学生参与的维度看，既有行为参与，又有认知参与，教师在学生交流后归纳主要知识点和计算过程中应该注意的问题。发挥了教师的组织者、引导者和合作者的作用，充分体现了学生的主体性。

（五）行后三思，突出反思性

　　古人云：三思而行。一般是指做事之前需要反复考虑。如果课前设计需要"三思而行"，那么课堂结束则需要"行后三思"。前者重点在行前思考"怎样行"，关切到课堂结束设计的质量；而后者则重点在行后的自我检查、自我评价与自我反思"怎样行更好"，关切到实施和再设计的质量。

　　自我检查、自我评价与自我反思是元认知的基本要素，也是高效认知的重要品质。课堂结束时间虽然短暂，却是促进师生进行自我检查、自我评价与自我反思的环节。教师通过课堂结束活动，对教学目标的达成、教学方法的改善、教学效果的追问等进行自我检查和反思，不仅会发现问题或形成策略，还会促使教师发展教学元认知水平。学生通过课堂总结活动，养成归纳和小结、梳理和概括、反思与提升等良好的行为习惯，发展学生的元认知水平。

编筐编篓，重在收口。描龙画凤，贵在点睛。有效的数学课堂总结，能概括本节课的知识要点、思想方法，廓清知识结构框架，使整堂课结构严谨、和谐完美，还能激发学生继续探究的欲望，达到"曲终收拨当心画，余音绕梁久不绝"的效果。

【拓展阅读】

"问题解决"的课堂总结

师：我们来回忆一下，这节课我们是怎么解决问题的？分为哪几个步骤？

生1：首先要看题目，弄清条件、问题和它们之间的关系；然后做好计划，先算什么？后算什么？

生2：接下来是实施我们的计划，最后要回头看。

师：回头看什么？

生3：看是不是做对了，也就是检验。

师：对！还要回头看，回顾反思知识上有什么发展？方法上有什么新体会？在与同学的对话中有什么思考？现在请同学们与老师一起来分享我们的收获（图6-3-4）。

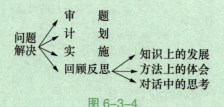

图 6-3-4

评析：在这个案例中，教师使用关键词"回忆"发问，引起学生回顾、反思问题解决的过程，归纳问题解决的步骤。先由学生交流分享，再经由教师点评与总结。一方面，促使学生小结与反思，养成反思习惯，促进学习元认知水平提高；另一方面，促使教师对教学过程和效果的反思，提高教学的元认知水平。

任务四　小学数学教学的板书技能

◆◆ **学习目标** ·······

1. 了解小学数学教学板书的功能。
2. 了解小学数学教学板书的原则。

3.掌握小学数学教学板书的类型。

❖ **学习任务** ···

选择一个课时教学内容，设计这节课的板书，并与同伴交流。

一、小学数学教学板书的功能

板书是教师以传统的黑板或现代电教媒介为载体，运用语言、符号、表格、图形、图表等呈现教学主要内容的一种教学技能。板书是数学课堂教学一个不可或缺的环节。

（一）凸显重点

板书内容是一节课的主要内容，也是这节课知识要点、主要的思想方法或主要例题、习题等。教师通常按教学逻辑将这些内容依次呈现在黑板上。好的板书有利于学生抓住本节课的学习重点，化解学习难点，提高学习效率。

（二）引发关注

心理学研究表明，动态刺激比静态刺激更能吸引学生的注意力。板书过程是一个动态过程，学生的思维、注意力会紧跟教师的板书走。另一方面，板书需要使用文字、符号、图形、图表等表现形式，还适当采用各种色彩以突出难点、重点、关键点等。这些表现手段可以吸引学生的注意力，避免由于单调的听觉刺激导致疲倦而分散注意力。

（三）启迪思维

富有艺术性的板书，教师能用文字、符号、图形、图表等，清晰地勾勒出本节课的知识结构框架，或将一道题求解过程条理清晰地呈现给学生，可以启迪学生思维，促使学生积极主动地学习。

二、小学数学教学板书的原则

（一）科学性

板书的内容要具有科学性，术语准确，图形规范，版面布局合理、条理清晰、层次分明。

（二）简洁性

板书内容要简洁明了，提纲挈领，重点突出，详略得当，一目了然；而不能冗长烦琐，不得要领。

（三）艺术性

板书设计在符合科学性的前提下，可以形式多样，色彩运用得当，构图巧妙，造型美观、别致，富有启发性和创造性，符合审美原理，富有艺术感。

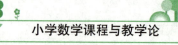
三、小学数学教学板书的类型

板书设计的类型是多种多样的。按板书的地位可以分为主板书、附板书。主板书反映本节课的主要概念、命题、方法等主要的数学知识与思想方法，反映本节课的重要例题、重要图形、图表等内容。附板书则是呈现本节课复习内容，新课展开过程中的一些次要的演算、图式等，是对主板书的一种补充和说明。一般来说，主板书内容保留到下课，而附板书可随写随擦。按照板书的呈现形式可以分为：归纳型、提纲型、表格型和网络型。

小学数学教学
板书的类型

（一）归纳型

归纳型是教师用简练的语言、数学术语、符号、图形等将教材的相关知识点进行概括归纳的方法。归纳型板书设计需要教师对各册教材、一册教材的各个章节、单元进行深入细致的研究，弄清教材的编排特点，厘清相关知识的前后联系，并且具有较强的抽象概括能力。

（二）提纲型

提纲型是教师将教学内容按一定的逻辑顺序提纲挈领地进行板书的方法。提纲型板书设计简明扼要、层次分明、结构清晰，有助于学生抓住本节课的学习要领，有利于培养学生的抽象概括能力。

（三）表格型

学生对一些相近的数学概念理解起来比较困难，容易发生混淆。表格式比较辨别，有助于学生了解概念之间的区别和联系，明确概念的内涵和外延。

（四）网络型

网络图借助图像直观的特点，比较好地展现了各要素之间的联系。在数学教学中，教师可以设计网络图形式的板书，为学生构建了数学知识与方法的认知网络结构，便于理解和掌握数学知识点之间的关系和方法之间的联系。

小学数学板书类型多种多样，可以是某一种类型的独立运用，也可以根据教材内容，多种综合运用。总之，板书设计是为教学服务，为学生理解掌握知识服务。只要达到好的教学效果，选择和利用哪一种板书设计都是可以的。

【拓展阅读】

板书艺术欣赏

走进高效的数学课堂，总会给人赏心悦目、受益匪浅的感觉。这种感觉源于教师独特的设计与精巧的构思，也源于教师对细节的斟酌与推敲。其中包括课堂的微量元素——板书。

（一）知识网络图

特级教师黄爱华执教"圆的认识"时，以学生常见的圆形物体钟面、车轮等引入，在此基础上学生举例，结尾处借助多媒体演示小猴坐车的几个形象画面，使学生感受数学与生活的密切联系。在教学圆的各部分名称及画法时，有意识地安排学生画一画、指一指、比一比、量一量、折一折等实践活动，学生多种感官参与学习，收到了良好的教学效果（板书见图6-4-1）。

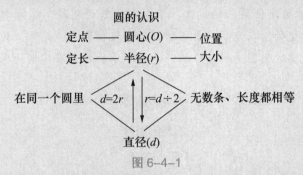

圆的认识

定点　——　圆心(O)　——　位置

定长　——　半径(r)　——　大小

在同一个圆里　$d=2r$　$r=d \div 2$　无数条、长度都相等

直径(d)

图 6-4-1

该板书以网络图的形式呈现要点，为学生构建知识网络提供便捷。首先，本课的知识点，板书中悉数呈现，学生只要观察板书，学习内容一目了然。其次，在揭示概念名称的同时，板书中同时呈现了各知识点的作用及特征，便于学生全面把握知识点。再次，整个板书中，文字精练、结构对称，有利于学生理解知识的形成过程，也有利于学生掌握某一概念的名称、特征、功能、关系等。

（二）方法的指南针

特级教师徐斌执教"解决问题的策略——替换"时，将例题（小明把720毫升果汁倒入6个小杯和1个大杯中，正好倒满。小杯的容量是大杯的1/3，小杯和大杯的容量各是多少毫升？）中的关系句"小杯的容量是大杯的1/3"变化为"大杯的容量是小杯的3倍""大杯容量比小杯多20毫升"等，学生体会着变与不变，兴趣盎然，同时也对替换策略的使用与价值有了更深刻的体验（板书见图6-4-2）。

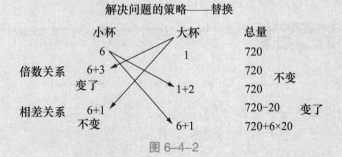

解决问题的策略——替换

	小杯	大杯	总量
	6	1	720
倍数关系	6+3		720　不变
	变了	1+2	720
相差关系	6+1		720-20　变了
	不变	6+1	720+6×20

图 6-4-2

该板书给我们的启示是，将策略讲通、讲透，让学生觉得这种策略一听就懂，用起来得心应手。徐老师的这一板书，犹如方法的指南针，道明了策略的使用方法，指明了其中的"变与不变"。

（三）学生的情绪表

特级教师华应龙在执教"规律中的规律"时，以"神奇的走马灯数"为线索，引导学生展开探索。走马灯数"142857"的神奇之处在于，这个数分别与1、2、3、4、5、6相乘的积呈现出一种规律，与7相乘是另一种规律，而与8、9、10等数相乘时呈现出第三种规律。学生在不断的质疑、释疑中，得出：规律不是一成不变的！在此基础上借助加法交换律引入"无限"的思想，加以例证，感受规律的王国是有界限的，也对数学的特点有了新的感悟（板书见图6-4-3）。

规律中的规律

咦，怎么会这样？

猜想 | 验证

↓

哦，原来是这样！

追问 | 完善

↓

哈哈，不都是这样！

图6-4-3

"咦，怎么会这样？""哦，原来是这样！""哈哈，不都是这样！"这是学生在课堂中发自肺腑的三句感叹语。华老师以此板书为线索，呈现给我们一张鲜活、灵动的学生情绪表。教学中，师生共同总结面对成功或失败应该具有的心理与对策，更为板书增色不少。品味板书，学生学习的心理变化历程清晰可见。透过板书，我们更能感受到华老师对学生的全面关注。

任务五 小学数学教学的说课技能

学习目标

1. 了解小学数学教学说课的含义。
2. 了解小学数学教学说课的类型。
3. 掌握小学数学教学说课的内容。

4.掌握小学数学教学说课的技巧。

学习任务 ···

选择一个课时教学内容，设计教学这节课的说课稿，并与同伴交流。

一、小学数学教学说课的含义

说课就是教师以教育教学理论为指导，在精心备课的基础上对领导、同行、专家，述说某一节课的教学设计的一种教学研究形式。简单而言，说课就是说清教什么、怎么教以及为什么这样教。

教什么，即本节课的教学内容；怎么教，即本节课如何设计教与学的活动；为什么这样教，即如此设计的理论依据和实践依据。所谓理论依据，就是教育教学和学习心理学、人格心理学的基本理论。实践依据就是自身或他人的关于本节课的前经验。

二、小学数学教学说课的类型

目前，小学数学的说课主要有以下几种类型。

（一）课前说课

课前说课，就是教师在认真研读教材、领会编写意图、分析教学资源、初步完成教学活动设计基础上的一种说课形式。通过课前说课，可以借助集体的智慧来预测课堂教学的实际效果，最终达到改进和优化教学设计的目的。

（二）课后说课

课后说课，就是教师按照既定的教学设计进行上课，并在上课后向所有听课教师阐述自己教学得失的一种说课形式。它是建立在教师个体教学活动基础上的一种集体反思与研讨的活动，为进一步改进和优化教学设计提供了一种可能，因而，课后说课也是一种反思性和验证性说课活动。

（三）评比说课

评比型说课，就是把说课作为教师教学业务评比的内容或一个项目，对教师运用教育教学理论的能力、理解课程标准和教材实际水平、教学流程设计的科学性和合理性等做出客观公正的评判的活动方式。它既是发现和遴选优秀教师的一种评比方法，也是带动教师队伍建设、促进教师专业发展的有效途径。

（四）主题说课

主题型说课，就是以教育教学工作中遇到的重点、难点问题或热点问题为主题，引导教师在一段时间实践和探索的基础上，用说课的方式向同行、专家汇报其研究成果的教学研究活动。显然。主题型说课是一种更深入的问题研究活动，它更有助于教学重点、难点或热点问题的解决。

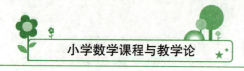

（五）示范说课

示范型说课，一般是以优秀教师为代表向听课教师做示范说课的基础上，请该教师按照其说课内容上课，然后再组织教师进行评议的教学研究方式。通过这种研究活动，听课教师可以从听说课、看上课、参评课中增长见识、开阔视野。

三、数学教学说课的主要内容

（一）说教材

1. 教材的地位与作用

一般来说，小学数学课是单节单上。小学数学说课内容就是说一节课 40 分钟的内容。在认真钻研《课程标准》、明确教材的编排意图、编排特点的基础上，阐述本节课内容在小学阶段、本学段、年级、单元中所处的地位、作用、意义。说出本节课的主要内容、知识点，课程标准对本节课的要求等。

2. 教学目标

根据课程标准中提出的总体目标、学段目标，依据教材内容以及学生的基础知识、基本活动经验、思维特点等，阐述本节课的教学目标以及确定的依据。按照义务教育数学课程标准的要求，教学目标一般应包括知识与技能、过程与方法和情感、态度与价值观三维目标。

3. 教学重点与难点

阐述本节课的教学重点和难点，以及确定重点和难点的理论依据和实践依据。所谓教学重点，就是本节课的主要内容，在本节课中起着贯穿前后作用的知识点。所谓教学难点，就是学生学习过程中难以理解、容易与其他知识发生混淆，容易理解错误的知识点。

（二）说学情

说学情，就是说清学生情况。具体地说，要说清学生的年龄特征、剖析学生的认知发展水平、已有的数学基础知识、生活经验、活动经验。学情是学生探究新知的基础，是教师进行教学设计的逻辑起点和现实起点。学情分析是在实证的基础上进行的，要具体、可靠、可信、有说服力。

（三）说教法与学法

1. 说教法

说教法就是说本节课的教学目标、内容特点、学生情况、学校的教学条件，选择采用哪些教学方法，以及选择这些教学方法的理论依据和实践依据。"教无定法，但求得法"。教学方法的选择和采用是为了实现教学效益的最大化。说教法要注意阐述多种教学方法的有机结合，坚持一法为主，多法为辅。努力体现新课程标准所提出的"面向全体学生，注重启发式和因材施教"的课程理念。

2. 说学法

说学法，是说教师指导学生采用的学习方法以及选择这些学习方法的理论依据。学生应当有足够的时间和空间经历观察、实验、猜测、计算、推理、验证等活动过程。学法指导应达到调动学生学习积极性、鼓励学生创造性思维、养成良好学习习惯的效果。

（四）说教具与学具

说教具与学具，就是说清本节课教师使用哪些教具、学生使用哪些学具以及使用这些教具或学具的依据。

（五）说教学程序

说教学程序，是说课最主要的内容，所占的篇幅最大。说教学程序要说清各教学环节的设计以及如此设计的理论依据。说清每一个环节的教学预设、学生的生成以及教师如何有效利用生成资源。阐述在教学过程中如何突出重点、突破难点，如何应对课堂突发事件，如何对学生进行学法指导，如何调动学生的学习积极性等。

（六）说板书设计

说板书设计，要说清版面如何布局、板书的主要内容以及对板书的整体规划效果进行评价。

需要说明的是，并不是每一节说课都要包含上述内容。而应该根据具体情况，有选择性、针对性、实用性地选择说课内容，说出教育理念、背景分析、教学过程和教学评价等。在必要的时候，还要对说课的基本环节进行整合，说出执教者的教学风格与特色。

【拓展阅读】

"异分母分数加减法"的说课

一、教学指导思想

在同分母分数加减法的基础上，学习异分母分数加减法，其中蕴含了将异分母分数加减法化成同分母分数加减法的转化的数学思想。本节课遵循学生认知的心理规律，体现新课标的精神，对提高学生素养和培养学生的创新意识与实践能力有一定的作用。特别是新授部分的设计，体现了由未知到已知的一般过程，即提出问题→自主探索→验证→总结→应用的过程。

二、教学目标与重难点

知识与技能目标：让学生理解异分母分数加减法的算理，掌握异分母分数加减法的计算方法，并能正确地进行计算。

过程与方法目标：通过教学培养学生自主探究、解决问题的能力，进一步培养学生良好的验算习惯，渗透转化的数学思想。

情感与态度目标：让学生在交流的过程中体验成功的喜悦、增强学生自主学习、合作交流的意识。

教学重点：掌握异分母分数加减法的计算方法。

教学难点：理解异分母分数加减法的算理。

三、教学的基本过程

（一）复习导入

同学们在手工课上折纸，利用纸张的情况统计表（表 6-5-1）。

表 6-5-1　纸张利用情况统计表

姓名	小红	小明	小强
占一张纸的几分之几	$\frac{1}{2}$	$\frac{1}{3}$	$\frac{2}{3}$

根据这张统计表提出有关加法的数学问题，并列出算式。

$$\frac{1}{3}+\frac{2}{3}、\ \frac{1}{2}+\frac{1}{3}、\ \frac{1}{2}+\frac{2}{3}$$

$\frac{1}{3}+\frac{2}{3}$ 是已经学过的同分母分数的加减法，怎样计算？（分母不变，只把分子相加减。）

今天我们来探索像 $\frac{1}{2}+\frac{1}{3}$、$\frac{1}{2}+\frac{2}{3}$ 这样的异分母分数加减法。

（二）自主探究

请同学们根据自己的爱好，试一试如何计算 $\frac{1}{2}+\frac{1}{3}$。

学生的探索过程可能有以下四种情况。

1. $\frac{1}{2}+\frac{1}{3}=\frac{1+1}{2+3}=\frac{2}{5}$（分子分母直接相加减）

2. $\frac{1}{2}+\frac{1}{3}=0.5+0.33=0.83$（分数转化成小数）

30 分钟 +20 分钟 = 50 分钟 → $\frac{50}{60}=\frac{5}{6}$（转化成时间、元分角……单位）

3.（折纸涂色，见图 6-5-1）

图 6-5-1

4. $\frac{1}{2}+\frac{1}{3}=\frac{3}{6}+\frac{2}{6}=\frac{3+2}{6}=\frac{5}{6}$（先通分，再按同分母分数的加减法的方法计算）

（三）验证

1.（对第1种情况）提问：你为什么这样想？（因为同分母分数的加减法是分子直接相加减，所以异分母分数加减法是分子分母直接相加减。）

提问：同分母分数为什么能直接相加减？（分母相同的分数单位相同）

如图6-5-2，它们所代表的每一份相同吗？它们的分数单位相同吗？说明什么？（它们所代表的每一份不相同，也就是分数单位不同，不能直接相加减。分母不同，分数单位不同，不能直接相加减。）

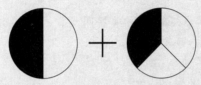

图6-5-2

2.（对第2种情况）提问：你为什么这样想？（因为学过小数的加减法，把它转化成已学过的知识来解决。）

提问：$\frac{1}{2}+\frac{1}{7}$能用分数转化成小数的方法吗？$\frac{1}{7}$能转化成精确的小数吗？（有的分数不能转化成有限小数，不能得出精确值。）

3.（对第3种情况）提问：你为什么这样想？（因为用同样的一张纸分别折出它的$\frac{1}{2}$和$\frac{1}{3}$，再合起来，就知道这张纸被用了几分之几。）

提问：$\frac{1}{2}+\frac{1}{100}$能用折纸涂色的方法吗？方法简便吗？（$\frac{1}{100}$要把一张纸平均分成100份，比较麻烦。）

4.（对第4种情况）提问：你为什么这样想？（利用通分的方法，把它们转化为分母相同的分数$\frac{3}{6}$和$\frac{2}{6}$，这样分数单位就相同了，都是$\frac{1}{6}$，就可以直接相加减了。）

（四）总结计算方法

（选出最好的方法，见图6-5-3和图6-5-4）

分母相同，分数单位相同，单位相同的数就可以直接相加减。

分母不同，分数单位不同，单位不同的数不可以直接相加减。

异分母分数相加减，必须先通分，统一分数单位后，再按同分母分数加减法的方法计算。

$$\frac{1}{2} + \frac{1}{3}$$

$$\frac{3}{6} + \frac{2}{6} = \frac{5}{6}$$

$$\frac{1}{2} + \frac{1}{3} = \frac{3}{6} + \frac{2}{6} = \frac{5}{6}$$

异分母分数加减法
通分↓转化
同分母分数加减法

图6-5-3　　　　　　　　　　　图6-5-4

提醒注意：结果能约分的要约分成最简分数，结果是假分数要化成带分数。

根据统计表提出有关减法的数学问题，并列出算式。（$\frac{2}{3} > \frac{1}{2} > \frac{1}{3}$，$\frac{2}{3} - \frac{1}{3}$，$\frac{2}{3} - \frac{1}{2}$，$\frac{1}{2} - \frac{1}{3}$）

引导学生用刚才探索出来的方法分别计算以上异分母分数减法算式

$$\frac{b}{a} + \frac{d}{c} \xrightarrow{\text{通分}} \frac{bc}{ac} + \frac{ad}{ac} \xrightarrow{\text{分子相加减、分母不变}} \frac{bc+ad}{ac}$$

$$\xrightarrow{\text{约分}} \text{最简分数}$$

（五）应用

1. 只要解决什么问题，异分母分数就可以直接相加减了？（转化成分母相同的分数）用什么方法转化？（通分）求异分母分数加减法必须先干什么？

2. 例题

①验算：$\frac{2}{3} - \frac{4}{9} = \frac{2}{9}$（　　　）$\frac{3}{5} + \frac{2}{7} = \frac{5}{2}$（　　　）（养成自觉检验的良好习惯）

②用新知识解决一个生活中的问题：

张爷爷家后院有一块菜地，种豆角用了总面积的$\frac{3}{8}$，种黄瓜用了总面积的$\frac{1}{2}$。根据以上信息你能提出什么数学问题，能解答出来吗？请同学把提出的问题和解答的过程写在练习本上。

（六）巩固练习

（略）

四、本节课的特色

重视问题意识的培养。教师创设数学情境，让学生根据统计表提出数学问题，因为提出一个问题往往比解决一个问题更为重要。自主探索异分母分数加减法的计算方法，尽量发散学生的思维，鼓励学生的探索来解决数学问题。

重视探寻多样化的算法。教师在学生自主探索的过程中，选择有代表性的"计算方法"加以逐个演示与评价。理清学生思路，打消学生头脑中的疑问，使学生逐步形成初步的计算方法表象。

重视理解算理和掌握算法。运用折纸涂色来初步验证计算方法的正确性，使学生得到一种直观上的证明，进一步加深学生对计算方法的认识。总结计算方法中，让学生对计算方法的认识由表面上升到理性。最后数学知识的运用，达到了认识过程的最高层次。

四、小学数学教学说课的技巧

小学数学说课，是一种典型的教研形式，对促进小学教师的专业发展有很重要的作用。为了更好地进行说课，提高我们作为数学教师的基本素养，我们需要掌握一些说课方法。说课常见的技巧，也可以说是注意事项，有以下几个方面。

（一）说课的语言表达

由于说课是说课者"说"，评委"听"，听者对信息的获取很大程度上取决于"说"的技能技巧。为此，说课力求语言表达清晰流畅，跌宕起伏，语速适中，突出亮点。切忌从头至尾"念"说课稿，语言平淡无奇，面无表情。

（二）掌握说课的程序

说课的程序一般包括如下几个方面：第一，自我介绍。包括姓名或参赛选手号数、学校、教龄等。第二，根据说课稿展开说课过程。第三，请评委提问。第四，致谢。

（三）说课课件的展示

说课的过程中，说课者应该边说边展示说课的课件。课件中的文字应该简洁，字体大小适中，和谐美观，重点、亮点之处可以用彩色字体突出。图形制作尽可能以动态方式呈现。展示过程应该与说的内容同步，注意快慢结合，较为平淡的部分一带而过，关键的设计则需要放慢速度，充分展示。力求做到稳重厚实，大方得体，动静有序。

（四）把握好说课的时间

说课的时间把握尤为重要。需要合理调配，科学安排。既要最大限度地利用给定时间，又不能拖延时间引起听者反感。一般来讲，总体时间控制在 15 分钟以内。其中，教学过程是核心，应当占据一半以上时间。

项目检测 ✎ --

小学数学教学说课的优化

针对某个课题（例如两位数除以一位数的笔算，两位数乘两位数的笔算，分数乘法，长方形的面积，三角形的面积等小学数学核心内容之一），通过各种渠道收集一些说课案例，分析案例中的优缺点。

1. 据此设计一个说课（突出课堂导入、提问与理答、小结与总结、板书设计等环节）。

2. 建议 6 人组成一个说课小组，相互展示说课，并做小型研讨，并据此改进你的说课。

项目七　小学数学教材分析

项目背景 ▼ ··

　　小学数学教学技能是小学数学教学能力的重要组成部分，专业知识习得与教学技能训练，是教师专业成长的两翼。理解小学数学教学技能的内涵，掌握小学数学教学技能类型与方法，加强教学技能的实践训练，是提高未来教师教学技能的有效途径。

项目目标 ▼ ··

一、知识与能力目标

　　1.了解小学数学教材的含义与作用，体会小学数学教材的编写特色。

　　2.理解小学数学教材分析的意义，掌握小学数学教材分析的内容和要求。

二、过程与方法目标

　　1.能从不同视角进行小学数学教材分析，例如全套教材知识体系的宏观角度、一册教材的知识前后联系的中观角度、课时教材分析与教学设计的微观角度。

　　2.掌握小学数学教材分析的方法，从而培养小学教材分析的能力。

三、情感态度与价值观目标

　　1.通过小学数学教材分析的知识学习和实践训练等过程，增进教师对小学数学教材的情感和体验。

　　2.通过教材分析的活动过程，体会小学数学教学的价值、目标和追求，培养教师教育教学的积极价值观念。

教材中的数学知识、方法是否有利于学生学习

　　如图 7-0-1 所示，二年级下册的某一版本数学教材在进行"加与减"的内容教学时，设置了一个数学情境：在某次捐书活动中，建设小学一年级捐书 118 本，二年级捐书 104 本，三年级捐书 95 本。问建设小学一共捐书多少本？

 捐书活动

建设小学捐书情况	
年　级	数量/本
一年级	118
二年级	104
三年级	95

民族小学捐书情况	
年　级	数量/本
一年级	109
二年级	102
三年级	98

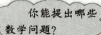 你能提出哪些数学问题？

建设小学一共捐书多少本？

估一估，大约是多少本？

(　　　) + (　　　) + (　　　) = _____ （本）

$100 + 100 + 100 = 300$
$18 + 4 - 5 = 17$
$300 + 17 = 317$

$118 + 104 + 95 = ?$

图 7-0-1

　　教材试图拓展学生的数学思维，启发学生用各种方法解决问题。在各种方法中，教材着重介绍凑整法（如图所示）。

　　思考　二年级的小学生能想到这种方法吗？这种方法具有代表性吗？这种方法主要体现了哪个数学概念，适合哪个年级的学生学习？

任务一　小学数学教材概述

◆◆ 学习目标

1. 了解小学数学教材的含义及其作用。
2. 理解小学数学教材的编排特色。

选择一个版本的小学数学教材，分析教材编排的风格和特色，并与同伴交流。

一、小学数学教材及其作用

（一）小学数学教材的含义

从广义来说，小学数学教材是指教师指导学生学习数学的一切教学资料，包括师生共用的教科书、练习册，以及供教师用的教学指导书、参考书、教学挂图、音像教材、辅助教学软件等教学材料。

从狭义来说，小学数学教材是指小学数学教科书，亦称课本。这里所论述的小学数学教材是指小学数学教科书。

小学数学教材共有十二册，每册教材由若干个大单元组成，每个大单元教材又由若干小单元组成。每个小单元教材由若干"课"组成。每课包括一个或几个知识点和一个"练习"。

小学数学教材的组织单位是"单元"和"课"。"单元"是指在知识系统和逻辑关系上相对较为完整，在知识、技能、思维训练、能力培养或应用上相对独立的部分。"课"是教材组织的最小单位，是由逻辑上相对独立又较为完整的具体课题内容组成。教师一般是以"课"为单位进行准备和教学的。

（二）小学数学教材的作用

第一，教材是实现小学数学教学目标的重要资源。小学数学教材是根据小学数学课程标准编写的，课程标准提出的基本理念、教学目标、内容要求、实施建议在教材中得以体现。

第二，教材是教师进行教学的主要依据。小学数学教材是对学生进行数学基础知识教学、能力培养和思想品德教育的专用书籍。它为教师备课、上课、布置作业和检查学生的学习效果提供了基本材料。

第三，教材是检查教学质量和教学进度的依据。教材为教学提供了基本线索，教师需要熟练掌握教材内容，善于使用教材。既要根据教学要求，结合学生实际，对教材内容做好教学法意义的加工，使之易于学生理解；同时又要指导学生阅读教材，帮助学生理解教材上的知识形成和发展的过程，读懂论述和结论性语言，培养学生的自学能力。

第四，教材是促进学生提高数学素养的重要基础。教材的课文部分一般是由概念、规则（定律、性质、法则、公式）、插图、例题和实践操作等内容组成，这些内容经教学法加工构成符合小学生认知规律的知识体系。因此，它是学生获取基础知识和基本技能的源泉，是形成数学思想方法和积累数学活动经验的重要载体，掌握教材内容是小学生增加数学知识量和提高数学素养的基础。

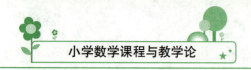

二、小学数学教材的编写特色

各个版本的小学数学教材是以《课程标准》为依据，积极实现教材的多样化，在满足教材科学性、整体性的前提下，根据学生的认知规律、知识背景与活动经验，合理安排学习内容，形成自己的编排体系，体现出自己的风格和特色。

（一）教材内容的素材贴近学生现实

素材的选用充分考虑学生的认知水平和活动经验，在反映数学本质的前提下尽可能贴近学生的现实，具体是生活现实、数学现实、其他学科现实等。

第一学段，学生所感知的生活面较窄，从学生身边熟悉的有趣的事物中选取学习素材，激发他们的学习兴趣，帮助他们理解相关的数学知识，使学生感受到数学就在身边，体会数学的作用。例如人教版《义务教育教科书　数学　二年级　下册》第一单元数据收集整理的例1（图7-1-1）。

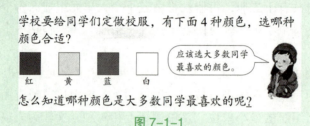

图 7-1-1

第二学段，学生的活动空间有了较大的扩展，教材选择来自自然、社会中的现象和问题，使学生感受到数学的价值和趣味。例如人教版《义务教育教科书　数学　五年级　上册》第五单元"简易方程"的例4（图7-1-2），就是一个用方程解决具体问题的实例。

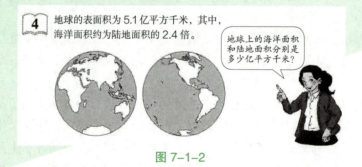

图 7-1-2

随着数学学习的深入，学生所积累的数学知识和方法，成为学生的"数学现实"，是学生学习数学新知识的素材。这些素材的选用，不仅有利于学生理解所学知识，还能揭示相关数学知识之间的内在联系，有利于学生从整体上理解数学，构建数学知识结构。

许多数学知识与其他学科知识有着密切联系，因此其他学科知识也就成为学生的现实，被选入数学教材。

（二）教材内容的呈现体现出过程性

教材编写不是单纯的知识介绍，选用合适的学习素材，介绍数学知识的背景，涉及必要的数学活动，让学生通过观察、实验、猜测、推理、交流、反思等，感悟数学知识的形成和应用。

1. 体现数学知识的形成过程

现行教材基本采用"问题情境—形成知识—解释、应用、拓展"的编排方式。这种编排有利于激发学习兴趣，理解数学知识产生、形成、应用的基本过程，体现数学的实质，发展思考能力，了解知识之间的联系。

例如，人教版《义务教育教科书　数学　五年级　下册》的"分数与除法"（图 7-1-3），就从运算角度阐述了分数形成的过程。首先是通过具体生活现象，得到算式 $3 \div 4 = \frac{3}{4}$。在此基础上归纳抽象得到：被除数÷除数 $= \frac{被除数}{除数}$。还可以用已经学过的字母表示成 $a \div b = \frac{a}{b}$。再进一步思考：为什么 $b \neq 0$？加深对分数的理解，也为分数的基本性质打下基础。

2 把 3 块月饼平均分给 4 人，每人分得多少块？

想：求每人分得多少块，要算 3÷4 得多少。

$$3 \div 4 = \frac{(\quad)}{(\quad)}（块）$$

你发现分数与除法有什么关系？

被除数÷除数 $= \frac{被除数}{除数}$

你能用字母表示出分数与除法的关系吗？

$$a \div b = \frac{a}{b}(a \neq 0)$$

被除数　除数　　　　**想**：为什么 $b \neq 0$？

图 7-1-3

2. 反映数学知识的应用过程

教材应当根据课程内容，设计运用数学知识解决问题的活动。这样的活动应体现"问题情境—建立模型—求解验证"的过程，这个过程要有利于理解和掌握相关的知识技能，感悟数学思想，积累活动经验；要有利于提高发现和提出问题的能力，分析和解决问题的能力，增强应用意识和创新意识。

数学具有广泛的应用性。小学数学虽然很基础，但在现实生活中的应用也是很多的。图7-1-4就是一个典型实例，它很好地体现了数学应用的全过程。

图7-1-4

它的问题情境是：小强的妈妈要将2.5 kg香油装进玻璃瓶里，每个瓶可装0.4 kg，需要准备多少个玻璃瓶？

它的数学模型是：总数÷单数＝个数（相当于"总价÷单价＝数量"）。

它的求解验证是：$2.5÷0.4=6.25$，首先取整数得到6个瓶子，但是回到现实验证一下，6个瓶可以装$0.4×6=2.4<2.5$，而$0.4×7=2.8>2.5$，因此，至少需要7个玻璃瓶。

（三）教材的内容设计具有一定的弹性

按照《课程标准》的要求，教材编写既要注意面向全体学生，又要考虑到学生发展的差异，在保证基本要求的前提下，体现一定的弹性，满足学生的不同需求，使不同的学生在数学上得到不同的发展，也便于发挥教师自身的教学创造性。

具体做法：①同一问题情境提出不同层次的问题或开放性问题；②提供一定的阅读材料，包括史料、背景材料、知识应用等，供学生选择阅读；③习题的选择和编排突出层次性，设置巩固性问题、拓展性问题、探索性问题等；④综合与实践活动的课题能使所有学生参与，不同的学生通过解决问题的活动，获得不同的体验；⑤编入一些拓宽知识、方法的选学内容。

数学是一种文化，是人类悠久历史文化的重要组成部分。教材考虑到学生的阅读和理解水平，精选部分数学文化背景材料，丰富学生对数学文化的认识和感受，知道数学知识的产生来源于人类生产生活的需要，体会数学的价值与作用，激发学生的学习兴趣。

例如，结合认数，介绍了古代人们运用石子、结绳、刻痕等计数方法，介绍了甲骨文数字、算筹表示的数字，早期阿拉伯数字；结合分数的初步认识，介绍了古代中国人、印度人、阿拉伯人怎样用数字符号表示分数；结合小数的认识，介绍了我国古代数学家在小数研究和使用方面做出的贡献等。

（四）教材具有较强的可读性

在准确使用数学术语、表达数学含义的前提下教材根据学生的年龄特征，采用图片、游戏、卡通、表格、图像、文字等多种方式，直观形象、图文并茂、生动有趣地呈现素材，使学生易于接受，提高学习兴趣，拓宽四维空间。

小学数学教材建设是一个不断发展的动态过程，需要在教学实践中不断反思，通过实验、调整、不断完善，向更高水平迈进。

【拓展阅读】

教材编写的教学逻辑

教材编写的教学逻辑是指编写教材要具有可教学性，既要有利于辅助教师的教，又要有利于促进学生的学。教材编写的教学逻辑对教师的素质提出了更高的要求。概括起来，大致有四个方面。

首先，要求教师要有更高的理解力和判断力。据教学逻辑编写教材恰是真正引导教师协同学生去研究教材，以教材为素材蓝本，从生活世界出发，使教学回归学生真正的生活世界。这就需要教师要有高超的理解力和判断力，要能正确理解知识与生活的关联，要善于发现生活中具有教学性的素材。

其次，要求教师要有丰富的知识背景和开阔的理论视野。教材内容不是教学内容的充分条件，而只是必要条件。教学内容还需要在教材内容的基础上得到丰富和补充。根据《课程标准》提出的三维目标的具体精神，教学中还有很多没法写入教材的东西，需要教师带领学生于生活实际中做出恰当的补充。显然，教师要是没有丰富的知识功底和开阔的理论视野，是没办法顺利完成此任务的。

再次，要求教师要有合作精神和平和心态。同样，基于教学逻辑所编写的教材还要求教师必须有充分的合作精神，不仅要和同事合作，还要和学生合作，而此过程中教师保持平和心态也是必要的，因为自私自我的心态是很难与他人合作的。

最后，要求教师要有充沛的教学经历和时间。基于教学逻辑的教材需要教师付出更充分的时间和精力去引领学生补充和完善教学内容。

任务二 小学数学教材分析理论

◆◇ 学习目标

1. 理解小学数学教材分析的意义和立意。

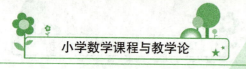

2.掌握小学数学教材分析的实施策略。

学习任务

选择一个教材片段，用小学数学教材分析的实施策略进行分析。

一、教材分析的意义

教材分析是教师的一项重要基本功。既要根据教学要求，结合学生实际，对小学数学教材的内容做好教学法加工，使之易于为学生所理解；同时又要指导学生阅读教材，帮助学生看懂教材中的例题、思维过程、相关提示和结论等，培养学生的自学能力。

教材分析除了明晰"编写了什么"，还需思考"为什么这样编写""这样编写对教学有什么启示""如何合理呈现与展开知识，设计教学活动"等。借助完备的内容分析，明确"学什么""教什么""怎样教""如何学""学到什么程度与水平""怎样高质量组织学习"等内容。这就需要充分挖掘、用好教材提供的教学资源，基于教材内容进行合理的二度开发、重组与调整，将静态文本转化为动态学习活动，合理规划学与教的线索，明确"学什么""怎样学"。

例如，小学数学学科作为义务教育阶段的基础学科之一，其内容组织更注重知识结构与学习层次。教师在解读教材时，更需关注并综合多种教学素材，整体思考数学知识背后所蕴含的学科育人价值。结合数学学科特质及小学生认知规律和已有经验，对教材内容的内涵和教育功能等产生深刻的理解。

教材解读是准确理解教材的需要。课堂上，只有教师对教学内容深入钻研，明晰内容的学科实质及学生学习困难，加强内容研究及对比分析，才能更好地聚焦核心知识，规划符合学科特色的学习探索过程，发展学生的学科核心素养。

教材分析，是教师熟悉教材、把握教材并逐步达到驾驭教材的重要途径；是教师制定教学计划、进行教学设计、编写教案的基础；是教师备好课、上好课、达到教学目的的前提和关键；是教师进行教学研究的一种主要方法。此外，教材分析也是提升教师专业素养的有效途径，借助对教材的结构认知，教师将不断增进对课程的理解，丰富课程实施内容与方式。

二、教材分析的立意

教师分析教材，准确理解教材，把握教材的编写意图，充分挖掘、用好教材提供的教学资源，突出学科学习内容的实质，是教学展开的重要环节。教师在具备共性学科素养的同时，更应能够体现学科本身的特质。即理解数学学习内容的实质，围绕数学学科核心素养，借助文本体系，丰富儿童学习方式，帮助学生经历数学学习过程，进而理解知识、习得方法，形成数学思维方式。

（一）提升教师数学学科认识

教材文本分析并不是简单意义上的教材捆绑，而是教师对教材文本进行广泛的、有选择性的、深入的解读，是基于实践、学情的创造性思考，意在改善学科知识素养失衡的现状。因此，要激发教师主动性，以"实战者"的身份与教材编写者进行深入的精神性交流，以此构筑融入实践教学者思想与风格统一的课堂。

这就要求教师要读懂数学课程的基本内容、理解数学教学要达成的目标、了解学生的疑惑点、抓住教学过程的关键处。当教师能够与数学学科知识与教材编排体系进行"深度对话"时，"用教材而不是教教材"的理念才会真正在教师心里落地生根。同时，细化分析教材，促进教师精准地掌握教学目标，选取合适的教法，提升内化性的思维逻辑锻炼，也将提升教师教学水平。

（二）提升教师教学能力

教师要做专业化的教材分析解读，从对课程的整体认识，转变教学行为，形成积极的教学信念，提升教学质量。因此，教师要对教材文本进行深刻分析，特别是对教材编排体系、教材呈现的思想方法、学科史、教育史、学习心理学和儿童认知规律等领域的内容进行整体研读。

首先，以小学数学知识内容的展开逻辑与学生认知规律为出发点，合理、整体认知教学内容的"生长点"与"延伸点"，形成对一类或一个整体内容的综合分析。其次，设计定向发现或引领式问题链，使学生在不同层次问题中，逐步逼近对学科实质的理解。再次，设计对小学数学课堂中动态生成的资源分析与处理的预案、层次学习组块。最后，丰富学生对自我数学学习过程的体验，有意识地引导学生开展对数学学科内容的分析与重构。

（三）推动教研能力发展

数学学科素养的提升与完善，需要理论与实践相互滋养和双重更新。因此，基于教材解读与实践创新的学校课程建设，尤其是教研文化的建立，将进一步推动教师群体与个体的发展，实现课堂转型。

课程实施中，教师要基于教材分析，关注具体的课例研究，通过课堂教与学方式的丰富与改进，实现观点聚合与核心要素提炼，帮助学生明晰内容的展开逻辑、师生交往的一般方式等。同时，进一步从内容理解视角，推进整个教学研究日常化地渗透与落实，实现解读分析、实践研究、反思完善的发展回路，实现不同层级的达标与互动提升。

三、教材分析的实践策略

教学研究的基本问题是"教什么"和"怎么教"，前者关乎教学内容，后者关乎教学形式。教学内容决定教学形式，教学形式服务于教学内容。教材分析，其实就是在沟通形式与内容之间的联系，促进两者协同共进。

（一）读出教材内容"是什么"，理解内涵与本质

"是什么"指教师要从具体内容中明确学科知识的本质，把握内涵，服务于教学。结合教材呈现内容，一方面要读出教材呈现知识的类型及提供的现实场景；另一方面能

读出知识背后所体现的学科思想方法的演变过程。这样的分析教材，要能透过具体知识点形成对学科知识整体系统的认识，能结合素材或相关知识、经验，分析这一知识的产生、发展、应用过程。理解学科内容的内涵与本质，不是简单地从"量"与"形"分析，而是在较为丰富的认识层面，立足儿童认知，形成点状突破下的整体认识。

比如，小学数学教学中，"图形的放大与缩小"体现图形相似原理；"简易方程"体现从算术思维向代数思维的过渡；"周长、面积、体积概念"是单位长度、面积、体积单位的累加……理清了知识的本质，才能为学生动态生成的学习活动提供明确的目标指向，服务学生学习。

（二）读出教材内容"为什么"，沟通学生经验世界

"为什么"是反复解读教材后思考的第二个问题，即将学科知识与儿童认知经验联系，思考教材为什么这样编排，内容为什么选用这样的呈现方式。教材的内容编排是在综合考虑学科本身的逻辑规律，以及在小学生的认知规律和心理发展水平的前提下，用学科的基本概念、基本规律、基本事实和基本方法联系起来的。教师要从儿童认知学习心理的视角，分析儿童在理解教材内容时会有怎样的障碍，学生的学习困难会发生在何处。

例如，对于"两位数除以一位数的竖式计算"（图7-2-1），其实就是沟通儿童的生活世界与数学世界。先通过"分一分"的活动，46根小棒平均分成两份，每份23根，共需要三步。第一步，分整捆的，4捆分成两份，每份两捆。第二步，6根分成两份，每份3根。第三步，数一数，每份为两捆加3根。这就是生活世界，对应的数学世界依次是：$40 \div 2 = 20$；$6 \div 2 = 3$；$20 + 3 = 23$。现在要把它转化成更抽象的数学形式——竖式，仍然是这样进行，只不过没有第三步。为什么商2要写在商的十位上？因为它对应的是分捆，捆对应十。

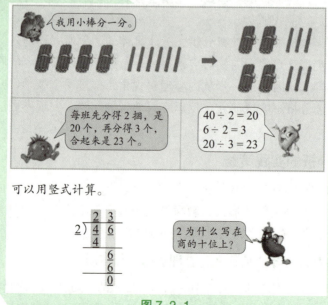

图7-2-1

（三）读出教材内容"想什么"，凸显学习思维方式

"想什么"是指教材内容背后的思考，教材编排、教学过程要体现怎样的逻辑线索。也就是要"读"出内容素材背后所呈现的思维方式，以期望帮助学生在理解知识的过程中，形成对一类问题的共通的数学思维心理。教师在分析教材时，要蹲下身来体验素材，想一想如果自己是学生会从哪些角度来思考，作为教师可以通过哪些途径帮助学生体验与发现。

比如，"乘法分配律"（教材片段见图 7-2-2），表面上只有一个例题，通过两种购买方法的比较得出乘法分配律。显然由于过程静态，学生仅通过一个例子来分析并不能真正实现对乘法分配律的完整认识。值得注意的是，这一素材（例题）所承载的除了运算律这一知识外，在思维方式上与之前其他运算律研究路径一致，因此易于学生进行类比思维。

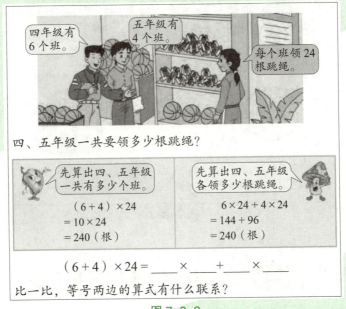

图 7-2-2

因此，教师就要抓住核心，在难点处指导、点拨，放手让学生在素材内容解决的基础上经历猜想、验证的过程，在应用中体验特殊到一般的抽象过程。动态化拉长教材，让静态的数学结果呈现，转变为学生可体验、可操作的学习活动，观察分析、类比迁移、应用理解等，激发学生学习兴趣，引发思考，实现内容、方法的同步建构。

（四）读出教材内容"有什么"，形成完整分析意识

"有什么"指除了关注例题外，教材相关素材应作为一个整体纳入教材内容的解读体系中。教师要关注与素材内容相关的典型辅导材料，它们体现了知识要点的概念外延，有利于学科概念的拓展建构。典型的辅导材料包括备课资料中的教学建议、知识背景介绍等。这一内容的阅读可以增加教师对内容素材的深入理解，从更为广阔的意义层面激发学习兴趣，拓宽对学科知识的理解。

例如，在小学数学"圆的认识"一课的解读中，教师可以了解不同学科中有关圆的应用案例，通过实例感受的方式激发学生的认识兴趣（图 7-2-3）。为了进一步明确概念、掌握规律、应用知识，教师需要借助对练习编排的分析，更为直观地掌握学生学习中遇到的问题，将问题转化为前期教学的指引，让学生在过程参与中解决，在思辨中发现与理解。

图 7-2-3

任务三　小学数学教材分析实践

❮❮ 学习目标

理解和掌握宏观、中观和微观的教材分析方法，并能针对教材实际进行具体分析。

❮❮ 学习任务

选择某一版本的教材进行宏观、中观和微观的教材分析，并进行分享汇报。

一、教材的宏观分析

教材的宏观分析是对全册教材的分析。全册教材的内容是由若干大单元组成的，各个大单元既有知识块内部的纵向联系，又有知识块之间的横向联系。教材的宏观分析，要在学习《义务教育数学课程标准（2011 年版）》、统揽全套教材的基础上，分析本册教材的编排体系和各大单元之间的内在联系，确定本册教材的重点内容、渗透的思想方法、蕴含的教育功能，进而理解《义务教育数学课程标准（2011 年版）》规定的本册教材的教学目的和要求。

教材的宏观分析，一般只分析到各个大单元，下面以人教版《义务教育教科书　数学　一年级　上册》进行宏观分析。

（一）编排体系和各个单元之间的内在联系

（1）组成单元。本册教材由以下十个单元组成。

第一单元　准备课

第二单元　位置

第三单元　1～5 的认识和加减法

第四单元　认识图形（一）

第五单元　6～10 的认识和加减法

第六单元　11～20 各数的认识

第七单元　认识钟表

第八单元　20 以内的进位加法

第九单元　总复习

（2）第一单元"准备课"。这部分教材主要包括两部分内容："初步感知 10 以内的数"和"比多少"。首先，设计了一个"美丽的校园"情境，一方面为初入学的小学生展现校园生活，帮助学生了解学校生活，为教师提供入学教育素材；另一方面，图中的人和物的数量都用到 10 以内的数，使学生通过数这些数，初步感知 10 以内的数，体会数存在于我们生活当中，数是人类的好朋友。教师能初步了解学生数数、观察和语言表达能力的情况，为以后教学做准备。其次，"比多少"是学习认数、计算和量的准备性知识，教材希望学生借助"一一对应"的方法，初步感知"同样多""少""多"的意义，体会学数学、用数学的乐趣。

（3）20 以内数的认识和加减法是本册教材的主要内容，是小学阶段数与运算最基础的知识，教材安排了四个单元进行学习。

第三单元"1～5 的认识和加减法"。这部分教材主要有七部分组成，编排顺序是：1～5 的认识、比多少、第几、分与合、5 以内数的加法、5 以内数的减法、0 的认识与加减法。这部分教材是数概念中最基础的知识之一，是小学生学习数与代数的开始。通过让学生初步经历从日常生活中抽象出数的过程，在 5 以内数的组成与分解的基础上，初步尝试选择恰当的方法进行 5 以内数的口算，借助数和大小符号比较"多、少"，明白数可以表示顺序，为学生了解数学的用处和体验数学学习的乐趣打下扎实的基础。

第五单元"6～10 的认识和加减法"。这部分教材主要由"6、7 的认识（涉及数的大小比较、组成与分解，下面各数也都如此）和加减法""8、9 的认识和加减法""10 的认识和加减法""连加和连减""加减混合"等内容构成。这些内容不仅在日常生活中有着非常广泛的应用，是学生进一步学习 20 以内数的认识和加减法运算的最直接基础。这单元内容是全册教材的重点之一，在整个小学数学教学中占有非常重要的地位。

第六单元"11～20 各数的认识"。这部分教材首先让学生在认识计数单位"一""十"，会数 20 以内的数，掌握比较 20 以内数的大小；在认识数位"个位""十位"基础上，掌握 11～20 各数的读法、写法，为学习 20 以内的加减法做好准备。另外，教材介绍了加法、减法运算各个部分的名称，学生能够熟练进行 20 以内数的不进位加法运算和不退位减法运算，并能够解决问题。

第八单元"20 以内的进位加法"。这部分教材首先借助"9 加几"让学生掌握"凑十法"，这是 20 以内进位加法的关键。其次，教材安排了 8、7、6 加几，5、4、3、2加几，以及运用 20 以内进位加法解决问题。20 以内的进位加法是 20 以内退位减法和多位数计算的基础，这部分内容学习的好坏，将对今后计算的正确和迅速都产生直接的影响。因此，20 以内进位加法是进一步学习数学必须练好的基本功之一。另外，用加法和减法解决简单的问题，既有利于学生再用数学中领会加、减法的含义，又可以为以后发现和解决稍复杂的问题打下基础。

（4）第二单元"位置"。这部分教材根据学生的已有的经验和兴趣特点，依照儿童空间方位的认知顺序进行编排，使学生更好地认识和描述生活空间，并进行交流的重要工具。学生在生活中对"上、下、前、后、左、右"已有初步认识，在此基础上，再从相对的两个维度来确定物体的位置。学生从最熟悉的生活场景，如立交桥、左右手、教室的座位等引入教学，在操作、探索的活动中，观察、感知、猜测、感觉"上、下、前、后、左、右"的含义及其相对性。

（5）第四单元"认识图形（一）"。这部分教材是学生学习"图形与几何"的开始，从形状的角度初步认识物体和图形。本单元主要让学生认识立体图形，具体是长方体、正方体、圆柱、球，这是由于在现实生活中学生直接接触的大多是立体图形。因此把立体图形的认识编排在平面图形之前，是符合小学生认知规律的。

（6）第七单元"认识钟表"。这部分内容主要让学生结合生活实际认识时间单位"时"以及认识钟表上的时针、分针，能够辨认整时。

（7）第九单元"总复习"。总复习包含本册所学的主要内容，共分为六部分：20以内的数、20 以内的加法、10 以内的加减法、认识立体图形、认识钟表、用数学。编排注意突出知识之间的内在联系，便于在复习时进行整理和比较。以加深学生对所学知识的认识。

（二）教材的重点和难点

本册教材的重点是 10 以内的加减法和 20 以内的进位加法。这两部分内容和 20以内的退位减法（一般总称一位数的加法和相应的减法）是学生学习认数和计算的开始，在日常生活中有着广泛的应用，同时又是多位数计算的基础。因此，一位数的加法和相应的减法是小学数学中最基础的内容，是学生终身学习与发展必备的基础知识和基本技能，必须让学生切实掌握。

本册教材的重点也是难点所在，一年级的学生对数的概念和运算意义的理解都比较困难，并且学生之间存在着一些差异。

（三）教材中能力培养的因素和渗透的思想方法

本册教材把能力培养和思想方法的渗透贯穿于各单元教学的始终。具体表现如下。

（1）通过数与运算的教学，让学生经历数概念的形成过程，重视数概念的理解，体会数可以用来表示和交流，初步建立数感；经历从生活实际中抽象出数学问题的过程，理解加减法含义，初步体验数学符号的意义；尊重学生的个体差异，允许学生采用自己认为合适的方法进行计算，培养学生独立思考、自主探索的意识和能力。

（2）通过"用数学"的教学，使学生了解数学与现实生活的广泛联系，初步学习用数学解决问题，逐步获得数学的思想方法，形成初步的应用数学的意识。

（3）在图形的认识教学中，利用小学生已有的经验，通过大量的观察、操作、游戏等活动，丰富学生对物体的形状和图形的感性认识，认识图形的一些特征，体会什么是图形与几何，利用这些知识我们能做什么，从而激发小学生学习图形与几何知识的兴趣，逐步发展学生的空间观念。

（4）教材内容渗透了集合、对应、类比、归纳等思想方法。

（5）教材安排了形式多样的例题与习题，初步培养学生数学思维的灵活性、敏捷性。

（四）教材蕴含的德育、美育等教育因素

本册教材根据学生的年龄特征，设计了富有儿童情趣的学习素材和活动情境，激发学生学习的兴趣和动机。联系儿童实际，根据学生特点渗透思想品德教育。教材中精心设计了一些情境，对学生进行热爱家乡、热爱祖国、热爱劳动、热爱和平、保护环境、珍惜时间等教育。

（五）教材的教学目标

根据《课程标准》和以上分析，确定本册的教学目标如下。

（1）熟练地数出数量在 20 以内的物体的个数，会区别几个和第几个，掌握数的顺序和大小，掌握 20 以内各数的组成，会读写 0~20 各数。

（2）初步知道加、减法的含义和加、减法算式各部分的名称，初步知道加法和减法的关系，比较熟练地计算一位数的加法和 10 以内的减法。

（3）初步学会根据加、减法的含义和算法解决一些简单的实际问题。

（4）认识符号">""<""="，会使用这些符号表示数的大小。

（5）直观认识长方体、正方体、圆柱、球。

（6）初步认识钟表，会辨认整时。

（7）体会学习数学的乐趣，提高学习数学的兴趣，建立学好数学的信心。

（8）养成认真做作业、书写整洁的良好习惯。

（9）通过实践活动体会数学与日常生活的密切联系。

二、教材的中观分析

教材的中观分析，就是选择一个单元（或者一个主题），对教材进行分析。下面以"分数的初步认识"（人教版《义务教育教科书　数学　三年级　上册》第八单元）为例，进行中观分析。

（一）本单元教材的编排体系及内在联系

这部分教材主要由四部分组成，编排顺序是：几分之一、几分之几、分数的简单计算、分数的简单应用。这部分教材是在学生掌握了一些整数知识的基础上初步认识分数的含义，从整数到分数是数概念的一次扩展。无论在意义上、读写方法上以及计算方法上，分数和整数都有很大差异。学生初次学习分数会感到困难。因此，本单元主要是创设一些学生所熟悉并感兴趣的现实情境，并通过动手操作，帮助学生理解一些简单的分数的含义，给学生建立初步的分数概念，为进一步学习分数和小数打下初步的基础。

考虑到学生的年龄特点和接受能力，本单元在分数的范围上进行了一定的控制，只出现常见的分母比较小的分数（分母一般不超过 10）。编排上为了适应学生的认知规律，先认识几分之一，再认识几分之几。所有这些措施是为了便于学生更好地理解分数的含义，本单元安排的分数大小的比较和分数的加减法、分数的简单应用，其目的也是如此。

（二）本单元教材的重点和难点

本单元教材的重点是分数的含义，难点是分数的含义和分数的加减法。解决难点的关键在于借助丰富的实物、图形等素材，通过学生的实际操作，经历"把一个物体平均分成若干份，这样的一份就是几分之一，这样的几份就是几分之几，都要用分数表示"的过程，体会分数的含义。

（三）本单元中能力培养因素和数学思想方法

在分数概念的教学中，通过在具体情境中对实物和图形的均分操作和说理训练，培养学生初步的抽象、概括等逻辑思维能力和数学语言表达能力。教材中渗透了类比、概括等数学思想方法。在分数概念的形成中，渗透了对学生符号意识的培养。

（四）本单元蕴含的德育、美育等教育因素

教材中通过学生动手均分实物、折纸、涂色等活动，体会数学的和谐美、简洁美。在动手操作、观察比较等数学活动中，培养学生用于探索和自主学习的精神，使之获得运用知识解决问题的成功经验。通过小组合作学习活动，培养学生合作意识。

（五）本单元的教学目标

（1）学生初步认识几分之一和几分之几，会读、写简单的分数，知道分数各部分

的名称，初步认识分数的大小。

（2）会计算简单的同分母分数的加、减法。

（3）在理解分数意义的基础上，学会解决简单的分数的实际问题，培养解决问题的意识。

三、教材的微观分析

教材的微观分析，是指对教材某一课时的内容进行分析。下面以"平行四边形的面积"为例，进行教材的微观分析。

（一）本课时教学内容分析

"平行四边形的面积"一课是人教版《义务教育教科书 数学 五年级 上册》第六单元"多边形的面积"的内容。这一单元包括四部分内容：平行四边形的面积、三角形的面积、梯形的面积和组合图形的面积。

平行四边形、三角形和梯形面积计算，是学生掌握了这些图形的特征以及长方形面积计算的基础上学习的。这一单元教学面积的计算时，是根据各个的面积计算联系来安排教学顺序的。平行四边形的面积计算，是先借助数方格的方法，得到平行四边形的面积；再引导学生将平行四边形转化为一个长方形，推导出平行四边形的面积计算公式。三角形的面积计算是直接要求学生将三角形转化为已学过的图形推导出面积计算公式。梯形面积的计算，要求学生综合运用学过的方法自己推导出面积计算公式。

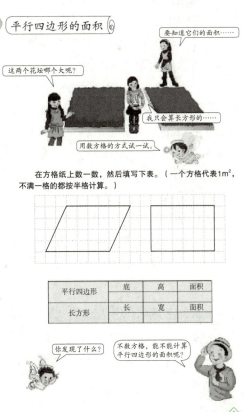

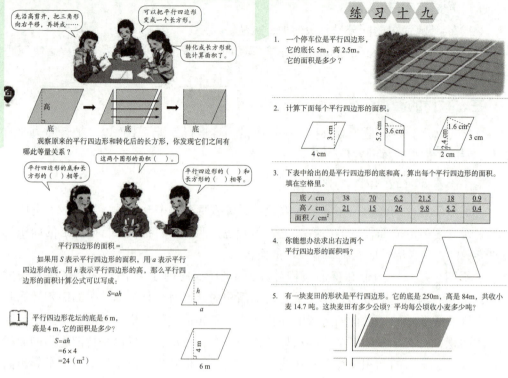

图 7-3-1 "平行四边形"的教材内容

本课时教材分为三个步骤：

（1）引入。从主题图中学校大门前的两个花坛（一个长方形，一个平行四边形）引入一个实际问题：两个花坛哪一个大？即是要计算各自的面积是多大。学生已经会计算长方形的面积，从而提出如何计算平行四边形的面积。

（2）用数方格的方法计算面积。这是一种直观计量面积的方法，在学习长方形和正方形面积计算的时，学生已经使用过，但是像平行四边形这样两边不成直角的图形该如何数方格？对学生来讲是一个新问题。教材给出提示：不满一格都按半格计算。教材安排同时数一个长方形和一个正方形的面积，再对它们的底（长）、高（宽）和面积进行比较，暗示这两个图形之间的联系，为学生进一步探寻平行四边形面积的计算方法做准备。

（3）探究平行四边形面积计算公式。提出"不数方格能不能计算平行四边形的面积呢？"通过学生动手操作，用"割补法"把一个平行四边形转化为一个长方形，找出两个图形之间的联系，推导出平行四边形面积的计算公式。最后把面积计算公式用字母表示。

（二）本课时的重点、难点和关键

本课时的重难点是平行四边形面积计算公式的推导，关键在于学生能够正确顺利地完成从平行四边形到与之面积相同的长方形的转化。

（三）本课时的习题分析

教材在平行四边形面积计算公式导出之后，通过练习题巩固新学的知识。第1题至第3题是基础巩固题，只要辨清平行四边形的底、高，可以直接应用公式计算。

第4题要求学生自己想办法求出平行四边形的面积，具有一定的探索性。学生需要先画出平行四边形一边上的高，再量出底和高的长度，最后应用公式进行计算。可以让学生先讨论再计算，也可以让学生先独立做，再交流方法和结果。注意引导学生知道可以用不同的边作底求出面积。

第5题是与平行四边形面积计算公式有关的一个实际问题，要进行面积单位的转化和除法计算，可在分析讨论题意的基础上让学生独立完成，再交流做法和结果，强调注意面积单位的变化。

（四）本课时教材中能力培养因素和渗透的思想方法

本课时的内容属于"图形与几何"，培养学生的空间观念贯穿教材的始终。例如，公式导出时的割补平移、练习中不同位置的图形"变式"等，都为培养空间观念提供了良好的素材。教材渗透了化归、变换等数学思想方法。

（五）本课时的教学目标

根据以上的分析，确定本课时的教学目标。

（1）学生要通过探索，理解和掌握平行四边形的面积计算公式，会计算平行四边形的面积。

（2）通过操作、观察比较的数学活动，初步体会转化法，培养学生的观察、分析、概括、推导能力，发展学生的空间观念。

项目检测

小学数学教材分析

为了便于学生学习，小学数学教材对数学内容进行了儿童化和生活化的加工。教材中的概念和公式，往往具有深刻的数学背景，然后加以理解，并在教学中进行渗透。请选择人教版《义务教育教科书　数学　三年级　下册》第五单元"面积"，进行教材分析。

1.说明"面积"的公理化定义，分析它是如何在教材中进行体现的。

2.说明"长方形面积公式"的道理，即为什么在整数、分数和实数范围内，面积都等于长宽之积。

3.进行本单元的中观分析，然后与小组内同学进行交流。

4.选择一个内容，进行微观分析，然后与小组内同学进行交流。

项目八 小学数学教学设计

项目背景 ▼ ·······································

　　教学设计是指教师在上课前的各种准备工作，需要思考、立意和创新，是教师教育思想、智慧、动机、经验、个性和教学艺术的综合体现。教师进行教学设计应遵循数学教育的基本原则，经历分析教学背景、确定教学目标、设计教学方案、教学方案评价等基本环节。同时，还要考虑不同课型的教学过程，采取相应的呈现方式，既要满足常规教学要求，又要发挥教师个人的能动性和创造性。可见，只有充分解读、加工教材，构思、安排教学环节及其细节，才能更有效地组织教学，达到教学活动的预期目的，避免教学中的盲目性和随意性，从而使学生能更好地学习。

项目目标 ▼ ·······································

一、知识与能力目标

　　1. 理解小学数学教学设计的含义和基本环节，掌握小学数学教学设计的基本原则，能遵循基本原则就具体教学内容进行教学设计。

　　2. 了解小学数学教学设计的呈现形式，能根据需要呈现相应形式的教学设计。

二、过程与方法目标

　　1. 结合具体小学数学教学内容和优秀教学案例，思考教学设计的基本环节，进行教学设计并与同伴进行交流，提高教学设计能力。

　　2. 研读优秀小学数学教学设计，与同伴进行讨论、分析其呈现形式，提高教学设计能力。

三、情感态度与价值观目标

　　1. 经历优秀教学案例分析、优秀教学设计研读等学习过程，增进教师对小学数学教学的理解，树立教师职业理想、学生为本的教育价值观。

　　2. 经历教学设计基本环节、比较分析归纳等学习过程，教师养成认真勤奋、独立思考、反思质疑等学习习惯。

　　3. 积极参与课堂讨论、与他人合作交流，发展教师团结协作、人际沟通等可持续发展的能力。

方程的意义

在"方程的意义"的新授课上，教师先让学生观察天平、认识天平、了解天平的作用，出示教材中的天平图。然后，教师引导学生用数学语言表示天平两边物体的质量关系：$50+50=100$，$100+x>200$，$100+x<300$，$100+x=250$。之后，教师给出情境引导学生用算式表达，例如 $2x=300$，$180+x=200$，$3x=2.4$ 等。此后，让学生观察这些算式，讨论和交流这些算式的特点并进行分类，对其中含有未知数、又是等式的一类。最后，教师引导学生进一步分析抽象概括其本质"含有未知数的等式"，揭示方程的概念。然而，当学生练习时，学生喜欢列出 $800-350=x$、$720\div8=x$ 这样的方程，也不肯用方程来解决问题。

这个案例中方程的概念的教学，虽然学生也经历了感知具体对象、抽象本质属性、概括表达方程的意义，但是教学效果并不太好。究其原因，因学生很容易受算术思维的干扰，也因教师太过于关注方程的形式、没有把握方程本质。我们还需思考：天平对于认识方程的价值在哪儿？怎样让学生理解，寻求抽象的、假设的未知数，在已知数和未知数之间建立起来的等量关系，就是方程？

思考　教学的起点在哪里？学生现在的思考又在哪里？学生的主体性如何发挥？我们应该设计怎样的教学才能使学生获得良好的数学教育？

任务一　小学数学教学设计概述

学习目标

1. 理解小学数学教学设计的含义。
2. 掌握小学数学教学设计的基本原则。

学习任务

选择一个优秀小学数学教学案例，与同伴进行讨论、分析其遵循的教学设计的基本原则。

一、小学数学教学设计的含义

古人云，"凡事预则立，不预则废"。修建大厦需要事先画好建筑图纸；一节好的数学课需要预先做好教学设计。教学设计，俗称为"备课"，是指教师在上课前的各种准备工作。这是为了突出教师在备课过程中的能动性和创造性，因为教师构思、安排教学环节及其细节，需要对教材做出进一步的加工。这种加工不仅反映了教师的智慧和创造性，也是教师理论素养、教学经验和教学艺术的结晶。

小学数学教学设计是依据一定的学习理论、教学理论、传播理论，整体把握教学内容，根据小学数学教学对象和教学目标，确定合适的教学起点与终点，合理选择教学方法，将教学诸要素有序、优化地安排，形成小学数学教学方案的过程。

作为数学教师，只有具备了较高的教学设计能力，才能更有效地组织教学，达到教学活动的预期目的，避免教学中的盲目性和随意性，从而使学生能更好地学习。既然是设计，就需要思考、立意和创新。因而，数学教学设计是一个既要满足常规教学要求，又要进行个人创造的过程。

二、小学数学教学设计的原则

教学是一种创造性劳动，优秀教学设计是设计者教育思想、智慧、动机、经验、个性和教学艺术的综合体现。教师在进行教学设计时，应遵循以下原则。

小学数学教学
设计的原则

（一）可行性

教师的"教"需要建立在学生的"学"的基础之上。教学面对的是一个个活生生的有思维能力的学生，而每个学生的思维能力不同，对问题的理解程度不同，常常会提出不同的问题和看法。教师在进行教学设计时，要从实际需要出发，充分预设学生可能的学习情况，考虑教学设计的可行性和可操作性，满腔热忱地启发学生的思维，针对疑点积极引导。

（二）科学性

教师要认真贯彻课标精神，结合教材内容，基于学生实际，确定教学目标、重点与难点。教学设计应避免出现知识性错误，不要偏离课程标准，不要脱离教材完整性和系统性。

（三）创新性

教学有法，但无定法。"课怎么上"全凭教师的智慧和才干。教师在备课时要去学习大量的参考材料，充分利用教学资源，听取名家的指点，吸取同行经验；然后从课本内容变成"胸中有案"，再落到纸上，形成书面教学设计；继而到课堂实际讲授，这就是教学实施。

（四）差异性

由于教师的知识、经验、特长、个性是千差万别的，教学工作是一项创造性的工作。因此做教学设计不能千篇一律，要发挥每一个老师的聪明才智和创造力，所以教师的教学设计要结合本地区的特点，因材施教。

（五）艺术性

教学设计要构思巧妙，能让学生在课堂上不仅能学到知识，而且得到艺术的欣赏和快乐的体验。教学要成为一篇独具特色"课堂教学散文"或者是课本剧，所以，开头、经过、结尾，要层层递进、扣人心弦，达到立体教学效果。教师的说、谈、问、讲等课堂语言要字斟句酌，该说的一个字不少说，不该说的一个字也不能说，要做到恰如其分。

任务二　小学数学教学设计的基本环节

学习目标

1. 理解小学数学教学设计的基本环节，并能结合具体教学内容经历基本环节进行教学设计。

2. 了解不同课型的常规教学过程。

学习任务

选择一个小学数学教学内容，考虑教学设计的基本环节，进行教学设计并与同伴进行交流。

数学教学设计，是为数学教学活动制定蓝图的过程。完成数学教学设计，教师需要考虑四个基本环节：分析教学背景、确定教学目标、设计教学方案、教学方案评价。（图8-2-1）

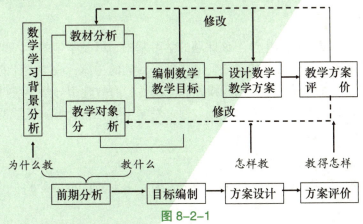

图 8-2-1

下面以人教版《义务教育教科书　数学　五年级　下册》第三单元"长方体和正方体"中"长方体的体积"一课时为例，来谈教学设计的基本环节。

一、分析教学背景

分析教学背景主要包括对教材、学生的分析。

（一）教材分析

对教材内容做出系统分析的主要目的，一是明确学习的必要性和可能性，解决教师"为什么教"、学生"为什么学"的问题，是进行教学设计的逻辑起点；二是确定学习的范围与深度，这与"教什么"有关；三是揭示学习内容中各项知识与技能的相互关系，为安排教学顺序奠定基础，这与"如何教"有关。

【拓展阅读】

"长方体的体积"的教材分析

教材在长方体、正方体概念与基本特征、体积概念与体积单位的基础上，安排学生学习长方体、正方体的体积。本节课的重点是长方体体积公式推导、意义和运用等基本问题，同时也为学习圆柱与圆锥的体积打下基础。

本课时教材分三个环节呈现。首先，提出问题、思考讨论；教材借用问题"怎样知道一个长方体的体积呢？"引起学生的思考与讨论，为了使这一问题得以解决，学生想出不同的方法，有的学生认为"把它切成小正方体就好了"，还有学生认为"能不能先测量再计算出体积？"其次，实验操作、验证想法；引导学生进行实验：用体积为 $1\ cm^3$ 的小正方体摆成不同的长方体，说出"怎么摆的"，并运用表格记录相关数据：长、宽、高、小正方体的数量、长方体的体积。最后，总结归纳、发现结论；通过观察表格中的数据，通过比较分析，归纳概括出长方体的体积公式，并用字母表示。

（二）学生分析

学生分析，主要分析学生学习该课题的学习基础，以及学生的学习兴趣和学习习惯的特点。学生既是教学活动的对象，又是教学活动的主体，教学设计的目的就是为了切实调动和充分发挥学生学习的积极性和主动性，有效地引导学生获得学习成功。因此，每个教师必须重视对学生的分析。通过对学生的分析，解决教学设计的"针对性"和"实效性"问题。

1.分析学生的学习基础

分析学生的学习基础，主要体现在两个方面：学生的认知发展水平；学生的已有经验。

学生的认知发展水平，是学生学习新知识的生长点，是新知识的固着点。美国教育心理学家 D.P. 奥苏贝尔说："假如让我把全部教育心理学仅仅归结为一条原理的话，那么，我将一言以蔽之曰：影响学习的唯一最重要的因素，就是学习者已经知道了什么。要探明这一点，并应据此进行教学。"为了解"学习者已经知道了什么"，教师首先应当通过对教学目标、教学内容的分析，搞清学生学习某一新知识需要以哪些知识、技能为基础，哪些术语已为学生所掌握或已经出现过，然后深入了解本班学生对于这些已经学过的知识、技能掌握的情况。

学生的已有经验，包括生活经验和学习经验。学生的生活经验影响着学生对学习中新名词和概念的理解。因为同一个名词，在具体学科中和实际生活中有时存在比较大的区别，比如，生活中的墙角、桌角、牛角等中的"角"与数学中的"角"的含义不一致，这样的生活经验就可能阻碍学生学习和掌握新的名词。当然，当生活词语和学习的词语含义基本一致时，生活经验就有利于学生学习，这时，教师就可以借助生活经验引导学生学习新的内容。

学生的学习经验，影响着学生学习的方法和情感体验，特别是发现和提出问题的方式，以及分析和解决问题的策略。比如，学生有独立探究学习的经验，并体会到探究学习的意义，教师就需要把握时机，给学生提供探究学习的机会，在学生探究不出结果时给予适当提示和引导，让学生经历探究学习的过程，发展学生的探究能力。

2. 分析学生的学习兴趣

学习动机是直接推动学生进行学习的内部力量，是学生主动学习的心理需要，而兴趣是小学生学习动机中最现实、最活跃、带有强烈情绪色彩的因素。小学生的学习态度，表现为喜爱与厌恶、接受与排斥等，也与学习兴趣有关。因此，教师必须分析学生对新的学习内容，是否喜爱或抱有偏见，以及学生喜欢什么样的教学媒体与方式。

例如，有的内容学生兴趣很浓，就会主动进行学习；有的内容学生不感兴趣，教师就需要采用有效的教学方式，培养学生的学习兴趣；有的内容学生误以为很容易或很难，就会对学习效果产生积极或消极的影响，教学设计时需要采取针对性措施，才会有真正的学习效果。

3. 分析学生的学习习惯

学生的学习习惯，可以从听、做、问、思几个方面去分析。听的习惯，因为数学知识是比较抽象的，内容之间是相互联系的，因此数学学习中少不了聆听教师的讲解和倾听同学的发言；做的习惯，是学生在课堂上动手操作的习惯，合作学习的习惯，做数学作业时的习惯；问的习惯，在参与、经历数学知识发现形成的学习活动中，善于发现，提出有针对性、有价值的数学问题，质疑问难的习惯；思的习惯，积极开动脑筋，善于思考，独立思考的习惯，多角度思考和解决问题的习惯，敢于发表不同见解，不断反思的习惯等。教师要善于分析学生学习习惯的现状，努力培养学生良好的学习习惯。

至于学生分析的具体方法，除了编制测试、摸底分析、采用量表、问卷调查之外，在实际工作中，学生的作业、小测验、平时提问、教师的观察都可以作为教师对学生认识的依据。必要时，还可以找几个有代表性的学生进行摸底调查。此外，通过与学生及学生家长交谈，也能了解到学生的一些学习情况，特别是学生的学习兴趣、学习态度、学习习惯等方面的情况。在初任某一个班的数学课时，还可以通过请教原任课教师或查阅成绩册来了解该班的学习情况。

【拓展阅读】

"长方体的体积"的学生分析

五年级学生学习长方体体积，关联比较紧密的三个问题是：①长方体体积与长方体的哪些因素有关？②长方体体积与表面和表面积之间相关吗？③如何从体积单位出发寻求简单长方体的体积？解决了这三个问题，学生就比较容易发现长方体的体积公式了。

就以上三个问题，对学生进行了教学前测。被测学生为某附小五（1）班的 37 名学生，测试结果如下：

问题1　你认为长方体体积的大小与它的什么有直接关系？

测试目的：了解对于刚刚接触体积的学生而言，能否从二维到三维的过渡中，正确区分表面积与体积，面积对体积的认识是否存在干扰。

测试结果：认为与长方体的长、宽、高有关的有24人，占64.7%。认为与表面积有关的有9人，占24.3%；认为与底面积有关的有3人，占8.1%；不好说的有1人，占2.7%。

问题2　如图8-2-2所示，下列长方体中哪个体积最大？为什么？

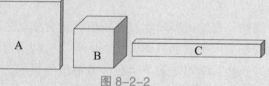

图8-2-2

测试目的：考查学生是否知道长方体体积的大小取决于它的长、宽、高。

测试结果：选B的有30人，正确率81.1%；选A和B的有2人，占5.4%；选一样大的有1人，占2.7%；选A的有4人，占10.8%。

问题3　如图8-2-3所示，你能用不同的办法得到这个长方体的体积吗？（单位：cm^3）

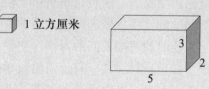

1立方厘米

图8-2-3

测试目的：了解学生对长方体的体积是否已经知道它的计算方法，是否能用不同方法得到长方体的体积。

测试结果：34人答对，正确率91.8%；3人错误，占8.1%。正确做法如下。

方法一，分割成30个1立方厘米的小正方体。

方法二，直接用公式，$5 \times 2 \times 3 = 30$（立方厘米）。

方法三，利用三个不同的面作底面，再乘高得到体积。

通过教学前测可以发现以下几个问题。

①学生容易将体积与表面积混淆。对于刚刚接触体积的学生而言，能否从二维到三维的过渡中，正确区分表面积与体积，面积对体积的认识存

在干扰。

　　②学生并不理解体积公式怎么来的。虽然许多学生已经知道了长方体的体积公式，但对公式的理解还比较肤浅，似乎只关心公式本身，而对公式的形成过程和内在含义的理解还很肤浅。

　　③学生不理解为什么长、宽、高共同决定体积。有的学生知道长方体体积与长方体三度中的某一度有关，但不太理解为何与三度均有关，更不太理解是三度的乘积，特别对体积的立方增长方式知之甚少。

　　因此，本节课需要解决以上三个问题，才能让学生更好地理解长方体的体积公式，同时积累观察想象、实验验证、充分想象、推理解释、运用计算等数学活动经验，感悟数学推理与模型的基本思想。

二、确定教学目标

　　教学目标的确定是数学教学设计的重要环节，一般由数学课程标准制定，教师的任务是将目标进一步细化和清晰化。我们不仅关注"学生要学什么数学"，而且特别关注"学生学完这些数学课能够做什么"。数学教学目标是设计者希望通过教学活动达到的理想状态，是数学教学活动的结果，也是数学教学设计的起点，还是评判教学效果的标准和尺度。

　　通常，教学目标有远期目标与近期目标。①远期目标可以是某一课程内容学习结束时所要达到的目标，也可以是某一学习阶段结束后所要达到的目标。它反映国家或地方教育机构对课程学习的要求，规定了课程学习的主要内容和标准。由国家或地方教育机构和课程专家制定。《课程标准》规定的目标就属于这类目标。例如："发展学生用数学的意识和能力"就是整个数学课程追求的远期目标之一。②近期目标则是某一课程内容学习过程中，或者某一学习环节（比如一节或几节课）结束时所要达到的目标。主要陈述学生通过学习需要获得的知识、技能、数学思想方法、数学活动经验以及应该形成的情感态度。它是远期目标的具体体现，由任课教师制定。制定单元教学目标和课时教学目标，是教师进行教学目标设计的主要任务。这里主要讨论课时（一节课）教学目标设计。

　　小学数学课堂教学目标编制的步骤：首先，要根据数学课程目标，确定单元教学目标，明确课时教学的具体内容和要求；其次，分析教学背景，了解教学内容和学生的具体情况；最后，确定课时教学目标并加以陈述。

　　教学目标的陈述一般包括四个要素：行为主体、行为动词、行为条件和表现程度。行为主体：即学习者，目标描述的是学生的行为，而不是教师的行为。行为动词：即用以描述学生所形成的、可观察的、可测量的或者是体验性的、过程性的具体行为的动词。行为条件：指影响学生产生学习结果的特定限制范围。表现程度：通常指学生通过学习所应达到的最低水准，用以衡量学习表现或学习结果所达到的程度。

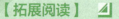

【拓展阅读】

"长方体的体积"的教学目标

1. 通过无盖长方体纸盒体积的测量问题,发现长方体的体积公式,正确理解公式;通过动车组列车行李箱的设计问题,理解与运用长方体的体积公式。

2. 在体积公式的学习活动中,积累观察想象、实验验证、充分想象、推理解释、运用计算等数学活动经验,感悟数学推理与模型思想。

3. 在体积公式的学习活动中,培养敢于想象、乐于思考、勤于动手、勇于挑战的学习态度和科学精神。

教学重点:长方体体积公式的发现、理解与运用。

教学难点:体积度量中,由平面到空间思维方式的重要转变。

三、设计教学方案

设计教学目标之后,就要研究解决"如何教、如何学"的问题。教学方案的设计需要系统考虑诸多因素,是整体性择优的、富有创造性的工作,是一门艺术。正如工程设计一样,既要遵循一些必须的设计规范,又要设计者个人独到的创新意念。建筑是凝固的艺术,服装是流动的线条,音乐美术需要有意境、灵感、布局、构思,一堂好的数学课,需要有执教者的个人构想。

设计教学过程需要注意以下三点。

第一,需要进行整体设计。一堂数学课是整个单元乃至整门课程的组成部分。教师必须从整体上把握,才能看清局部。正如一座大厦,必须和周围的环境协调。一堂好的数学课,需要和以前的课相衔接,又要为后续的课做准备。一个教学单元的课程体系要反映"感知理解知识,巩固知识,运用知识,检查知识"等各个教学过程的任务。

第二,需要整合课程资源。作为课程资源主体的教师,必须具有课程资源的意识,善于整合资源,把教材资源和各种自然的、社会的和人文的资源进行有机整合。"数学来自生活,最终回到生活",数学与学生的生活经验存在着密切的联系。这就要求教师在教学中要把数学教学生活化,把学生的生活经验课堂化,化抽象的数学为有趣、生动、易于理解的事物,让学生感受到数学其实是源于生活且无处不在的,数学的学习就是建立在日常生活中,学习数学是为了更好地解决生活中存在的问题。

第三,需要选择教学方法和教学手段。教学方法和教学手段对完成教学任务、实现教学目标具有重要意义。当确定了教学内容和教学目标之后,就必须有相应的、行之有效的教学方法和手段,否则完成教学任务、实现教学目标就要落空。

小学数学课堂教学的基本类型主要有新授课和巩固课。不同的课型的教学过程不同。

（一）新授课的基本过程

尽管每节数学课因教学内容、教师和学生的不同而表现得千差万别，但基本环节还是比较固定的，因为有效的数学课堂教学必然遵循儿童学习数学的基本路径。新授课的基本过程可以概括为复习回顾、情境引入、探索新知、巩固运用、小结作业这五个基本环节。

1. 复习回顾

孔子曰，"温故而知新"。新旧知识总是联系在一起的，掌握了的旧知识，有利于新知识的学习。因此，在开始学习新知识之前，教师一般会用适当的时间复习一下与之相关的旧知识，为新知识的学习打下基础。回顾的方式很多，可以做相关的练习，也可以提出问题让学生回答，还可以由学生自由回顾。

2. 情境引入

新的数学教学内容一般不是直接呈现给学生，因为这样显得突兀，会让学生感觉比较枯燥。教师常常通过创设一定的教学情境、提出一些发人深思的数学问题或者在已有知识经验的基础上适度拓展，来引入新内容的教学。最好能让学生自己提出问题，围绕着问题进行教学。耶鲁大学有句经典的名言，"最精湛的教学艺术，就是让学习者自己提出问题"。这样容易引起学生的注意，引发认知冲突、活跃思维，让学生更好地参与到新内容的学习活动中去。

3. 探索新知

著名教育家苏霍姆林斯基说，"在人的心灵深处，都有一种根深蒂固的需要，那就是渴望自己是一个探索者、发现者，在儿童的内心世界里，这种需要尤为强烈"。学生的思维一旦被激活，便会主动地建构新概念的意义、探索事物背后隐藏的数学规律，去分析和解决新的问题。因此，教师要留出足够的时间让学生自己去探索和发现，进而建构自己的数学。著名特级教师陶维林老师有句名言，"只有积极动手，才能创造奇迹"。

不同的学习内容探索新知的路径不同。儿童学习数学概念的主要方式，通常需要经历"感知具体对象—尝试建立表象—抽象本质属性—语言符号表示—巩固练习运用"这五个阶段；儿童学习数学结论，要经历探索与发现的过程，因而一般采用归纳模式，总体上会经历"分析情境—观察发现—证明验证—运用巩固"四个基本阶段；数学问题解决的基本过程依次为：了解问题情境；明确问题的条件和目标；寻求解决方法；寻求解答并检验；回顾反思。（详见项目三）

4. 巩固运用

如果说复习回顾和情境引入环节解决新的内容"从哪里来"，探索新知环节解决"是什么"，那么巩固运用环节便要解决"到哪里去"。通过一些常见的数学问题，以练习的形式，让学生运用刚才发现探索出的数学新知识（含思想方法）去解决相应的数学问题，可以让学生体会到数学的价值，也是对新内容的巩固。

5. 小结作业

"学而不思则罔，思而不学则殆"。课堂小结也是教学的重要组成部分，通过对一节课的回顾，学生可以温习这节课学了哪些知识与技能，领悟了哪些思想方法。在这一环节，学生还可以对本节课的学习进行自我反省，即自我反思哪些地方表现好、哪些地方有待改进。同时，师生可以围绕这一节课提出一些有待思考的问题，让学生带着问题到课外去思考。我们的教学目标不是把学生教得没有问题了，"我全听懂了"；而是让学生不断地提出问题，不断地思考问题。

（二）巩固课的基本过程

小学数学课堂教学常见的巩固类的课包括练习课、复习课和讲评课。

练习课的基本过程是复习旧知识、典型问题分析、示范、练习、小结、布置作业；或者是问题情境导入、练习（将知识点的整理归纳融入到练习中）、小结、布置作业。练习设计要注意：目的明确、层次清楚、形式多样、时间分配合理；可以由浅入深、由易到难、由简单到复杂、由常规题型到开放题型；针对要巩固的知识内容和方法技能，选择有代表性的典型例题，尽量避免难题、偏题、怪题；针对学生练习情况，即时进行针对性的评价，激励学生认真思考、好好学习。

复习课，是在一单元或者章节之后以复习巩固所学系统知识为主要目标的课，基本过程为归纳整理、重点讲述、总结提升、作业练习；或者通过问题情境导入，在复习时蕴含知识归纳。复习课既不同于新授课，更不同于练习课。新授课目标集中，只需攻下知识上的一个或几个"点"；练习课是将某一点或一部分知识转化为技能技巧；复习课不是旧知识的简单再现和机械重复，而是把平时相对独立地进行教学的规律性的知识，以再现、整理、归纳等办法串起来，进而加深学生对知识的理解、沟通，并使之条理化、系统化。

讲评课，是单元测试或者期中期末考试之后，对试卷进行讲评的课，基本过程是在批改试卷、分析试卷、错误归类的基础上，介绍情况、分析评议、小结（练习）、布置作业。数学讲评课是数学教学的一种重要课型，其目的在于纠正错误，扬优补缺、丰富体验、巩固四基、规范解答、熟练技巧、开阔思路、提高能力、开发创造性。讲评课的难点在于对学生的错误进行正确归因，针对多数学生进行分析评议；对典型（创新性）的解题方法给给予重视；不能机械地采用逐题校对答案和改正错误，要防止就题论题、面面俱到、眉目胡子一把抓，如果讲评目标不明确、重点不突出，将会导致课堂教学效率不高。

任务三　　小学数学教学设计的呈现形式

学习目标 ··

1.理解小学数学教学设计的三种呈现形式。

2.能根据需要呈现相应形式的教学设计。

学习任务 ••

　　研读优秀小学数学教学设计案例，与同伴进行讨论交流分析各呈现形式的异同，将任务二中的教学设计以"对话式"呈现。

　　小学数学教学设计的基本呈现形式有三种，即叙述式、表格式和对话式。不管采用哪种形式，都是希望教师使用方便，同时便于相互交流。

一、叙述式

　　叙述式是指按照先后顺序有序地叙述各个教学环节，尽可能呈现各个环节"教什么"（教学内容）、"怎样教"（教学方法），从而使教学活动顺利进行，完成既定目标。在重点环节附上教师关键性的提问，并对某些环节的设计意图进行简要说明。

　　叙述式的教学设计能够比较清晰地表现出设计者的整体教学思想、教学目标和教学流程。同时，叙述式教学设计比较简洁，为教师课堂教学留下了很大的发展空间。因此，叙述式教学设计比较适合有一定教学经验、课堂调控和驾驭能力较好的教师使用。

【拓展阅读】

"长方体的体积"的教学过程

安燕（北京市海淀区羊坊店中心小学）

　　环节一：情境引入

　　1.观察无盖长方体纸盒。教师出示无盖长方体纸盒，让学生指认长、宽、高，把长方体展开，再指认长、宽、高。

　　2.学生活动，动手折长方体。学生四人一组，每组四张长方形纸片，长为12厘米，宽为9厘米。你能用一张长方形纸片折一个无盖长方体纸盒吗？长、宽、高取整数厘米，说一说，你是怎么折的？（图8-3-1）

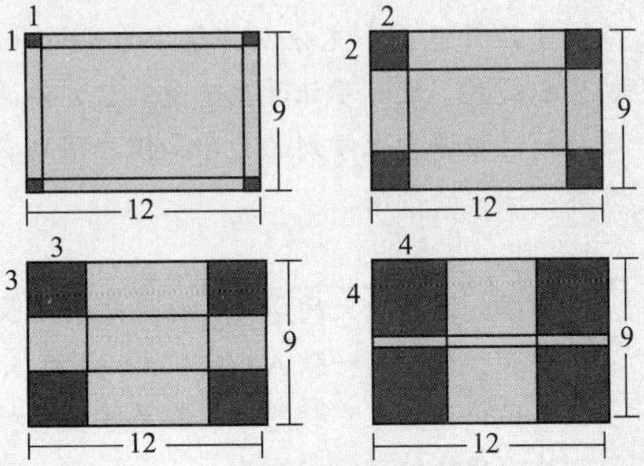

　　【设计意图】发展学生的想象力，将学生的思维从平面引向空面，进一步建立和理解体与体积的概念。

图 8-3-1

　　环节二：探索新知

　　1.看一看，哪一个纸盒的体积最大？

2.说一说，为什么你认为它的体积最大？

3.测一测，用1立方厘米的小正方体测出纸盒的体积。（学生测量）

活动要求：A.四人一个小组，每人一个小纸盒，用1立方厘米的小正方体测出纸盒的体积；B.把你的数据填入小组表8-3-1中，认真观察数据，发挥你的想象，你能发现什么？

表8-3-1　长方体盒子的体积

长方体	每排个数	排数	层数	总个数	体积（cm^3）
（1）					
（2）					
（3）					
（4）					

4.说一说，各小组派代表汇报实验结果。

5.议一议，发现长方体体积公式，并解释其中的道理。

【设计意图】发挥学生的想象力，让学生比较纸盒大小，再动手操作验证；让学生自主地去感知、观察发现长方体的长、宽、高与小正方体个数之间的关系，在操作基础上，进一步展开想象，发现长方形的体积公式。

环节三：学以致用

出示火车票，铁路旅客乘车须知：免费携带物品：成人20千克，儿童10千克。长宽高之和160厘米（动车组130厘米），超过按规定办理托运。

我来设计：请设计一个动车组列车的随身携带旅行箱，外部尺寸长、宽、高之和不超过130厘米。说一说，你设计的旅行箱的长、宽、高分别是多少，并计算出它的体积（取整厘米）。说一说，通过旅行箱的外部尺寸与体积，你有什么发现。

【设计意图】充分发挥想象力，设计旅行箱，在运用中巩固了长方体的体积公式，进一步让学生感受到长方体的体积与它的长、宽、高有直接关系；同时把课堂上学到的数学知识应用到实际生活中，让学生体会到数学在实际生活中的价值。

环节四：提升拓展

总结：通过今天的学习，你还想研究长方体哪些知识？

作业：请你用一张A4纸，做出最大体积的长方体纸盒。

【设计意图】发挥想象，拓展学生的视野，加深学生对长方体体积的认识，并为后续学习做好铺垫。

二、表格式

表格式是指采用表格的形式来呈现各个教学环节。表格里一一对应呈现教师和学生的相应活动以及设计意图，从而使教学活动顺利进行，完成既定目标。

表格式教学设计能够模块化地展现出教师想做什么（教学设计意图）、教师采用什么方式做的（教师活动）和希望学生做什么（学生活动）。同时，表格式教学设计还有助于评价这三者的对应关系，即判断相应师生活动是否符合教学设计意图。

表格式教学设计的缺点是结构比较宏观、语言比较平淡，不容易应对教学中的即时生成，比较适合一般成熟教师使用。

【拓展阅读】

"方程的意义"的教学设计

一、教学目标

1. 理解并掌握等式和方程的意义，体会方程与等式间的关系。会列方程表示事物之间简单的数量关系。

2. 经历观察、分析、比较、抽象、概括等学习过程，积累将现实问题数学化、将等量关系符号化的活动经验，发展抽象概括能力和数学模型思想。

3. 感受数学与生活的联系，体会数学的特点，了解数学的价值。

教学重点：理解方程的数学本质。

教学难点：会用方程表示事物之间简单的数量关系。

二、教学过程

（一）创设情境、提出问题（表8-3-2）

表8-3-2　"创设情境、提出问题"的教学设计

教师活动	学生活动	设计意图
板书课题：方程的意义。 提问：你们对方程有什么认识或理解呢？或者还想知道什么？ 总结：方程是什么，学习方程的作用，大家真会提问题！看来同学们对方程有一定的了解，同时也有一丝期待！今天我们一起来研究方程	学生可能回答： 为什么要学习方程？ 方程是什么？ 怎么得到方程？ 方程有什么用？ ……	开门见山引入课题，了解学生的生活经验和知识基础，引发学生的思考，激发学生的学习需要

（二）创设情境、体验感知（表8-3-3）

表8-3-3 "创设情境、体验感知"教学设计

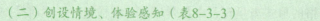

教师活动	学生活动	设计意图
1.认识等式和不等式 （1）呈现教具天平，演示天平左右倾斜和平衡的情况。 （2）在天平的两边放上砝码（左边两个50克的砝码，右边一个100克的砝码），天平平衡了。你能用式子表示天平左右两边物体的质量关系吗？ 揭示：像这样左右两边相等的式子，我们把它叫作等式。 提问：这两个等式左边表示的是什么？右边呢？ 它们之间是什么关系？ （3）提问：从天平的左边拿走了一只砝码，这时候还能用等式表示两边物体的质量关系吗？那该怎样表示左右两边物体的质量关系呢	学生观察 $50+50=100$ $50\times2=100$ 左边两个50克的砝码质量和，右边一个100克的砝码的质量。 相等关系 不能 $50<100$ $100>50$	从学生熟悉的天平平衡的直观情境出发，经历从自然语言描述事件到数学语言描述的过程，体会等号左边的算式和右边的数表示两个相等的量，它们的地位是均等的，突破原有等号作为表示运算结果时出现的符号的认识。又通过对不平衡的情境的数学化表达，丰富对数量之间关系的认识
2.用含用未知数的式子表示质量关系 （1）猜想：为了让天平达到平衡，现在在天平的左边放一个物体。如果把这个物体放下来，可能会出现哪些情况呢？ 怎样用式子表示这里左右两边物体的质量关系呢？ 指出：真不简单！同学们能想到用字母来表示这个物体的质量。这些字母表示的数咱们事先不知道，这样的数我们把它叫作未知数。 到底是怎样的一种情况呢？眼见为实！ 这时候，咱们该用哪个式子表示天平两边物体的质量关系？ （2）继续调整天平，创造算式 表达：（放下物体后）为了使天平继续达到平衡，现在利用砝码进行了各种调整，请你也用关系式表示天平两边物体的质量关系。 提问：哪种情况能让我们知道未知数的质量？为什么？ 指出：这两种情况都是利用天平在已知数和未知数之间建立了等量关系，能让我们弄清未知物体的质量	向左倾斜 向右倾斜 平衡 学生尝试用含有字母的式子 表示： $x+50=100$ $x+50<100$ $x+50>100$ $x+50>100$ $x+50<200$ $x+50=150$ $2x=200$ $x+50=100$ $2x=200$ 天平平衡，已知数和未知数之间建立了相等关系	用字母和符号表示数及其运算或关系是代数的基本特征。以天平情境为导线，把情境中的数量关系用数学语言表达，逐步符号化，引入用含有未知数的式子表达等式和不等式，为建构方程概念提供基础，并初步体会符号化思想及用含有未知数的式子描述数量关系的方程思想

（三）抽象概括、形成概念（表8-3-4）

表8-3-4 "抽象概括、形成概念"的教学设计

教师活动	学生活动	设计意图
1.讨论分类依据 现在黑板上8个式子（50+50=100，50×2=100，50＜100，100＞50，x+50＞100，x+50＜200，x+50=150，2x=200），你能将这些式子分类吗？先自己想一想分类的标准，再和同桌讨论一下。交流分类的标准	学生思考、讨论、交流，明确分类的标准	学生从生活情境中抽象出数学表达是横向数学化，在数学世界里需要通过纵向数学化认识概念的本质特征。描述现实世界中数量关系的式子有多种，让学生从常见的关系式中通过观察、比较、分类、抽象、概括逐步分化出方程的概念，明确概念的内涵与外延，自主建构起对概念本质特征的认识
2.动手操作，实施分类	按照自己的标准分类	
3.交流反馈 哪个小组愿意到黑板上来展示你的分法？ 告诉大家，你们是按照什么标准分类的？ 根据分类的标准咱们来看一看每一组式子有什么特征？ ①没有未知数也不是等式； ②有未知数但不是等式； ③没有未知数但是等式； ④含有未知数而且是等式	学生可能的三种分法： a.按是不是等式分成两类； b.按有没有未知数分成两类； c.同时按是不是等式和有没有未知数分成四类	
4.揭示概念 指出：x+50=150，2x=200这一类是方程。 提问：用自己的话概括一下什么是方程？ 看大家有没有抽象的能力？ 教师基于学生的回答揭示概念。 提问：等式和方程有什么关系呢	学生可能回答： 等式里有未知数的是方程。 有未知数、有等量关系的才是方程。 学生在分类的基础上，通过维恩图圈圈呈现方程和等式的关系	
5.概念辨析，深化理解 （1）哪些是等式，哪些是方程？ 6+x=14　　36-7=29　　60+23＞70 8+x　　50÷2=25　　x+4＜14 y-28=35　　5y=40 （2）80+□=120这个式子的一部分被□盖住了，你们猜它是方程吗	学生交流对话，结合概念的内涵说明理由	真理不辨不明，学生对知识的认识理解在交流中得以加深，思维在碰撞中得以升华，认知能力在不断地自我教育中得以提高

（四）巩固运用、体验建模（表8-3-5）

表8-3-5 "巩固运用、体验建模"的教学设计

教师活动	学生活动	设计意图
1. 看图，列方程 指出：我们已经会用数学语言表达天平左右两边物体的质量关系，现在我们来看看大家心中是不是都有了天平，能在生活情境中建立相应的等量关系。 ①图示：一盒圆珠笔 x 支，共3盒，一共36支。 ②图示：一只杯子200毫升橙汁，另一只杯子 x 毫升橙汁，共500毫升的橙汁。 提问：你心中的天平到底在哪里呢？能用数学语言说一说吗	学生观察并列出方程。 学生用数学语言表达其中的等量关系	通过对多个现实情境中等量关系的方程描述，体会方程是刻画现实世界的有效数学模型，其思想核心是用数学符号表达两件事情的等价
2. 看相同情境，列不同的方程 线段图示：少年宫到学校800米，已走 x 米，还剩350米。 指出：根据不同的等量关系列出不同的方程，并说明理由。 说明：第4个方程不是好方程。当我们从计算进入到方程领域时我们会遇到新的规则，新的思考方式，我们将来会更好地理解	$x+350=800$，$350+x=800$，$800-x=350$，$800-350=x$ 学生用已走的米数、剩下的米数和总共的米数三者之间建立相应的等量关系说明理由	真正建立方程思想需要一个漫长的体验、理解、感悟的过程。通过看相同情境列不同的方程和看不同情境列相同方程，让学生亲历从图中获取信息、发现等量关系、用自己语言表述、用含有未知数的等式表达的建模过程，可以深化学生对方程意义的理解。在身边寻找方程，把抽象的方程变得五彩缤纷、生动有趣，可以进一步使学生感受和体会数学的魅力和价值
3. 看不同情境，列相同方程 图示：一个书包 x 元，4个书包320元。 图示：小汽车每小时行 x 千米，4小时行320千米。 图示：儿子藏书 x 本，儿子藏书的4倍等于爸爸藏书，共320本。 提问：三个不同的问题列出一样的方程，这是为什么？ 提问：那我们能不能在生活中再找一个问题，最后列一个方程，还是表示 $4x=320$	学生列式 $4x=320$ 它们数量关系是一样的学生讲各种具有这种数量关系的故事	

（五）课尾总结、升华经验（表8-3-6）

表8-3-6　"课尾总结、升华经验"的教学设计

教师活动	学生活动	设计意图
提问：通过今天的学习，你有什么收获？回忆一下这节课我们是怎么度过的？ 总结：今天，同学们把生活中的问题转化成数学问题，又用含用字母的式子表示数量，再进一步通过方程架起了已知量和未知量之间的桥梁，而方程正是我们解决问题的一个有力的工具！同学们将在今后的学习中逐步体会到从算术到方程是人类在数学上的进步	学生畅所欲言	通过总结，升华将现实问题数学化、将等量关系符号化的活动经验，加深学生对方程意义的理解，进一步体会方程思想和模型思想

三、对话式

师生对话式是指采用师生对话的形式来呈现各个教学环节，对教师的语言、学生的回答做出充分的预设，从而促使教学活动顺利进行，完成既定目标。一个对话式教学设计，好像一个生动的剧本，生动描绘了一节课的细节。

对话式教学设计生动细致地展示了课堂教学的过程。教师的教育理念、教学方法、学科教学素养和教育实施能力都可以生动地刻画出来。当然，对话式教学设计仅仅是一个教学设计，不可能真正预料课堂上将会发生的每个细节。因此切不可将此教学设计原封不动地搬到数学教学的真实课堂上，希望课堂如同设计中的一样。更为重要的是，对于新教师和准教师，经常写对话式教学设计，有利于精炼和精确自己的教学语言，对教学技能的提高是有较大帮助的。

【拓展阅读】

"3的倍数特征"的教学过程设计

（一）复习导入，初步猜想

师：我们已经学过了2和5的倍数的特征，2和5的倍数有什么特征呢？

生：个位数是0、2、4、6、8的整数是2的倍数，个位数是0或5的整数是5的倍数。

师：今天我们要研究3的倍数的特征。请大家大胆猜想一下，3的倍数会有什么特征呢？

生：3的倍数的个位数是3、6、9。

师：同学们，你们可以想办法验证自己的猜想吗？

生：我们可以列举一些3的倍数，看看这些数的个位是不是都是3、6、

9．也可以反过来，写出一些个位数是3、6、9的数，看它们是不是3的倍数。

师：请你写出几个个位数是3、6、9的数，看看它们是不是3的倍数。

生：有的是，有的不是。

师：请大家观察你们列举的这些数，对照开始时的猜想，你有什么发现？

生：不是所有的个位数是3、6、9的数都是3的倍数。

师：你们还能列举一些个位数不是3、6、9的3的倍数吗？

生：12、15、18、21、24……

师：对比个位上是3、6、9的数和3的倍数，你有什么发现吗？

生：它们不是一一对应的，仅从个位上看不出3的倍数的特征。我们的猜想并不正确。

师：那3的倍数到底有什么特征呢？看来大家需要换一个思路来研究。

设计意图： 在学习新知识之前，学生已经有了"2、5的倍数特征与个位有关"的认知结构，学生会试图以这种原有的认知结构来同化对新知识的理解。然而，学生发现不能用原有知识来解决新问题，从而产生认知上的失衡。这种失衡会使学生萌发探索未知领域的强烈愿望，进而积极主动地投入到学习新知识的过程中。主动地探究思考，积极建构新知识。

（二）观察思考，再次猜想

教师请一位同学从102、201、21、103、301、15、501、702、270、23、320、5中随机选择一个数在计数器（图8-3-2）相应数位上拨珠。教师背对学生，根据落珠声迅速做出"该数是否为3的倍数"的判断，让学生验证教师的判断是否正确。

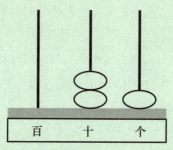

图8-3-2

师：对比老师的判断和你们的判断，二者有什么区别？

生：我们是看，老师是听声音，而且老师判断的速度比我们快得多。

师：你们看计数器，看到的是什么？而老师听，听到的是什么？

生：我们看到的是拨出的数具体是多少，而老师听到的只是响了几下，也就是听出了计数器上一共有几颗珠子。

师：那老师到底用不用知道你们拨出的数具体是多少呢？想一想珠子总

数相同的时候，拨出的数是唯一确定的吗？

生：不是，102、201、21 这几个数都是用 3 颗珠子拨出来的。这说明一个数是否是 3 的倍数和这个数具体是几位数没有直接的关系。

师：那与什么有关系呢？

生：可能与计数器上有几颗珠子有关，珠子的总数决定了这个数是不是 3 的倍数。

师：珠子的总数有什么特征？这时候你有什么新的猜测？

生：响声是 3 的倍数，这个数就是 3 的倍数；计数器上所有珠子总数是 3 的倍数，这个数就是 3 的倍数。

师：游戏是借助计数器完成的，如果没有计数器，你怎么判断一个数是否是 3 的倍数？

生：根据所有数位上的数相加的和来判断。所有数位上的数相加的和是 3 的倍数，这个数就是 3 的倍数。

师：大家有了一个新的猜想，3 的倍数的特征是"各个数位上的数的和是 3 的倍数"。

设计意图：通过拨珠游戏，学生由落珠的声音去关注珠子总数，进而关注各数位上的数之和。学生通过珠子总数是 3、6、9 时所得的数是 3 的倍数进行猜想：各数位上的数之和是 3 的倍数时，这个数是 3 的倍数。老师就像魔术师一般使数学知识变得神秘，引人入胜。这样的教学活动使学生经历了惊讶、疑惑、感悟的心理过程，趣味性更浓，学习动机也更强。

（三）由果溯因，合理解释

师：为什么判断一个数是不是 3 的倍数，要看各个数位上的数之和？该如何证明我们的猜想呢？

生：能被 3 整除的数就是 3 的倍数。判断一个数是不是 3 的倍数，可以用这个数除以 3。如果没有余数，这个数就是 3 的倍数。所以只要证明所有"各个数位上的数之和是 3 的倍数"的数能被 3 整除就可以了。

师：我们能不能先来证明一下 132 这个数是 3 的倍数？你能试着解释一下老师的演示过程吗？（图 8-3-3）

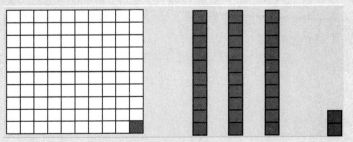

图 8-3-3

生：以132为例，132＝100＋30＋2。先把100分成99和1；把10分成9和1，3个10分成3个9和3。1个99、3个9都是3的倍数，所以看余下的1、3、2的和是不是3的倍数就可以了。

师：如果是更大的数，能解释吗？同桌合作，一人出一个数，另外一人判断是否为3的倍数并解释原因。（同桌合作，略）

师：现在可以解释为什么判断一个数是不是3的倍数要看各个数位上的数之和，而2、5的倍数只要看个位了吗？

生：由于10、100、1000……均为2、5的倍数，任意的整数，除个位之外的其他数位无论是几，所表示的数都是2、5的倍数。判断一个数是否为2或5的倍数只要看个位就可以了。而3不具备这样的特征，在计算单位"十""百""千"……中，9、99、999是3最大的倍数，每个数位余下的数恰好是各个数位上的数。所以，3的倍数的特征是各个数位上的数的和是3的倍数。

设计意图：以整除原理为基础，结合图形，使学生直观感知每个数位上除以3余下的数恰好是各个数位上的数。通过满足知识本质的加工，学生清除了障碍，能够较为轻松地透过现象理解结论的本质。

（四）课堂小结，拓展延伸

师：我们已经学过了2、5、3的倍数的特征，你能不能独立研究4、6、9的倍数的特征？先以小组为单位从4、6、9这三个数中任选一个进行研究，再全班展示交流。

生：4的倍数特征：个位上的数与十位上的数之和是4的倍数。

生：6的倍数特征：个位上是2、4、6、8，而且各个数位上数的和是3的倍数。

生：9的倍数特征：各个数位上数的和是9的倍数。

师：看来今天我们不仅学会了书上的知识，还能借助我们已有的知识和经验去探索相关的知识，有兴趣的同学课下还可以研究其他数的倍数特征。

设计意图：在完成规定的目标任务之后，尝试设置新的疑问，将知识进行适度拓展，从课内拓展到课外。学生借助课堂上收获到的活动经验和思维方法去探究4、6、9的倍数的特征，利用正向迁移将倍数的知识有效整合，达到融会贯通的效果。

"梯形面积"的教学设计

"梯形面积"一课不仅要让学生掌握梯形的面积的计算方法，更要让学生经历这一知识的形成过程。在探究梯形的面积公式过程中，学生将会遇到转化方法的多样化，进而进行相应的推理得出梯形面积计算公式。

请认真查阅相关小学数学教材，并按要求作答。

1. 在小学数学教材中，长方形、平行四边形、三角形、梯形和圆这五种基本图形面积公式之间的关系是怎样的？请画出结构图。

2. 你认为小学生会用哪些方法推导梯形的面积公式，请按可能性从大到小给出小学生的常见做法。

3. 请以"梯形的面积"（第一课时）为课题，做教学设计，包括教学目标、教学重难点、教学流程和板书设计。

项目九　小学数学教学实施

项目背景 ▼ ···

　　中共中央、国务院在《关于深化教育教学改革全面提高义务教育质量的意见》中指出，"坚持五育并举，全面发展素质教育""着力培养认知能力，促进思维发展，激发创新意识"。因此，小学教师需要深入理解数学学科特点、小学数学的知识结构与思想方法，科学把握小学生的认知规律，并将它们有机结合起来，实施有过程的、体现学科特点的、适应学生学习的小学数学课堂教学。

项目目标 ▼ ···

一、知识与能力目标

　　1. 理解小学数学"数与运算""式与代数"的内容框架，掌握小学数学"数与运算""式与代数"教学策略。

　　2. 理解小学数学"图形与几何""概率与统计"的内容框架，掌握小学数学"图形与几何""概率与统计"教学策略。

二、过程与方法目标

　　1. 运用小学数学"数与运算""式与运算"教学策略，进行课堂分析和模拟教学，领悟和习得这些教学策略。

　　2. 运用小学数学"图形与几何""概率与统计"教学策略，进行课堂分析和模拟教学，领悟和习得这些教学策略。

三、情感态度与价值观目标

　　1. 通过内容框架、教学策略等学习过程，增进对小学数学教学的理解。

　　2. 通过教学策略、课堂分析等学习过程，增进对小学学生的学习关爱。

　　3. 通过课堂分析、模拟教学等学习过程，树立学生为本的教育价值观。

"数学化"的缺失

随着数学新课程的实施，数学与生活的联系得到强化，"数学生活化、生活数学化"成为课堂的主流。然而，目前被一些人追捧的数学课堂走向了另一个极端。例如，一节计算课始终在"小小商店购物"中游戏地学习。又如，"有余数的除法"将分小棒贯穿全课。再如，"角的认识"在反复地寻找生活中的"角"，在摸、比、量一些实物（书角、桌角、红领巾和五角星的角等）中学习。在这些课例中，淡化甚至缺少了"生活数学"向"形式数学"的过渡，"数学化"过程在小学数学教学中再次缺失。

思考　小学数学课堂教学中，如何有效实现"数学化"，让学生理解数学的本质和培养数学的核心能力呢？

任务一　小学"数与运算"的教学

学习目标

1.理解小学数学"数与运算"的内容框架，掌握小学数学"数与运算"教学策略。

2.利用小学数学"数与运算"教学策略，进行小学数学课堂教学的案例分析和模拟教学。

学习任务

选择小学数学"数与运算"的一个教学视频、教学实录，利用"数与运算"教学策略进行案例分析和优化改进，并进行优化后的模拟教学。

一、"数与运算"的内容框架

"数与运算"是小学数学课程的重要内容，是整个数学知识体系的基石。了解"数与运算"的内容框架以及各部分内容教学的策略、把握该领域教学的规律，对于整个小学阶段的数学教学都具有非常重要的意义。小学数学"数与运算"的知识分为"数的认识""数的运算"和"常见的量"三个部分。各部分的具体内容如下。

（一）数的认识

该部分包括自然数的认识、小数的认识、分数的认识和负数的认识。其中自然数的认识分为 20 以内、100 以内、万以内以及万以上的数的认识（或者称"大数的认识"）四个阶段，另外还包括因数与倍数等内容；小数的认识分为小数的初步认识

（第一学段）与小数的系统认识（第二学段）；分数的认识分为分数的初步认识（第一学段）与分数的系统认识（第二学段）。

（二）数的运算

该部分包括整数的四则运算、小数的四则运算和分数的四则运算。其中整数的加减运算包括 20 以内的加减法、100 以内加减法和万以内加减法，整数的乘除运算包括表内乘除法与乘数、除数是一位、两位数的乘除法；小数的四则运算包括小数的性质、小数加减法与小数乘除法；分数的四则运算分为同分母分数加减法、异分母分数加减法、分数乘法与分数除法。

（三）常见的量

该部分包括货币单位元、角、分；时间单位年、月、日，时、分、秒；质量单位吨、千克、克。

《义务教育数学课程标准（2011 年版）》中"数与运算"教学内容在不同年级中的编排情况如表 9-1-1 所示。

表 9-1-1　小学"数与运算"教学内容

年级	数的认识	数的运算	常见的量
一至三年级	20 以内数的认识 100 以内数的认识 万以内数的认识 分数的初步认识 小数的初步认识	10 以内的加减法 20 以内的加减法 100 以内的加减法 表内乘法；表内除法 万以内的加减法 多位数乘一位数 两位数乘两位数 除数是一位数的除法	货币单位：元、角、分 时间单位：年、月、日，时、分、秒 质量单位：吨、千克、克
四至六年级	大数的认识 小数的意义和性质 因数和倍数 分数的意义和性质 百分数 负数	三位数乘两位数 除数是两位数除法 四则运算 小数加减法 小数乘除法 分数的加减法 分数乘除法	

二、"数的认识"的教学

（一）自然数概念的教学

自然数概念的教学一般包括：20 以内、100 以内、万以内以及万以上的数的认识（或者称"大数的认识"）四个阶段，另外还包括因数与倍数等内容。

作为现实世界中"实实在在"存在的自然数，通常宜根据丰富的现实原型采用概念形成方式进行教学，即在儿童的生活经验基础上逐步抽象概括出自然数概念。

数概念教学

教学建议如下。

1.创设情境，让学生在现实中认数

作为数学概念体系最基础的自然数，具有丰富的现实原型。因此教学过程中，要充分利用生动具体的情境，借助数学概念丰富的生活原型，逐步抽象，形成概念。教学设计应充分利用教材中的主题图来创设生活情境。当然，创设的情境也可以不局限于教材，不拘泥于生活。如童话情境、游戏情境、故事情境等。

2.通过数数，让学生在应用中深化对自然数概念的认识

华罗庚说过："数（shù）产生于数（shǔ）。"数数是自然数概念教学中常用的方法。通过数数，逐步把数从具体事物中抽象出来。通过数数，使学生理解数的顺序和大小。例如：创设排队购物的场景，让学生观察、数数，一共有几人在排队？某人排在第几个？又如，让学生数出教室里一排有几个座位，再让学生指出某同学处在第几个座位。通过这些联系实际的练习，使学生充分地体会到数的基数意义和序数意义。

3.重视自然数的读写教学

对自然数意义的理解是正确读写自然数的基础。同时，熟练地读写自然数也能使学生更好地理解自然数的意义。自然数的读写教学要注意：①在低年级，对自然数的组成与分解，要作为基本的技能来训练；在高年级，要在读写中体会自然数的组成与分解。②教学重点是万以内数的读法与写法，难点是多位数（特别是中间有零的）的读法与写法。突破的方法是根据自然数的十进制组成先分级，再从高往低逐级读。突破了读法，写法也就不难了。

4.使学生了解十进制计数法

十进制计数法的主要内容有二：一是计数单位间的关系——每相邻两个计数单位间的进率是 10；二是计数法的位值原则——哪个数位上的数字是几，就表示有几个这样的单位。了解十进制计数法有助于加深对自然数的意义的理解。教学中要注意联系各种现实情境引导学生逐步体会十进制计数法的本质。

5.循序渐进地培养学生的数感

数感发展的关键期是小学低、中年级，而自然数概念的教学是培养学生数感的开端。在教学中，我们要善于从学生的生活经验着手，挖掘培养数感的生活素材，让学生通过观察、操作等活动感受数的意义，鼓励学生大胆用自然数交流，通过多种方法表述自然数或进行计算，引导学生进行估算等。采用这些潜移默化的做法，循序渐进培养学生的数感。

数感培养示例

（二）分数概念的教学

分数概念比较抽象，是数概念的一个重点内容，也是小学生难以理解的概念之一。

现行教材中分数的概念通常从三个层面帮助学生理解。

一是"比率"，即指部分与整体的关系或部分与部分的关系。例如，把一个蛋糕平均分成 2 份，每一份是整体的 1/2，反映的是部分与整体的关系。再如，小红有 2 块巧克力，小刚有 3 块巧克力，小红的巧克力是小刚的 2/3，反映的是部分与部分的关系。这个层面有助于学生正确认识分数的基本性质以及通分、约分等相关知识。

二是"度量"，指的是可以将分数理解为分数单位的累积。例如，3/4 里面有 3 个 1/4，就是用分数 1/4 为单位度量 3 次的结果。这一层面的体验可直接用于分数加、减法的学习中。

三是"商"，即把分数视为两个整数相除的结果，这一层面能使学生认识到分数也是一个数，也可以和其他数一样进行运算。

以上三个层面对学生多角度认识分数都发挥着重要作用，它们相辅相成，共同承担着分数意义的建构和完善。

分数概念的教学一般分成以下两个阶段。

（1）教学"分数的初步认识"，一般安排在第一学段，主要是结合现实情境认识具体分数，突出分数的实质是"平均分"，帮助学生初步建立分数是部分与整体的关系。

（2）教学"分数的意义与基本性质"，一般安排在第二学段。主要是通过实例使学生理解单位"1"不仅能表示一个物体、一个计量单位，还可以表示由一些物体组成的整体。在此基础上引导学生明确分数的意义和分子、分母的含义，重点理解分数单位的概念，明确不同分母的分数有着不同的分数单位，知道一个分数和"1"都是由几个分数单位组成的，从而为分数四则运算的教学奠定基础。

为了帮助学生准确理解分数概念的意义，教学时需要做好以下几点。

（1）创设与学生生活相关的真实情境，使学生通过操作感悟分数的意义。分数的产生是由于均分与度量的需要，而"均分"与"度量"在日常生活中经常出现。在教学分数概念时，充分运用直观形象，配以生活中的真实情境，能使学生更好地感悟分数概念的意义。

（2）利用各种分数模型，帮助学生在不同层次上理解分数的意义。初步认识分数的教学通常借助于学生熟悉的日常事物与活动。例如，把一个月饼平均分为两份，其中一份是 1/2 个。把一张纸平均分为四份，其中一份为 1/4，这里实质是从"面积模型"的角度来理解分数的意义。除此之外，还可以利用集合模型、数轴模型、线段模型等等。

（3）重视分数的大小比较以及分数基本性质的教学。分数的大小比较分三种情况：一是分母相同的分数比分子；二是分子相同的分数比分母；三是分子与分母都不同的分数大小比较。其中第三种情形一般在学习分数基本性质后再研究。

教学分数的大小比较，要联系分数单位或借助几何图形的观察进行，重点是引导学生理解比较分数的大小的依据，避免机械地引用法则条文。分数的基本性质是约分、通分的依据，而约分与通分又是分数四则运算的基础。教学时，要联系分数与除法的关系，借助"商不变"的规律来帮助学生理解分数的基本性质；然后再通过图形演示或学生自己动手操作，总结出分数的基本性质。

（三）小数概念的教学

小数在日常生活中比较常见，可以看作是整数的延伸。小数的计数单位的进率也是十，因而运算法则与整数基本相同。所以，类似于整数的基本概念，学生理解小数的概念比较容易。[有的小学教材会将小数看作十进分数（分母是 10、100、1000 等）的变形表达，如北师大版]

教学小数的大小比较时，要重视从小数的意义及小数的数位顺序等学生已有的知识出发，以学生熟悉的事物为例，通过自主探索，归纳出小数大小的比较方法：先看整数部分，整数部分大的那个数就大；整数部分相同，十分位上的数大的那个数就大；十分位上的数相同，百分位上的数大的那个数就大……，以此类推。

（四）百分数概念的教学

百分数在人们的日常生产与生活中应用广泛，经常出现在各种媒体中，学习百分数之前学生已具备一定的经验基础。分数是百分数的学习基础，但两者之间既有联系，也有区别。

（1）分数既可以表示两个数之间的关系，也可以表示具体的数量，但百分数只表示两个数之间的关系，并不表示具体的数量；分数可以带单位名称，也可以不带单位名称，但百分数不能加上单位名称。

（2）分数一般用最简分数的形式表示，但百分数为了便于比较，都以 1% 作为单位，不用约分成最简分数的形式，也不用化成带分数。

因此，教学百分数应围绕以上两点，充分利用学生已有知识基础与生活经验。从媒体上提供的涉及百分数的新闻材料入手，引进百分数，使学生感受百分数与生活的密切联系。在学生初步认识百分数之后，再通过实例让学生体会百分数在生活中的应用。

（五）负数概念的教学

负数是小学生"数概念"的又一次重要扩展。他们以前接触的都是"算术数"，这些数与生活实际联系紧密，学生借助生活实际感受这些数的含义相对比较容易。负数对学生来说虽然也有一定的生活经验，但在学生生活中的直接应用并不多见。因此，小学阶段只要求了解负数，为中学阶段深入学习负数奠定基础。

教学时应从下面两点入手。

（1）创设熟悉的生活情境，使学生初步认识负数的意义。小学生对天气预报都很熟悉，教学时可以列举学生熟悉的几个城市的天气预报，既有零上的温度，也有零下的温度，组织学生讨论各种温度表示什么意思，在此基础上引导学生初步认识负数的意义。

（2）通过介绍负数在学生熟悉的生活情境中的应用，使学生加深对负数意义的理解。在学生对负数有初步认识基础上，可以引导学生用正、负数表示日常生活中的一

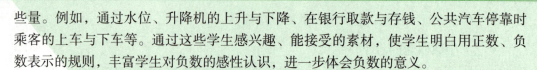

些量。例如，通过水位、升降机的上升与下降、在银行取款与存钱、公共汽车停靠时乘客的上车与下车等。通过这些学生感兴趣、能接受的素材，使学生明白用正数、负数表示的规则，丰富学生对负数的感性认识，进一步体会负数的意义。

三、小学"数的运算"的教学

（一）整数四则运算的教学

1. 整数加减法的教学

整数加减法的教学一般与整数的认识教学结合进行，随着认数范围逐步扩大，分为 20 以内、100 以内、万以内等几个阶段教学。

（1）20 以内的加减法的教学。

20 以内加减法包括 10 以内的加减法和 20 以内的进位加法和退位减法两个部分，一般把有关的加法和减法算式结合起来通过口算进行教学。现行教材都是把各类算式题与实际情境相融合，以实际问题的形式呈现。例如，苏教版数学教材中"10 以内加减法"，从学生的生活实际出发，开始用一幅图编一道题，列四个算式。使学生逐步建立起加减法的内在联系，这样处理便于学生逐步认识加减法之间的联系与区别，为实现有意义的学习提供了可能。

20 以内的进位加法和退位减法是这部分内容的重点，教材的编排通常有两种处理：并列与穿插。穿插编排即先讲 9 加几，再讲十几减 9；然后讲 8 加几，再讲十几减 8；……。这样有助于学生更好地体会加减法之间的联系，同时渗透转化的思想方法。并列编排通常把 9+1，9+2，9+3……安排在一起教学，称为"9 加几"，然后是 8 加几，7 加几，……。这样编排便于学生体会到"一个加数不变，另一个加数改变，和也随着改变"的函数思想，同时也突出了"凑十法"，便于学生掌握计算方法，有利于计算方法的类比迁移。教学时，既提倡算法多样化，也要提倡算法优化。

（2）100 以内加减法的教学。

这部分内容教学的基础是 20 以内加减法口算与百以内数的认识。主要学习整十数加减整十数、两位数加减一位数或整十数、两位数加减两位数的口算，并初步学习简单笔算，为学习多位数加减法打下基础。

教学时应遵循以下两点：第一，把解决实际问题与计算结合起来，赋予算题生动的背景，既能增强学生应用数学的意识，也能使学生感受到数学学习的价值。第二，引导学生探索计算方法时，应充分借助学生已有的经验，如操作小棒或算珠。对于学生获得的不同计算方法，教师都应当鼓励与尊重。在此基础上，教师再组织学生合作交流，及时优化算法。

（3）万以内加减法的教学。

万以内加减法是整数加减法教学的最后阶段。由于学生有百以内加减法的算理与算法学习的基础，因此完全可以放手让学生自主探索三位数加减法的计算方法，从而进一步发展学生的探索意识。

2. 整数乘除法的教学

整数乘除法也是结合整数的认识，分成表内乘除法、一位数乘除法与两位数乘除法等几个阶段教学的。

（1）乘除法意义的教学。

学生在学习乘法意义之前已经有了加法的基础知识，但他们对几个相同的数连加比较陌生。因此，教学乘法的意义，应注重从学生周围的生活实际入手，通过观察和操作，在充分感知同数连加的基础上去理解乘法的意义。关于除法的意义，重点是从"平均分"的活动中抽象出除法运算，让学生经历"实际问题——平均分活动——除法算式"这一抽象过程，从中体会并初步理解除法的含义。在理解乘除法的意义之后，应该沟通两者的联系，清楚认识它们的互逆关系。

（2）表内乘除法的教学。

表内乘除法是学生学习乘除法的开始，是学生今后学习多位数乘、除法的基础。表内乘除法的教学内容也是采用两种编排：一种是并列编排，即先教学表内乘法（一般分为2～6的乘法口诀与7、8、9的乘法口诀两个阶段），在学生比较熟练掌握表内乘法后安排表内除法（一般也分为2～6的乘法口诀求商与用7、8、9的乘法口诀求商两个阶段）。这样编排能使知识更具有系统性。另一种是交叉编排，即先教学2～6的乘法口诀，接着教学用2～6的乘法口诀求商，然后教学7、8、9的乘法口诀以及用7、8、9的乘法口诀求商，这样编排能突出乘除法的密切联系。

九九乘法口诀是我国的"传家宝"，小学生很容易记忆，从而大大地提高我国小学生的计算能力。为了使学生能理解口诀的含义，教学时应把口诀置于实际情景中，使学生经历乘法口诀的形成过程，不要把编好的口诀教给学生，应让学生亲自参与编口诀的活动，体会编口诀的方法，逐步学会"自编"乘法口诀。编写出口诀后，要及时记忆口诀和运用口诀，让学生在"用"中"记"，还可以设计助记"游戏"，巩固口诀。这样教学不仅能使学生进一步理解乘法的意义，而且在自编口诀的过程中能感受到相邻口诀之间的关系，有利于学生在理解的基础上记忆乘法口诀，避免机械记忆。

用乘法口诀求商的教学是建立在除法意义与相关的乘法口诀基础上的。教学时要结合乘法口诀的教学，用现实问题作为求商的素材进行训练，让学生逐步掌握用乘法口诀求商的方法。练习形式要多样，既可以先出示一道乘法准备题："每行摆9个气球，摆了6行，总共多少气球？"然后再出示两道除法题："54个气球，每行摆9个，可以摆几行？"与"54个气球，摆了6行，每行摆几个？"也可以直接提出两个并列的数学问题："56面小旗，挂成8行，平均每行挂几面？"与"56面小旗，挂成7行，平均每行挂几面？"让学生自己探索用乘法口诀求商。

（3）乘数、除数是一位数、两位数的乘除法的教学。

乘数、除数是一位数、两位的乘除法的教学基础是表内乘除法，学好这部分内容，位数更多的笔算乘除法都不难解决。这部分乘法内容主要包括几个方面：各个数位都是不进位的；一次进位的；连续进位的；乘数中间有零的；乘数末尾有零的。其中有些乘法思维过程比较复杂，如进位乘法（尤其是连续进位）以及乘数是两位数的乘法中积对位问题等。

教学时，多采用直观手段向学生说明算理，讲解竖式的书写格式与计算法则。同时处理好口算、笔算、估算三者之间的关系，做到三算互相促进。如教学笔算之前，要安排一些口算内容，进一步提高学生已有的口算技能。估算应渗透于计算教学的始终，如进行笔算之前先估算结果的大致范围，利用估算试商或判断计算结果是否正确等。

（二）小数四则运算的教学

小数四则运算与整数四则运算的意义和算理本质上是相同的。整数加减法的关键是相同数位对齐，小数加减法的关键是小数点对齐，本质上也是将计数单位相同的数对齐。小数的乘除法最终都要转化成整数的乘除法。因此，小数四则运算教学的关键是要沟通与整数四则运算的联系。

1. 小数性质的教学

小数的性质有两个，它们是四则运算的基础。

性质1：在小数的末尾添上"0"或者去掉"0"，小数的大小不变。

性质2：把小数点向右（或向左）移动一位、两位、三位……原来的数就扩大（或缩小）10倍（1/10）、100倍（1/100）、1000倍（1/1000）……

对于性质1，教学时要从学生已有知识或经验出发，结合图形和学生熟悉的十进复名数帮助理解。如0.3 = 0.30，可从以下不同角度说明：①利用货币单位知识，比较0.3元与0.30元的大小；②利用正方形进行探索，让学生体会到0.3与0.30实际上是用不同方式表示同一事物；③利用直尺直观比较3分米 = 30厘米 = 300毫米，所以0.3米 = 0.30米 = 0.300米；④根据小数位数及其计数单位论证0.3 = 0.30。

关于性质2，现行小学数学教材通常是以"小数点位置移动引起小数大小变化规律"的形式出现的。它是小数乘除法计算的基础，也是把十进复名数改写成用小数表示的单名数的依据。小数点移动这部分知识比较抽象，学生学习时较为吃力，往往对小数点的移动，特别是位数不够时处理难以掌握。教学时，要采取有效方法帮助学生从本质上理解这一规律。例如：一开始可通过一个动画短片，让小数点"动"起来，把抽象的内容具体化，借助多媒体的演示，使学生很清楚地看到小数点的移动过程，从而知道小数点移动会引起小数大小的变化。

2. 小数加减法的教学

小数的加减法一般依照以下两个层次进行教学。

第一层次：结合小数的初步认识，学习一位小数的加减法。教学时可以从学生熟悉的购物情境出发，通过各种物品单价，启发学生提出用加法或减法解决的实际问题。对于算题，先让学生根据生活经验口算，然后过渡到竖式计算。引导学生发现，小数点对齐后，小数加减法就可按照与整数加减法相同的法则进行计算。这时，可以暂不总结小数加减法计算法则，而让学生根据小数的含义思考，使学生初步认识到小数加减法必须小数点对齐。

第二层次：系统教学小数加减法。因为学生在整数加减法的学习中，已经知道了只有计数单位相同的数才能直接相加减。因此，只要小数点对齐，相同数位就能对齐。从而使学生对于小数加减法的计算法则，不仅知其然，而且能知其所以然。

3. 小数乘除法的教学

计算小数乘法是先不看小数点，按照整数乘法来计算，然后在得到的积中点上小数点。教学的关键是怎样确定这个小数点的位置。而小数除法教学则要抓住"怎样把除数是小数的除法转化为除数是整数的除法"这个关键。

教学小数乘法，引导学生探索小数乘法的法则，可以先引导学生探索小数与整数相乘的方法，再推想小数乘小数的方法。在此基础上得到法则：小数乘法先按照整数乘法来计算，再看两个因数共有几位小数，积就有几位小数。

小数除法主要包括除数是整数的小数除法与除数是小数的小数除法。对于除数是小数的小数除法，要根据小数点位置移动引起小数大小变化的规律与商不变的性质，把除数是小数的除法转化为除数是整数的除法。因此，教学时不仅要让学生弄清算理，掌握算法，还要引导学生感受"转化"的数学思想方法。

小数乘除法中还有一个重要内容——取近似值。教学中可通过美元与人民币兑换的实例说明取近似值的必要性与怎样取近似值，从而使学生在掌握知识的过程中感受数学的应用价值。

（三）分数四则运算的教学

1. 分数加减法的教学

这部分内容一般结合分数意义的教学，按照由易到难、由简单到复杂的原则，分为两个阶段教学。

第一阶段：结合分数初步认识，教学同分母分数加减法。

同分母分数加减法的教学关键是突出分数单位的概念，只有单位相同的数才能直接进行加减法运算。所以，教学中要注意联系分数的意义，使学生在理解基础上掌握同分母分数加减法的计算方法。如计算 $\frac{3}{8}+\frac{2}{8}$，因为它们的分数单位都是 $\frac{1}{8}$，3 个 $\frac{1}{8}$ 与 2 个 $\frac{1}{8}$ 相加，是 5 个 $\frac{1}{8}$，所以 $\frac{3}{8}+\frac{2}{8}=\frac{5}{8}$。

第二阶段：结合分数意义的教学，系统教学异分母分数加减法。

异分母分数加减法法则是先通分，再按同分母分数加减法法则计算。通分的目的，就是将分数单位不同的分数化为分数单位相同的分数。因此，教学时，主要精力不是放在法则的讲解上，而是要引导学生弄清异分母分数加减法的计算法则的实质——只有计算单位相同的数，才能直接相加减。

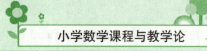

2. 分数乘除法的教学

分数乘法包括分数与整数相乘和分数乘分数两个层次的内容。这是在学生学过整数乘法的意义、分数的意义和分数加法计算的基础上教学。教学分数与整数乘法的意义，通常分两步：先教学分数与整数相乘的意义，再教学分数与整数相乘的计算法则。分数与整数相乘的意义与整数乘法的意义相同，也是求几个相同加数的和的简便运算，只是这里的相同加减变成了分数。因此，教学时要注意在整数乘法基础上引入，最后总结分数与整数相乘的计算法则。

分数乘分数的意义是分数乘整数的扩展，一般也分两个层次教学：先解决求一个数的几分之一的问题，再解决求一个数的几分之几的问题。教学时要充分发挥几何直观对探索和发现计算方法的重要作用，通过直观操作，帮助学生理解算理，体会分数意义与相应计算方法的内在联系。

分数除法是学生在学习整数除法和分数乘法的基础上教学的。教学时分为分数除法的意义与分数除法的计算法则两个层次进行。

分数除法的意义一般是作为分数乘法的逆运算来定义的。教学前要让学生学习倒数这个概念，在此基础上教学求一个数的倒数方法。分数除法的意义可通过实际问题说明，使学生明确分数除法的意义与整数除法的意义相同，都是"已知两个因数的积与其中一个因数，求另一个因数的运算"。

分数除法包括分数除以整数，整数除以分数和分数除以分数三种情况。无论哪种情况，其计算方法最终都可以归结为乘除数的倒数，即分数除法可以直接转化为分数乘法。因此，教学时要通过实例，引导学生观察、比较，探索出每种情况下的计算方法，最后总结出统一的分数除法的计算法则：甲数除以乙数（零除外），等于甲数乘乙数的倒数。

四、小学"常见的量"的教学

这部分内容包括：货币单位元、角、分；时间单位年、月、日，时、分、秒；质量单位吨、千克、克。小学生对货币单位有一定的直观感知，对质量单位的理解要靠肌肉感觉来感受，对时间单位的理解要靠观察操作活动来体验。

（一）结合现实情境，认识货币单位

货币单位一般安排在百以内数的认识后教学。由于小学生对人民币有一定的感性基础，也积累了一定的购物经验。因此教学时可创设购物情境，通过付钱、找钱等活动，引导学生理解元、角、分之间的十进关系，从而学会用面额较小的人民币购物。还可以通过与同学换币等活动，为学生提供动手实践与合作交流的机会，培养学生与他人合作的态度以及数学学习的兴趣。

（二）联系具体情境，感受质量单位

克、千克、吨是国际通用的质量单位，也是我国法定的计量单位。感受质量单位需要肌肉感觉来体验。现行教材一般先教学千克、克的认识，再教学吨的认识。教

学质量单位，要创造条件，使学生在具体的情境中，感受和建立质量单位的观念。如教学千克、克时，可利用各种平衡器（如天平、台秤等）进行实际操作，让学生称一称1千克苹果，看一看有多少。拎一拎1千克大米，感受有多重。估一估生活中常见物品的质量，强调估计与精确称量的结合。"吨"这一质量单位，学生日常生活中接触少，不易让学生直接感知，可以联系生活实际来帮助认识。如一袋水泥是50千克，20袋合起来就是1吨等，通过一些实例使学生间接地认识吨是一个较大的质量单位。

（三）通过观察操作，体验时间单位

时间单位与学生生活密切相关，但时间单位比质量单位更加抽象，而且时间单位的进率也较为复杂。因此现行教材一般分成时、分、秒与年、月、日两个阶段教学。在认识20以内的数时安排认识钟面。

教学时、分、秒的时候，要注重让学生通过观察、操作时钟来体验。教学时可充分利用学生熟悉的作息时间表，以唤起学生的已有经验。然后在认识钟面的基础上抽象出时、分的概念，秒的概念也应通过学生熟悉的情境如百米赛跑引入，让学生感受秒是一个比分还要小的时间单位。为了让学生充分地体验1小时、1分、1秒各有多长，建立时间计量单位的观念。例如：可由教师掌握时间，指导学生做一分钟的事情，如摸一摸脉搏跳动的次数、看书、跳绳等，让学生在活动中体验1分钟的长短。对于时与分、分与秒的关系与24时计时法，可通过钟面演示或在钟面上拨指针的活动进行教学。

教学年、月、日的有关知识，要充分利用学生日常生活中常见的年历，引导学生观察不同年份的年历卡，找出每个月的天数填在表格里，然后从中发现关于年、月、日的一些规律。如一年有几个月，每个月的天数，大月、小月、平月、闰月、平年、闰年的区别，要尽可能利用学生已有的知识与经验，对于大月、小月，可以利用拳头或儿歌辅助记忆。

任务二　小学"式与代数"的教学

◆◆ **学习目标** ··

1.理解小学数学"式与代数"的内容框架，掌握小学数学"式与代数"教学策略。

2.利用小学数学"式与代数"教学策略，进行小学数学课堂教学的案例分析和模拟教学。

◆◆ **学习任务** ··

选择小学数学"式与代数"的一个教学视频、教学实录，利用"数与运算"教学策略进行案例分析和优化改进，并进行优化后的模拟教学。

一、小学"式与代数"的内容框架

从算术到代数，从具体的数到用字母表示的数是人们对现实世界数量关系认识过程的一次飞跃，也是学生数学学习过程的一次重大转折。小学时期是儿童从具体表象思维向抽象逻辑思维的过渡时期，与算术知识相比，这部分知识的概括程度更高，更抽象。小学数学的"代数初步"的知识分为"式与方程"和"比与比例"两个部分。各部分的具体内容如下。

（一）式

在小学阶段，"式"主要指"用字母表示数"，包括：用字母表示数，用字母表示运算定律、计算公式和数量关系，已知字母的值求式的值。

（二）简易方程

该部分包括方程的意义，等式的基本性质，解简易方程，列方程解决简单实际问题。

（三）比与比例

该部分包括比与比例的概念，按比例分配，成正比例、成反比例的量。

二、用字母表示数与简易方程的教学

这部分内容比算术知识抽象，概括程度高，需要在学生掌握了一定的算术知识的基础上逐步引入。因此，现行教材通常采用早期孕伏、逐步渗透、分散与集中相结合的方式进行编排。

第一，孕伏阶段。这一阶段指的是低年级，教材编排各种用符号表示数的算式，让学生尽早感知代数思想。如"整数加减法"编排了 7+（ ）=10，"整数除法"编排了 24÷□=8 之类的算式，使学生体会：这些算式中的符号"（ ）"与"□"等既可以表示填写数的空位，也可以用来表示数。

第二，过渡阶段。这一阶段指的中年级，教材出现用字母表示的计算公式与运算律，如长方形面积的计算公式用字母表示为 $S=a \times b$；加法交换律用字母表示为 $a+b=b+a$，为正式学习用字母表示数做好铺垫。

第三，正式学习阶段。通过前两个阶段的教学，学生对字母表示数与简易方程有了一定的感性认识。教材在第二学段相对集中地编排了用字母表示数与简易方程等内容，让学生系统学习。

（一）用字母表示数

用字母表示数，不仅能概括出数量关系的一般规律，而且能为研究与解决实际问题带来很大方便。初学时，小学生往往对一个字母既可以表示这个数，也可以表示那个数，不能理解与接受。因此，为了使小学生能理解并接受用字母表示数，首先要引导学生体会用字母表示数的优越性。

教学时，要选择一些有针对性的实际问题，引导学生经历由具体的、确定的数到用字母表示数的逐步抽象过程，体会用字母表示数的简捷与便利。例如，教学长方形面积公式时，学生可能有多种方式表示长方形的面积公式，教师引导学生讨论、比较，得出 $S=a\times b$ 最简捷、便利。

其次，引导学生求代数式的值。用具体的数代替字母，代入式子求值，应用广泛。同时，由具体的数与运算符号组成的式子过渡到含有字母的式子，是从特殊到一般的抽象概括过程，而将具体的数代入含有字母的式子求值，是从一般到特殊的具体化过程。这种从特殊到一般，再从一般回到特殊的方法，可以使学生进一步体会代数式的实际意义。

最后，运用类比推理帮助学生理解代数式化简。例如：教学化简形如"$5x\pm 3x$"的式子时，因为 5 米 +3 米 =8 米，5 千克 +3 千克 =8 千克，自然有 $5x+3x=8x$。当然，也可根据乘法分配律推理：$5x+3x=(5+3)x=8x$。

（二）简易方程

方程随着解决实际问题的需要而产生，应用非常广泛。小学阶段所学的简易方程主要有 $ax\pm b=c$ 与 $ax\pm bx=c$ 这两种类型。过去教学解简易方程，一般要求根据四则运算各部分之间的关系来解。《课程标准》提出运用等式的基本性质来解，而不强调运用四则运算各部分之间的关系解方程，主要是考虑到三个学段教学内容的连续性，为第三学段教学用等式的性质解"一元一次方程"做铺垫。

根据《课程标准》的精神，教学时要注意沟通新旧知识之间的联系，逐步引导学生在运用四则运算各部分之间的关系解方程基础上，过渡到利用等式的基本性质解方程。

具体来讲，简易方程的教学可围绕以下两个方面进行。

1. 弄清方程的概念，学会用方程表示简单情境中的等量关系

方程是含有未知数的等式，它是等式的下位概念。解方程就是"寻找 x 的值，使得等式成立"。弄清方程的概念是学习解方程的基础。教学中，要在等式概念基础上，结合实际情境，对等式概念进行分化，建立方程概念。另外，由于解方程是列方程解实际问题的基础，而列方程解实际问题的关键就是寻找问题中的等量关系。因此教学中，不能满足于学生会解简易方程，还应突出情境中等量关系的寻找，从而为列方程解实际问题的教学奠定基础。

2. 通过教具演示，了解等式的性质，学会用等式性质解简易方程

等式的基本性质有两个：一是在等式的两边同时加上或减去一个相同的数，等式仍然成立；二是在等式的两边同时乘或除以同一个数（0 除外），等式仍然成立。教学等式基本性质，可通过教具演示帮助学生理解。例如，在一架天平的两个托盘上分别放有 2 个苹果和 3 个梨，天平平衡了，然后再在两边各增加一个同样质量的砝码。引导学生观察天平的两边是否平衡，从而使学生认识到在等式的两边同时加上相同的数，等式仍然成立。等式的其他性质也可通过类似方法帮助学生理解。

三、列方程解决问题的教学

小学生解实际问题通常有算术与代数两类方法，即列算式解答与方程解答。由于新课程倡导"问题情境—建立模式—解释、应用与拓展"这种"问题解决"式学习模式，列方程解实际问题是对算术方法解实际问题的替代优化，为中学阶段列方程（组）解实际问题的教学奠定基础。列方程解决问题的教学应围绕以下三点展开。

（一）夯实知识基础，顺利实现过渡

列方程解实际问题的关键是根据题目中数量之间的相等关系列出方程，这需要有一定的知识基础，教学前要做好准备工作。例如，复习用字母表示数，训练学生用字母表示未知数，进而用含有未知数的式子表示实际问题中的数量关系。或者反过来，把用语言表述的数量关系式用字母表示出来，从而增强学生用符号表示量或数量关系的意识。在教学简易方程时，要使学生经历"把实际问题抽象为数学方程"的过程，体会方程是刻画现实世界的一种基本的数学模型。

（二）设计有针对性的问题，使学生感受到列方程解实际问题的优越性

学生能否有效地开展列方程解实际问题的学习，一个重要因素是问题是否适合用方程解。如果学生不能感受到列方程解实际问题的优越性，他们就不会主动接受新的方法。一般来说，需要逆向思考的问题，用列方程解答比用算式解答更简捷方便，为了使学生对新方法的优越性有亲身感受，开始时要设计需要逆思考的问题，如学校今年栽梧桐树 128 棵，比樟树棵数的 3 倍少 22 棵。学校今年栽樟树多少棵？

（三）把握教学关键，渗透数学建模与转化的思想

列方程解实际问题的关键，是在理解题意的基础上，找出应用题中各种数量之间的关系，然后根据等量关系列方程求解。数量之间的关系可以用线段图、示意图或表格等方法直观地表示。也可以利用算术解法中分析数量关系的方法，找出等量关系，列出方程。列方程解实际问题的本质：一是寻找等量关系，建立方程模型；二是方程的解答最终都要转化成 $x = a$ 的形式。这其中蕴含了数学建模的思想和转化的思想。教学时要紧扣这两种数学思想来进行。

四、比与比例的教学

比与比例一直是传统算术的一项重要内容，以前很多实际问题都用比例来解。在小学引入方程后，很多用比例解的问题改用方程解，就变得很容易。另外，正比例、反比例关系实际上是两种基本的函数关系。因此，教学"比与比例"可以渗透函数思想，可以使学生进一步体会客观事物的多样性与复杂性，体会数学的应用广泛性。

（一）比和比例的概念的教学

比与比例一直是初学者容易混淆的两个概念。两个数相除，又叫作这两个数的比。因此，这两个数是有序的，颠倒两个数的位置，就会得到另一个比。比、除法、分数三者之间联系密切，比的前项相当于被除数、分子，比的后项相当于除数、

分母，比值相当于商、分数值，比号相当于除号、分数线。因为除数和分母不能为"0"，所以比的后项也不能为"0"。比例是两个比相等的式子，表示的是四个数之间的关系。这部分内容抽象度高，教学时要充分利用实际生活中的问题情境，帮助学生理解有关概念。同时，要注意揭示前后知识之间的关联，帮助学生构建完善的知识结构。

（二）按比例分配的教学

按比例分配就是把一个数量按照一定的比例进行分配，它是"平均分"的拓展。按比例分配问题在实际生活中经常会遇到，在解决这类问题过程中，不仅有助于学生理解比例的意义、比与分数之间的关系，还能培养学生运用所学知识解决实际问题的能力。教学时，首先要在现实情境中，引导学生理解什么是按比例分配。例如：可组织学生课前做一些调查，看看在日常生活中，哪些地方用到了比的知识，哪些地方需要按比例分配，使学生在解决实际问题的过程中感受按比例分配的意义。

其次，引导学生运用按比分配的知识解决一些实际问题。比如，三人合租一套房，共用一个总电表，李明、刘刚和蔡丽分别用电 53 度、47 度和 60 度，10 月份共应付电费 80 元，李明应付多少元？这类问题现实性强，在生活中经常碰到。引导学生解决这些问题，既可使学生进一步理解按比例分配的意义，也可使学生感受数学的应用价值。

（三）成正比例、成反比例的量的教学

正、反比例关系是一种比较重要的数量关系，学生学会了这种数量关系，就能用它解决一些简单的实际问题。在这之前，学生已掌握了一些常见的数量关系，如速度×时间=路程，单价×数量=总价，但是学生对这些数量之间的相依关系与变化规律还不清楚。因此，教学成正、反比例的量，可从常见的典型事例入手，引导学生分析研究问题中的数量关系，探索其中两种相关联的量的变化规律，在此基础上概括出正、反比例的意义。

例如：一辆汽车行驶的时间和路程是两种相关联的量，路程随着时间的变化而变化。它们的变化规律是：路程和时间的比值（即速度）是固定的，然后概括出：$y/x=k$（常数）关系。这样教学不仅抓住了两种相关联的量的相互关系，而且抓住了它们在变化过程中的规律。

另外，有些相关联的量，虽然也是一种量随着另一种量的变化而变化，但它们相对应的两个数的比值不是一定的，所以它们就不成正比例。如人的身高和跳高的高度，被减数与差，正方形的面积与边长等。教学时，要引导学生根据正比例的意义进行判断。

任务三　小学"图形与几何"的教学

◆ 学习目标

1. 理解小学数学"图形与几何"的内容框架，掌握小学数学"图形与几何"教学策略。

2. 利用小学数学"图形与几何"教学策略，进行小学数学课堂教学的案例分析和模拟教学。

◆ 学习任务

选择小学数学"图形与几何"的一个教学视频、教学实录，利用"图形与几何"教学策略进行案例分析和优化改进，并进行优化后的模拟教学。

一、小学"图形与几何"的内容框架

"图形与几何"不仅在日常生活和生产中有着广泛的应用，而且对于小学生建立空间观念，培养几何直观与推理能力都有着独特的不可替代的作用。"图形与几何"内容按"图形的认识""测量""图形的运动"和"图形与位置"四条线展开（表9-3-1）。这四条线都以图形为载体，以培养几何直观、空间观念和推理能力以及更好地认识和把握现实空间为目标。不仅着眼于理解和掌握一些必要的几何事实，而且强调学生经历自主探索与合作交流的过程，形成积极的态度与情感。

表 9-3-1　小学阶段"图形与几何"教学内容

年级	图形的认识	测量	图形的运动	图形与位置
一至三年级	认识长方体、正方体、圆柱和球； 从不同方位观察物体； 认识长方形、正方形、三角形、平行四边形和圆； 描述长方形、正方形的特征； 用长方形、正方形、三角形、平行四边形或圆拼图； 认识角、直角、锐角和钝角； 能对简单几何形体分类	测量长度； 认识长度单位，会换算，会选用长度单位； 估计和测量长度； 长方形、正方形的周长公式； 认识面积的含义和面积单位，会换算，会选用面积单位； 长方形、正方形的面积公式； 估计面积	感知平移、旋转和轴对称； 在方格纸上将简单图形平移； 认识轴对称图形	用上、下、左、右、前、后描述物体的相对位置； 在东、南、西、北、东北、西北、东南、西南中给定一个方向，辨认其余三个方向，能运用这些词语描述物体所在的方向

续表

年级	图形的认识	测量	图形的运动	图形与位置
四至六年级	认识线段、射线和直线；知道两点间的连线中线段最短，认识两点间的距离；认识周角、平角、直角、钝角、锐角；两条直线平行和相交（包括垂直）；认识平行四边形、梯形和圆；用圆规画圆；三角形的认识与内角和；三角形两边之和大于第三边；认识等腰三角形、等边三角形、直角三角形、锐角三角形和钝角三角形；从不同方位看物体；认识长方体、正方体、圆柱和圆锥，长方体、正方体和圆柱的表面展开图	用量角器量角，按指定度数画角；用三角尺画30°、45°、60°、90°角；三角形、平行四边形和梯形的面积公式；认识平方千米、公顷；圆的周长和面积公式；用方格纸估计不规则图形的面积；体积的意义和单位；体积单位的实际意义和换算；长方体、正方体和圆柱的表面积和体积公式；圆锥的体积公式；实物体积的测量方法	确定轴对称图形的对称轴，在方格纸上画一个轴对称图形的对称轴和补全一个轴对称图形；用方格纸将简单图形按一定比例放大或缩小，体会图形的相似；认识图形的平移与旋转；在方格纸上将简单图形平移或旋转90°；欣赏图案，运用平移对称和旋转在方格纸上设计图案	比例尺，根据给定的比例尺对图上距离与实际距离进行换算；根据方向和距离确定物体的位置；描述简单的路线图；用数对表示位置，在方格纸上用数对确定位置

限于篇幅，这里不再阐述"图形的运动"和"图形与位置"的教学，感兴趣的读者可以查看其他书籍。

二、小学"图形的认识"的教学

一切图形都可以看作"点的集合"。如果图形中所有的点都在同一个平面内，那么这个图形就叫作平面图形；如果图形中的所有的点不是都在同一个平面内，那么这个图形就叫作空间图形。

根据小学生的生活经验、知识基础和心理发展水平，要使他们认识一种图形，明确图形的特征，建立正确的表象，形成这种图形的概念有两种基本方式：一是从典型的实际事例出发，抽象概括；二是从已有的相关知识出发，定义新的概念。

（一）在课堂教学中的三种情形

第一，举出典型的实际事例让学生观察，以建立正确的表象；从实际事例抽象出图形，分析它们的各种属性；找出它们的共同属性，区分本质属性和非本质属性；最后，概括共同的本质属性，以形成概念。小学生在直观认识长方形（一年级）的基础上，进一步形成长方形的概念（三年级）时，就是这种情况。

第二，研究新授概念的某个邻近的属概念；将这个属概念适当分类；弄清每一类的特征，从而明确新授概念的种差。小学生认识锐角三角形、直角三角形、钝角三角形等图形，就属于这种情形。

第三，先举出典型事例使学生初步认识某种图形，再用属加种差定义使学生明确这个概念。角、正方形、梯形等图形的认识都是这样处理的。

总的来讲，"图形的认识"的教学，要遵守儿童的认知规律，按照"实物—表象—符号—关系"的进程进行。

（二）"认识圆柱"的教学过程实例（其他立体图形的教学与之类似）

（1）让学生收集圆柱形的物体，向全班同学展示，经师生审核、确认后，教师出示圆柱的直观图（图9-3-1）。指出：这种立体图形在几何学中叫作圆柱。

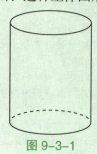

图 9-3-1

（2）让学生注意到：圆柱是由三个面围成的，其中有两个平的面是圆，叫作圆柱的底面，并且通过观察和操作，认识圆柱的两个底面是半径相等的两个圆。还有一个面是曲面，叫作圆柱的侧面。

（3）引导学生定义圆柱的高。让学生研究圆柱的侧面，将侧面沿一条高剪开，并把它展平，从而认识到圆柱的侧面可以在平面内展开成一个长方形，它的长和宽分别等于圆柱的底面周长和高（图9-3-2）。这样，为学生学习圆柱表面积的计算做准备。

（4）从圆柱形实物或模型抽象出图形后，让学生将两者对照，认识直观图中圆柱的底和高，逐步训练学生根据圆柱的直观图想象它所表示的图形。

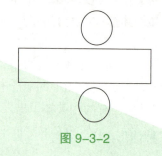

图 9-3-2

三、小学"测量"的教学

（一）长度单位、面积单位与体积单位的教学

度量的核心要素就是三个：第一是单位；第二是物体所要度量的长度、面积或者体积的大小就是它所包含的单位的个数；第三是运动不变形，物体不因位置、方向等因素改变大小，这样可保证度量结果的有效。长度单位、面积单位与体积单位的教学体例基本一样。下面以面积单位的教学为例，来说明这种教学体例。

第一步是创设情境，让学生感受不同标准得到的结果是不一样的，而且无法比较大小。可以这边两组发一个东西，那边两组发另一个东西，然后让学生用发给他们的物体去度量两个物体。这边用了 8 个，那边用了 9 个，让学生猜猜看，哪个大？结果可能是 8 个的比 9 个的还要大，为什么？因为你的标准不一样。突出了统一度量单位的需求。

第二步是教学生认识面积单位——1 平方厘米。让学生看看书上 1 平方厘米正方形，在纸上画出 1 平方厘米正方形，与自己的大拇指甲比一比，通过这些操作活动，体会 1 平方厘米正方形有多大。

第三步是要使学生认识到：面积的大小就是它所含面积单位的个数。

例如，教师出示长方形（图 9-3-3）。

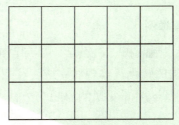

图 9-3-3

提问学生：右面长方形的面积是多少？为什么？

学生：15 平方厘米，因为它包含了 15 个 1 平方厘米的正方形个数。

第四步是现有的面积单位不足以解决数量更大的问题，需要更大的面积单位。比如，用 1 平方厘米正方形去量课桌，数量太大不方便，说明面积单位"平方厘米"不够用，需要大一些的面积单位。这时引导学生思考：面积单位"平方厘米"是由边长 1 厘米的小正方形产生的，猜一猜接下来会用边长是多少的正方形产生出更大的面积单位呢？平方分米就出现了。引出平方分米以后，让学生去量课桌，量完以后再让学生量教室的地面，平方米就得出来了……

（二）多边形和圆面积的计算的教学

1. 在小学教材中多边形面积公式的编排顺序

首先，根据面积概念、面积单位以及长方形的特征推出长方形的面积公式。对于列举的边长是整数的具体的长方形来说，面积公式的正确性可以用直接计量法（数方格）来证实。

接着，根据长方形的面积公式，运用演绎推理，推出正方形和其他几种图形的面积公式，整个过程如图 9-3-4 所示。

最后，学生认识了平行四边形的特征后，根据化归的思想，运用割补的方法，将平行四边形等积变换为长方形，从而根据长方形的面积公式推出平行四边形的面积公式。现行教材利用"双拼"，将两个同样的三角形（或梯形）拼成一个平行四边形，由平行四边形的面积公式推导出三角形和梯形的面积公式。

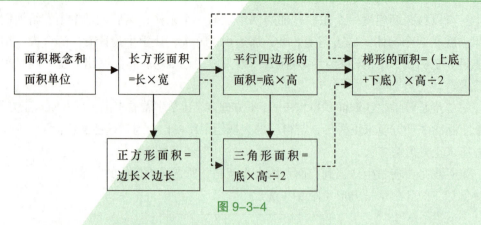

图 9-3-4

2. "圆面积" 的教学流程举例

限于篇幅，这里仅介绍"圆面积"的教学。推导圆的面积公式，需要实现曲与直、有限与无限、近似与精确的转化，体现对立统一、相互转化以及量变到质变等辩证规律。在这个过程中，不但运用了变换的思想与方法，还运用了极限思想和极限方法。

（1）将面积的概念用于圆："圆所占平面（部分）的大小叫作圆的面积。"进而提出圆面积的计算问题。

（2）复习平行四边形面积公式的推导过程，让学生注意：在这个过程中，我们如何用割、拼的方法，把平行四边形转化成面积和它相等的长方形的？进而类比、猜想：我们能不能也把圆转化成面积和它相等的、计算公式已经知道的某种图形呢？

（3）指导学生将圆纸片分成 16 等份，再用这些小纸片去拼，看看能拼成什么图形（图 9-3-5）？

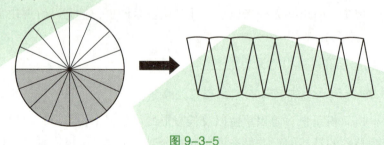

图 9-3-5

当学生确认拼得的是一个近似的平行四边形后，出示圆纸片分成 32 等份后拼成的图形（图 9-3-6）。让学生比较，引导他们发现：分得越细，拼成的图形越近于长方形。当学生依次观察和比较了几种有限分割的情况，并且注意到等份数加倍时拼成图形的变化趋势后，引导学生想象等份的份数越来越多、以致无限时，拼成图形的"终极状态"，从而经历一个自觉的极限过程。

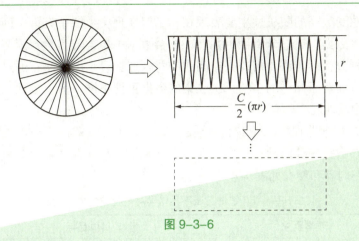

图 9-3-6

（4）在上述过程中，平行四边形的底与高（长方形的长与宽）分别是 $\frac{C}{2} = \pi r$ 与 r，所以和这个图形面积相等的圆的面积是 $S = \pi r \cdot r = \pi r^2$。

（5）圆的面积公式得出后，应把它同圆的周长公式比较，以免混淆，并注意两者之间的联系：$S = \frac{C}{2} r$。

（6）应用圆面积公式的练习形式要多样。既有推理，也要有计算。除了常规的"已知直径（半径）求圆的面积，已知圆面积求直径（半径）"外，还应有生产或生活的实际情境中出现的圆面积有关算题，以增强学生的数学应用意识。

任务四 小学"统计与概率"的教学

学习目标

1. 理解小学数学"统计与概率"的内容框架，掌握小学数学"统计与概率"教学策略。

2. 利用小学数学"统计与概率"教学策略，进行小学数学课堂教学的案例分析和模拟教学。

学习任务

选择小学数学"统计与概率"的一个教学视频、教学实录，利用"统计与概率"教学策略进行案例分析和优化改进，并进行优化后的模拟教学。

一、小学"统计与概率"的内容框架

小学数学"统计与概率"的教学，重在培养儿童的数据分析观念。学生数据分析观念的形成要注意三个要点：①经历数据分析的过程，体会数据中蕴含着信息；②掌握数据分析的基本方法，根据问题的背景选择合适的方法；③通过数据分析，感受数据的随机性。感受数据的随机性主要表现在：了解在现实生活中有许多问题应当先做调查研究，收集数据，通过分析做出判断，体会数据中蕴含着信息；了解对于同样的数据可以有多种分析的方法，需要根据问题的背景选择合适的方法；通过数据分析体验随机性，一方面对于同样的事情每次收集的数据可能不同，另一方面只要有足够的数据就可能从中发现规律。

《义务教育数学课程标准（2011 年版）》中统计与概率在第一、二学段的学习内容分别称为"数据统计活动初步""简单数据统计过程"和"随机现象发生的可能性"。具体学习内容和要求见表 9-4-1。

表 9-4-1　统计与概率具体学习内容和要求

学段	内容	教学要求	具体目标
第一学段	数据统计活动初步	经历简单的数据收集、整理、分析的过程，了解简单的数据处理方法；能对调查过程中获得的简单数据进行归类，体验数据中蕴含着信息	1. 能根据给定的标准或者自己选定的标准，对事物或数据进行分类，感受分类与分类标准的关系。 2. 经历简单的数据收集和整理过程，了解调查、测量等收集数据的简单方法，并能用自己的方式（文字、图画、表格等）呈现整理数据的结果。 3. 通过对数据的简单分析，体会运用数据进行表达与交流的作用，感受数据蕴含信息
第二学段	简单数据统计过程	经历数据的收集、整理和分析过程，掌握一些简单的数据处理技能；进一步认识到数据中蕴含着信息，发展数据分析观念	1. 经历简单的收集、整理、描述和分析数据的过程（可使用计算器）。 2. 会根据实际问题设计简单的调查表，能选择适当的方法（如调查、试验、测量）收集数据。 3. 认识条形统计图、扇形统计图、折线统计图；能用条形统计图、折线统计图直观且有效地表示数据。 4. 体会平均数的作用，能计算平均数，能用自己的语言解释其实际意义。 5. 能从报纸、杂志、电视等媒体中，有意识地获得一些数据信息，并能读懂简单的统计图表。 6. 能解释统计结果，根据结果做出简单的判断和预测，并能进行交流
第二学段	随机现象发生的可能性	体验随机事件和事件发生的等可能性；通过实例感受简单的随机现象	1. 在具体情境中，通过实例感受简单的随机现象；能列出简单的随机现象中所有可能发生的结果。 2. 通过试验、游戏等活动，感受随机现象结果发生的可能性是有大有小的，能对一些简单的随机现象发生的可能性大小做出定性描述，并能进行交流

二、"简单的数据统计过程"的教学

"简单的数据统计过程"教学的总目标是：经历数据的收集、整理和分析的过程，掌握一些简单的数据处理技能；进一步认识到数据中蕴含着信息，发展数据分析观念。教学中应注重所学内容与现实生活的联系，使学生有意识地经历简单的数据处理过程，根据数据做出简单的判断与预测，并进行交流，应避免单纯的统计量的计算。

（一）三种统计图

条形统计图、扇形统计图和折线统计图都是描述数据信息的一种直观、有效的形式。这三种统计图形式不同，作用也不同。条形统计图能清楚地表示出每个项目的具体数目；折线统计图能清楚地反应事物的变化情况，可用于预测事物的发展趋势；扇形统计图能够较好地反应整体和它的各个部分之间的关系。

统计图的教学，一般是在学生获得了统计表的知识的基础上进行的。先是条形图，后是折线图，最后是扇形图。教学条形图和折线图时，又都是先教单式，后教复式。

1. 条形统计图的教学

在第一学段，统计结果以学生自己喜欢的方式呈现，如文字、象形统计图和在方格里涂色等形式。随着年级的升高，统计结果由象形统计图逐步过渡到条形统计图，但不要求学生独立绘制条形统计图，只要求学生在方格纸中，即在给出横坐标、纵坐标、项目、单位的半成品图中，画出相应的条形图。第二学段，一格可以代表一个单位；一格也可以代表多个单位。初学时，学生对如何根据具体情况选取一格表示多少数量困难较大，教师引导学生进行讨论。

2. 折线统计图的教学

教学折线统计图时，可以结合给出的问题，在条形统计图的教学后进行。例如，小红出生时的体重为 3.8 kg，半年中她的体重变化见表 9-4-2。

表 9-4-2　小红体重随月龄变化的关系

月龄	1	2	3	4	5	6
体重 / kg	5	6.1	7	7.7	8.4	9

对上述数据，若采用条形统计图则可以表示为图 9-4-1。

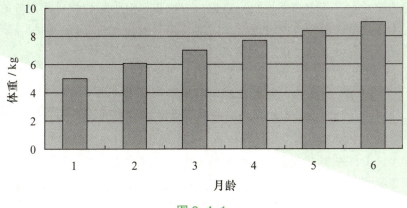

图 9-4-1

因为体重是逐渐变化的，为了便于估计期间某一时候（如四个半月）小红的体重，或预测近期未来（如七个月）小红的体重。上述数据也可以化成折线统计图（图9-4-2）。

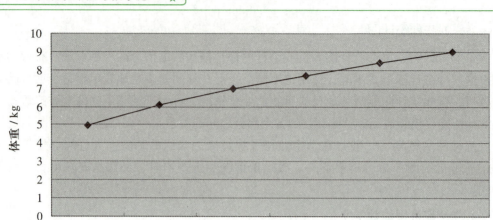

图 9-4-2

通过比较使学生看到，条形统计图和折线统计图都是用某个单位表示一定的数量。区别在于：条形图是依量定"线"（直线顶端的线段），再作直条，重在比较各数量的大小；折线图是依量定"点"，再连线段，重在反映数量的增减变化情况。

教学时，教师要使学生体会条形统计图与折线统计图的作用，要求学生能够根据不同的需要，选择合适的统计图来表示数据。

3. 扇形统计图的教学

扇形统计图是用一个圆的面积表示总数（当作 100%），用圆内的扇形面积表示各部分占总数的百分数。这种统计图能清楚地表示出各部分与总数之间的数量关系。

扇形统计图只要求学生认识，不要求学生绘制，这是和条形统计图、折线统计图的教学要求有所区别的。

（二）统计量的教学

常见的统计量有三个：平均数，众数，中位数，但小学数学只需要考虑平均数的教学。对于平均数的教学，要设计统计活动，让学生在参与统计活动中，领悟平均数统计量的统计含义和使用情境。

统计中的平均数常用于表示一组数据的一般水平，它是描述数据集中程度的一个统计量。既可以用它来反映一组数据的一般水平和平均水平，也可以用它进行几组数据的比较，看出组与组之间的差别。用平均数表示一组数据的情况比较直观、简明，所以在日常生活中经常用到，如平均身高、平均成绩等。

教学中，要注意通过实例，理解平均数的意义。对于平均数这个概念，重要的不仅是它的定义和作为代数公式的运算过程，更重要的是它所包含的统计意义。所以，要通过丰富的实例，让学生体会它的实际意义。

例如：小明所在班级的学生平均身高是 1.4 米，小强所在班级的平均身高是 1.5 米，小明一定比小强矮吗？学生要回答这个问题，首先需要理解"平均身高 1.4 米"和"平均身高 1.5 米"的意义，其次要想象小明、小强身高的情况。让学生从这些实例中，理解平均数的概念。

三、"可能性"的教学

关于"可能性"这一教学内容，现行教材主要是集中在第二学段进行学习。主要是让学生初步体验有些事件的发生是确定的，有些是不确定的；在此基础上，能用恰当的词语（如"一定""可能""偶尔""不可能""很可能"等）来定性表述事件发生的可能性大小。"可能性"的教学内容具有活动性和过程性的特点，教学建议如下。

（一）在活动中描述不确定现象，体会事件的随机性

例如，通过抛硬币猜结果游戏，总结导入：硬币朝上的一面可能是正面，也可能是反面，这就是我们生活中的可能性，抛硬币正面朝上事件具有随机性。

（二）在活动中探究体验可能性是有大小的

例如，摸球游戏中，如果某种颜色的球数量多一些，那么摸出这一颜色球的可能性就大一些。这些道理不能由教师直接告诉学生，需要学生在摸球活动中，通过对比逐步悟出其中道理。

例如，可以设计这样的对比活动：盒子里有 2 个红球和 2 个黑球，请学生连续摸 10 次，一边摸一边记录，看一看摸到红球的次数与摸到黑球的次数是不是差不多；然后，使盒子内有 1 个红球和 3 个黑球，再请学生连续摸 10 次，同样一边摸一边记录，看一看摸到红球的次数是不是比摸到黑球的次数要少得多。通过这一系列的活动，使学生探索并体会事件发生的可能性是有大小的。

（三）在交流活动中用数学语言正确描述可能性大小

由于可能性的大小对小学生来说，暂不要求定量把握，只要求定性的初步了解。每次活动后，及时组织学生交流讨论，在交流比较中，理解词语"一定""很可能""偶尔""不可能""可能"的意义。例如，盒子内有 1 个白球和 9 个黄球。学生将一次摸球描述成"不太可能（偶尔）是白球"，而不是把它描述成"可能是白球"。当盒子内有 4 个白球和 6 个黄球时，在摸球中，学生又该如何描述？经过上述类似操作过程的比较，学生对描述的词语可以理解得更深刻。

项目检测

小学数学课堂教学的案例分析

在进行"100 以内的退位减法"，教师引导学生通过情境列出算式 36-8，然后进行求解。教学过程大致如下：1. 用小棒摆一摆，边说边拿出 8 根小棒；2. 与同桌交流自己的方法；3. 在算法交流过程中，学生依次发言（上台演示）。

生 1：从 10 根小棒里面去掉 8 根剩下 2 根，再和 26 根合起来是 28 根，10-8=2，

26+2=28。

生 2：从 30 里面拿出 2 和 6 合成 8，30-2=28。

生 3：8-6=2，30-2=28，36 分成 16 和 20，16-8=8，20+8=28。

生 4：从 30 里面拿出 8，还剩下 22 根，22+6=28。

生 5：36-10+2=28。

算法交流完成后，教师组织比较：你喜欢哪一种方法？

生 1：我喜欢第一种方法。

生 2：我喜欢第二种和第三种方法。

生 3：我同意她说的方法。

……

师：你喜欢哪种方法，就用哪种方法算！

具体要求：

1. 你觉得上述案例在"算法多样化"和"算法最优化"方面做得如何？有哪些值得探讨和改进的地方？做出改进的教学设计，并与小组同学进行模拟教学。

2. 通过网络或者进入小学，收集一些教学实例进行分析主要讨论有哪些值得探讨和改进的地方，做出改进的教学设计，并与小组同学进行模拟教学。

项目十　小学数学教学评价

项目背景 ....

　　中共中央、国务院在《关于深化教育教学改革全面提高义务教育质量的意见》中指出，"坚持五育并举，全面发展素质教育""着力培养认知能力，促进思维发展，激发创新意识"。因此，小学教师需要深入理解数学学科特点、小学数学的知识结构与思想方法，科学把握小学生的认知规律，并将它们有机结合起来，实施有过程的、体现学科特点的、适应学生学习的小学数学课堂教学。

项目目标 ▼ ....

一、知识与能力目标

　　1. 理解小学数学教学评价的含义及价值，结合小学数学教学的评价理念，掌握小学数学教学评价的基本方法。

　　2. 掌握"教师教"的评价理念和评价方法，掌握优秀小学数学教学的特征，诊断教师课堂教学的不足，更有效地改进教学，促进教师的专业化发展和学生的全面发展。

　　3. 掌握"学生学"的评价内容、评价理念和评价方式，关注学生数学学习的水平，重视学生在数学活动中所表现出来的情感与态度，帮助学生认识自我、建立信心。

二、过程与方法目标

　　1. 学生通过查阅小学数学教学评价相关文献，进行小组交流，培养团队合作和小学数学教学评价的能力。

　　2. 根据小学数学课堂教师教学的情境，进行同伴交流，培养对小学数学课堂教师教学的评价能力。

　　3. 根据小学数学课堂学生学习的情境，进行同伴交流，培养对小学数学课堂学生学习的评价能力。

三、情感态度与价值观目标

　　1. 通过任务驱动，小组合作学习的学习方式，培养和提高合作探究能力，提高合作意识。

　　2. 通过知识学习、教学评价等学习过程，树立学生为本的教育价值观。

引导案例

矫情夸张，缺乏真情实感

课刚开始，教师出了一道非常简单的数学题，并请一位同学在黑板上做，当老师宣布这位同学做对时，伴随着"咔"地一声，多媒体的屏幕上出现了"你真棒！"三个大字。教师同时神采飞扬地竖起大拇指夸张地说："了不起啊，了不起，我们班出了个华罗庚！"话语刚落，全场哄堂大笑。这道题很简单，只是课前的过渡题，教师还没有进入实质性地教学，就矫情夸张地对学生进行评价，显然不够恰当。

思考 我们应该如何进行数学课堂教学评价呢？

任务一 小学数学教学评价概述

学习目标

1. 了解小学数学教学评价的含义及价值。
2. 理解小学数学评价的理念。
3. 掌握小学数学教学评价的基本方法。

学习任务

学生通过查阅小学数学教学评价相关文献，针对小学数学教学评价的理念进行小组交流，并写一份学习笔记。

一、教学评价的含义与价值

（一）含义

教学评价是指评价主体按照一定的价值标准，运用有效的技术手段，对课堂教学诸因素及发展变化进行的一种价值判断活动。小学数学教学评价是以小学数学课堂教学为研究对象，根据评价标准，运用科学的测评手段，对教和学的过程和效果进行价值判断的活动。

教学评价

课堂教学评价根据被评价对象的不同，可以分为小学数学教师教学评价、小学数学学生学习评价，即"教师教"的评价和"学生学"的评价。"教师教"的评价是指对教师的教学质量进行评价。"学生学"的评价是指对学生学业成就进行评价。

（二）价值

课堂教学评价是一项不断地发现价值、判断价值和提升课堂教学价值的活动，是完整的教学过程不可分割的重要组成部分。课堂教学评价的价值主要体现为导向、激励、预测、鉴定、诊断、改进、考核、反馈、调控、管理等。

以往的课堂教学评价过分强调比较、鉴定和选择的价值，而现代的课堂教学评价则应更加注重诊断、改进和形成的价值。正如 CIPP 评价模式的创始人斯塔弗尔比姆（L.D.Stufflebeam）所说："评价最重要的目的不是证明，而是改进。"

课堂教学评价的各种价值体现，都必将对课堂教学质量乃至学校教学质量的提高产生作用，是为了促进学生和教师的发展。

【拓展阅读】

教育评价改革总体方案

2020年6月30日，中央全面深化改革委员会第十四次会议审议通过了《深化新时代教育评价改革总体方案》。会议指出，教育评价事关教育发展方向，要全面贯彻党的教育方针，坚持社会主义办学方向，落实立德树人根本任务，遵循教育规律，针对不同主体和不同学段、不同类型教育特点，改进结果评价，强化过程评价，探索增值评价，健全综合评价，着力破除唯分数、唯升学、唯文凭、唯论文、唯帽子的顽瘴痼疾，建立科学的、符合时代要求的教育评价制度和机制。

二、小学数学教学评价的基本理念

根据数学课程改革的基本理念，数学课堂教学评价关注点有下列转向：由关注书本转向关注学生的年龄特征和认知特点；由单一的知识目标转向关注学生的全面发展；由单纯的教师讲授转向重视引导学生自主探索与合作交流，培养创新精神；由远离生活转向生动具体的教学情境的营造；由单一的教学手段转向丰富的现代信息技术的应用；由教师的独白转向师生间的对话与交流。因此，小学数学课堂教学评价的基本理念，具体表现在以下三方面。

（一）注重评价的多元性

评价的多元性指的是评价主体、评价内容、评价方法等都应具有多元性。评价主体可以是研究者、教育管理者、被评教师、同行、学生、家长等，改变原来单纯以他评为主的方式，重视自评和互评。评价内容既包括教学内容、教学方法、教学组织等教师教的方面，也包括学习内容、学习态度、学习方式、学生的参与度等学生学的方面。评价方法应采用定量和定性相结合的方法，用定性评价统领定量评价，可以避免出现忽视情感、态度和其他一些无法量化而对评价对象的发展影响较大的因素的作用。

【拓展阅读】

"解决问题"一课的多元评价

在"解决问题"一课中有这样一个问题：花园里一共有54朵花，小朋友第一次摘走了18朵，第二次摘走了22朵，花园里还剩下多少朵花？教师先让学生到黑板上列出算式，再对自己的思考过程做出评价。

生1：我列的算式是54-18-22=14（朵）。我是这样思考的：从总数中减去第一次摘走的，再减去第二次摘走的，就是剩下的。

生2：我列的算式是54-（18+22）=14（朵）。我是这样思考的：先算两次一共摘走了多少朵花，再用总数去减两次摘走的，就是剩下的。

这两个小朋友自我评价后，教师再让其他学生对他们的表现进行评价。

生3：我觉得第2个同学的方法更简便，因为18+22的结果刚好是整十数，第二步算起来会更简便。

生4：我第1个同学的字写得不工整。

生5：我认为两个同学说得都很好。

师：你们说得都很有水平。是的，两个同学的表达都很清楚，第2个同学的方法更简便，对第一个同学的书写提出了要求。

评析：这样先让学生自评，再让其他学生评价，最后教师总结评。这种多元的自评、师评、互评有效结合的评价方式比单单师评更加有效，拉近了师生、生生的距离，丰富了学生情感体验。同时，这种评价还培养学生坚强无畏的品格，还可以加强他们的辨别和判断能力。

（二）注重评价的发展性

课堂教学评价坚持发展性评价，即强调以人为本，以发展的眼光来客观评价主体的变化，教学评价重视对课堂教学过程的评价，强调评价过程动态化，评价主体互动化等，希望能够实现评价的最大收益，促进教师和学生的共同发展。

【拓展阅读】

阶段性数学学习评价

本学期我们学习了收集、整理和表达数据。王小明同学，你通过自己的努力，能收集、记录数据，知道如何求平均数，了解统计图的特点，制作的统计图很出色，在这方面表现突出。但你在使用语言解释统计结果方面还存在一定差距。继续努力，小明！评定等级：B。

（三）注重评价的科学性

评价的科学性是指教学评价体系的构建应科学合理。评价指标的选取、评价标准的制定应以科学的教育理论为依据。另外，课堂教学评价证据的收集、整理和分析过程应客观科学，保证评价材料的真实性、评价过程的科学性、评价结果的客观性，评价对象的认可性、评价结果的可信性。

三、小学数学教学评价的常用方法

根据不同的划分标准，评分方法可分为不同类别。根据是否采用数学方法，可分为定性评价法和定量评价法；根据评价的范围，可分为分析评价法和综合评价法；根据评价基础，可分为相对评价法和绝对评价法；根据评价的主体，可分为自我评价法和他人评价法。评价的方法受到评价的目的和内容等因素的制约。

在教学实践中常用的评价方法有：量表评价法、等级评价法、评语评价法、口头报告、言语随机评价、学业成绩报告单、档案记录等。而在教育研究领域，学者们常用的评价方法是量表评价法、调查评价法（课堂观察法、访谈法、测验法、问卷调查法）、表现性评定等。无论哪种方法，都应强调评价主体的代表性，评价过程的规范性，评价结果的客观性。

这种以定性为主结合等级评价法的评语，实际上也是教师与学生的一次情感交流。学生阅读这一评语，能够获得成功的体验，树立学好数学的自信心，也知道自己的不足和努力方向。

【拓展阅读】

小学数学常用的学生评语

1. 对于爱动脑的学生评语：

你与众不同的见解，真让人耳目一新。你真棒！老师还没想到的这种做法，我向你学习。你的头脑真灵活，这种方法比老师的方法强多了。这真是奇思妙想，棒极了！这么难的题，你还做对了一道，真不简单！

2. 对于聪明的小马虎的评语：

方法很好，仔细查一查，看问题出在哪里？希望你告别粗心，与细心交朋友。如果再仔细一点，相信成功一定属于你。对作业认真，字迹工整，但内容有错的。多漂亮的字呀！要是再仔细一点就好了！

3. 对于书写潦草，尚欠认真的学生评语：

做得很好！如能把字写得再漂亮点，就更好了。你真棒，有这么大的进步，老师真为你感到高兴！只要全心全意投入进去，什么都难不倒你。再努力一把，相信你会更好！你一丝不苟，值得学习！

任务二　小学数学教师教学评价

◆ 学习目标

1. 理解小学数学教学"教师教"的评价理念。
2. 掌握优秀小学数学教学的基本特征。
3. 运用小学数学教学"教师教"的评价方法进行评价。

◆ 学习任务

根据小学数学教学情境，做听课记录，并按照课堂评价标准对教师教学进行评价，然后全班交流。

一、教师教学的评价理念

小学数学课堂教学是数学教师的教学技能、业务水平、文化修养、教育观点、思想素质的综合表现。小学数学课堂教学评价的过程是教师进行教学反思、开展教学研究、促进自我发展的过程。评价"教师教"的目的在于，总结教师优秀的教学经验，诊断教学的不足，更有效地改进教学，促进教师的专业化发展和学生的全面发展。

小学数学课堂教学是数学活动的教学，是师生之间、学生之间交往互动与共同发展的过程。小学数学课堂教学，教师应从学生的生活经验和已有知识出发，创设生动有趣的情境，引导学生开展观察、操作、猜想、推理、交流等活动，使学生通过数学活动，掌握基本的数学知识和技能，初步学会从数学的角度去观察事物、思考问题，激发对数学的兴趣。

学生是数学教学的主体，教师是学生数学活动的组织者、引导者与合作者。教师要正确地认识学生个体差异，因材施教，使每个学生都在原有的基础上得到充分的发展。教学评价要关注学生的学习过程，不仅要关注学生观察、分析、自学、表达、操作、与人合作等一般能力的发展，以及运算、空间观念、统计、解决问题等数学能力的发展，更要关注学生在情感、态度与价值观等方面的健康和谐的发展。教学评价不仅要关注课堂教学的结果，更要关注课堂教学的过程。

二、优秀小学数学教学的特征

（一）切合实际的教学内容

教师设计一节课时，应根据学生的先知和实际的学习需求，确定恰当的内容范围和难度要求，才能有效地达到预期的教学目标。如果不考虑学生实际，不分析和利用现有条件的课堂教学设计，就不会有好的教学效果。

（二）宽松和谐的学习环境

好的教学有宽松和谐的学习气氛，学生在探索和学习的过程中建立丰富的情感体验。教师生动的语言、和蔼的态度、富有启发性和创造性的问题，有探索性的活动等都可以为学生创造和谐的环境。

（三）关注学生的学习过程

好的教学应为学生提供"做"数学的机会，让学生在学习过程中去体验数学和经历数学。数学学习，特别是新概念、新方法的学习，应当为学生提供具体的情境，让学生在实际的操作、整理、分析和探索中去体会数学。

（四）尊重学生的学习需要

好的课堂教学应当尊重不同学生在知识、能力、兴趣等方面的需要，应当有针对性地设计不同层次的问题，使不同的学生都有机会参与教学活动，都可能在学习过程中有所收获。教学要恰当处理学生学习活动中不同类型的反馈信息，保护学生的自尊心和自信心。

（五）科学有效的教学方法

教学方法的选择和运用应根据不同年龄和不同发展水平学生的需要，同时也要符合不同的学习内容。新概念、新方法的内容可以采用让学生去探究与发现的教学方法，规定性的内容也可以采用讲授法。

（六）恰到好处的思考空间

好的课堂教学应当是富于思考的，学习的效果最终取决于学生是否参与到学习活动中，积极主动地思考。教师要为学生提供更多思考的机会，为学生留有思考的空间。例如，教师提问之后，尤其是提出需要较深入地理解和具有创造性的问题时，更应提供学生充分的思考时间。

三、教师教学的评价维度

在小学数学教学中，评价"教师教"主要从认知过程、情感过程和因材施教三个维度进行。

（一）认知过程

有效的小学数学课堂教学应关注学生的认知过程。评价小学数学课堂教学要关注教师在实施小学数学课堂教学过程中，能否使学生有效地经历数学知识的形成过程，使学生在获得必要的基础知识与基本技能的同时，发展实践能力与创新意识。应从以下三个方面进行评价。

（1）学习方式：教师能否根据具体的教学内容，引导学生开展有效的学习，是否体现动手实践、自主探索、合作交流等有效的学习方式。

（2）思维的发展：教师能否发展学生的形象思维、抽象思维能力、统计观念、合情推理能力、初步的演绎推理能力及初步反思的意识。

（3）问题解决与应用意识：教师能否有效地组织学生初步学会从数学的角度提出问题、理解问题，并能综合运用所学的知识和技能解决简单的实际问题，发展应用意

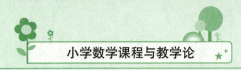
识；能否使学生形成解决问题的一些基本策略，体验解决问题策略的多样性。

（二）情感态度

评价小学数学课堂教学过程，应当关注以下几个方面。

（1）教学环境：是否营造了一个平等、民主、和谐的课堂环境，教师是否鼓励学生发现问题、提出问题，学生是否敢于质疑、大胆尝试、乐于交流与合作。

（2）学习兴趣：教师能否充分地调动学生的学习积极性，使全体学生都能够主动、有效地投入到数学活动之中；学生是否对数学有好奇心与求知欲。

（3）自信心：教师能否让学生在数学学习活动中获得成功的体验，学生能否在学习过程中建立自信心。

【拓展阅读】

三角形的内角和

在四年级"三角形的内角和"的教学时，学生交流并尝试了测量、剪拼等方法、验证了三角形的内角和是180°。此后，一个学生又提出了把一个长方形沿对角线折成两个三角形，因为长方形的内角和是360°，所以三角形的内角和是180°的方法。

师：你的方法与别人不一样，很独特，说明你是个善于思考的孩子，这种方法确实能验证每个折成的三角形的内角和是180°。

教师话音未落，一名学生举起了手。

生：他的方法只能验证直角三角形的内角和是180。

师：用他的思路怎么验证其他任意三角形的内角和也是180°？

同学们开始开动脑筋思考，小组讨论，操作，从而用普通四边形折出两个三角形，得到了任意三角形的内角和是180°的结论。

师：同学们善于倾听别人的发言，并敢于提出不同的意见，能多角度地思考问题，非常棒。

评析：这位教师营造了一个平等、民主、和谐的课堂环境，给学生提供了满足好奇心与求知欲的学习机会。学生敢于质疑、大胆尝试、乐于交流与合作，在数学学习活动中获得了成功的体验。

（三）因材施教

小学数学课程应面向全体学生，小学数学课堂教学要进行因材施教，使得每一个学生都能获得必需的数学知识，使得不同的学生在数学上有不同的发展。评价时应关注以下几点。

（1）尊重个性差异：教学中能否尊重每一个学生的个性

因材施教

特征，允许不同的学生从不同的角度认识问题，采用不同的方式表达自己的想法，用不同的知识与方法解决问题。

（2）面向全体学生：教师能否在课堂教学中关注每一个学生，特别是对学习有困难的学生给予切实的帮助。

（3）教学方法与手段：合理有效地使用教学方法与手段，为学生生动活泼的主动发展提供支持与引领。

【拓展阅读】

用三角板画角

在教学"三角板画角"中，学生探究三角板每一个角的度数之后，教师请学生"写出拼成的角的度数"。教师在巡视学生的过程中，发现全班学生中有接近三分之二的学生能根据刚才活动的记忆快速写出每一个角的度数；有大约五分之一的学生需要借助手中的三角板来正确填写；有少数的学生虽然会借助三角板来填写，但是怎么也拼不出图中的角度，甚至有的学生思维定式，只知道把三角板固定一个位置，不会灵活旋转；还有少数的学生完全抛开三角板和题目要求用量角器量角的度数；剩下极个别学生则什么也不做，就是不会写。

面对不同的学生，教师的评价标准和评价方式就不能千篇一律。对于能快速填写出正确度数的同学，教师为他们竖起了大拇指，并下发"思维智多星"，同时也有更高的要求，请他们来当小老师，监督和帮助组内没有完成或不会的同伴。对于动手拼摆的学生，首先要肯定他们积极动手的好习惯，激励他们脱离三角板记住三角板上的角度，以方便利用知识。对那些用三角板怎么摆也摆不成的学生用语言启发，"你的三角板可以变换一下位置吗？"进行启迪思维。对于那些用量角器量角的学生，肯定他们积极学习的态度，告诉学生遇到问题要能用不同的方式来解决。

四、教师教学的评价方法

教学实践中，根据评价资料的收集手段，课堂"教师教"的评价方法可以分为量表评价法、现场课堂观察评价法、监视监听评价法、录像评价法等。

下面分类进行介绍。

量表评价法则是采用事先编制好的评价量表，由评价人员根据他们对教学过程和效果的主观印象进行评价的方法。这种评价方法的优点是便利快捷，具有很强的可操作性。这种评价方法的关键是评价量表是否科学合理。

现场课堂观察评价法是评价者进入课堂，实时实地听教师讲课并进行评价的方法。这种评价资料的收集方法具有很强的时效性，对教师的教学激情和学生的参与积极性有较深的体会。缺点在于会受到评价者注意力分配和记录速度等的限制，而且由于评价者的出现往往会让被评教师和学生在心理和行为上发生一定变化。

监视监听评价法则是利用单向玻璃或摄像设备等进行的实时课堂评价的方法。评价者不直接进入课堂，这样可以在很大程度上避免给师生带来压力，使获取的信息更加真实。缺点在于可能会受到观察角度等的影响，无法全面了解整个课堂的情况。

录像评价法则是利用录像将教师的教学过程和学生的活动记录下来，进行课后的评价和分析的方法。其优点在于可以多人反复观看和讨论，在评价的过程中也可以让被评教师参与讨论，从而使得整个评价资料更为全面、客观、准确。在录像评价中，录像往往只是一种评价资料的收集手段，对录像进行数据的编码、分析和评价会派生出不同的录像评价分析技术。

在实施评价的过程中，究竟应该采取何种课堂教学评价的方法，应当根据本地或本校教学工作的性质和特点来确定。无论哪种方法，都应保证课堂教学评价的有效性。

【拓展阅读】

小学数学教师教学评价表

教师姓名		工作单位		课题		班级		日期	
评价指标		评价标准							分数
教学目标（10分）		1. 符合课标理念，体现知识技能、数学思考、问题解决以及情感态度等四个方面的要求。 2. 切合教材要求和学生实际。 3. 表述准确、具体，准确使用刻画知识技能与数学活动水平的目标动词。							
教学内容（20分）		1. 能驾驭教材，准确地把握教学重点、难点和关键。 2. 教学内容应当是现实的，有意义的、富有挑性的。 3. 适当补充相关情境材料，支持学生学习，注意本学科与其他领域的适当联系。 4. 教学内容有利于学生主动地进行观察、实验、猜测、验证、推理与交流等数学活动。							
教学过程（20分）		1. 教学思路清晰，层次清楚，结构合理，重点突出，符合学生认知规律，有利于学生认知结构的建立。 2. 开展有效的学习活动，师生、生生多边互动，积极参与，把动手实践、自主探索与合作交流作为重要的学习形式。学习活动是活泼的、主动的、和有个性的。 3. 教学节奏适当，时空分配合理，教学进程自然流畅。 4. 师生关系和谐，情、知交融。 5. 利用现代化信息技术，整合学科教学。							

续表

评价指标	评价标准	分数
教学方法（10分）	1.教学方法具有启发性，充分发挥学生的主体作用。 2.情境创设恰当、有效，问题设计严谨、合理。 3.采用不同的方式呈现教学内容。 4.体现学生的能力培养，情感的激发。 5.教学手段运用得当。	
教学效果（20分）	1.大多数学生在原有的基础上获得知识、技能、情感态度等方面的发展，特别是探索精神和创新意识的发展。 2.全面达到教学目标，完成教学任务。 3.学生思维活跃，表现出积极的情感与态度。	
教师素质（10分）	1.教态自然，语言准确简练，示范规范，指导得法，板书科学合理。 2.能正确熟练地使用直观教具和现代信息技术媒体，并合理优化。 3.善于组织教学，具有一定的教学机智，随机调控能力强。 4.具备宽广的知识面和对知识的深刻理解。	
教学特色（10分）	1.在教学的某个环节或全过程中有独具创新的教学设计，其效果显著。 2.设计的教学方案有独具特色的主题或立意。 3.教师在教学过程中具有鲜明的个人教学艺术风格。	
综合评价	评价者： 评价日期：	

任务三　小学数学学生学习评价

学习目标

1.理解小学数学教学"学生学习"的评价理念。
2.运用小学数学教学"学生学习"的评价方法进行评价。

学习任务

根据小学数学教学情境，做听课记录，并按照课堂评价标准对学生学习进行评价，然后全班交流。

一、学生学习的评价理念

小学数学中，希望通过对"学生学"的评价，了解学生的数学学习历程，总结学生学习经验，诊断学习过程中的不足，有效改进学生的学习和教师的教学，促进学生的全面发展和教师的专业化发展。

《课程标准》提出了对学生数学学习的评价理念："学习评价的主要目的是为了

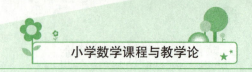

全面了解学生数学学习的过程和结果，激励学生学习和改进教师教学。应建立目标多元、方法多样的评价体系。评价既要关注学生学习的结果，也要重视学习的过程；既要关注学生数学学习的水平，也要重视学生在数学活动中所表现出来的情感与态度，帮助学生认识自我、建立信心。"

二、学生学习的评价内容

小学数学课堂"学生学"的评价内容，应以数学课程改革新理念为指导，以课程目标和内容标准为依据，体现数学课程的基本理念，全面评价学生在知识技能、数学思考、问题解决和情感态度等四维目标方面的表现。

（一）知识技能

在对学生学习基础知识和基本技能的结果进行评价时，应该准确地把握"了解、理解、掌握、应用"不同层次的要求。在对学生学习过程进行评价时，应依据"经历、体验、探索"不同层次的要求，采取灵活多样的方法，定性与定量相结合。

例如，"周末，爸爸妈妈带小明去公园玩，看到售票处有一牌子上写着'成人票24元，儿童票12元'。请问小明一家三口，买门票要花多少钱？"本题考查学生运用混合运算的意义解决简单生活问题的能力；情境具有一定的真实性，考查一定的数学阅读能力。

正确答案为：① 24×3−12=60；② 24×2+12=60；③ 24+24+12=60；④ 24×2=48，48+12=60；⑤小明也买成人票，要买三张成人票，24×3=72；⑥小明不用买票，只买两张成人票，24×2=48。可见，只要符合题意，言之有理，计算有据，说理清晰，都可算作正确答案。因此，对知识技能的评价，并不一定存在标准答案，也并不一定存在唯一答案。

教师应允许学生经过较长时间的努力，随着数学知识与技能的积累逐步达到学段目标。在实施评价时，可以对部分学生采取"延迟评价"的方式，提供再次评价的机会，使他们看到自己的进步，树立学好数学的信心。

（二）数学思考

数学思考的评价要依据总目标和学段目标的要求，体现在整个数学学习过程中。数学思考的评价包括对学生的抽象思维能力、形象思维能力、数感与空间、统计观念和推理能力等方面的评价。

例如，你有 10 元零花钱，"六一"儿童节时想给自己购买一些礼物。表 10-3-1 给出了三个不同商店的不同物价。

表 10-3-1 礼物售价表

价格 / 元	商店 1	商店 2	商店 3
礼物1	3.50	3.00	4.00
礼物2	4.25	4.00	4.50
礼物3	2.75	2.25	2.50

（1）选择一个可能的组合，计算花了多少钱，你还剩多少钱？

（2）不超过 10 元钱，购买这三样东西有多少种不同的组合？把每一种组合表示出来。

此问题的特点是：可以从不同的角度思考问题，要求学生运用相关的数学知识解决问题；考查学生知道什么时候需要估算以及如何估算。这样的问题有助于我们更好地考查学生是否真正理解和掌握了各种数学技能，同时考查学生的数学思考能力。

（三）问题解决

对学生问题解决的评价，包括考查学生能否在教师指导下，善于从日常生活中捕捉信息，发现并提出数学问题；能否选择适当的数学知识和数学方法解决问题或探索出解决问题的有效方法，并试图寻找其他的方法；能否与他人合作，能否表达解决问题的过程，并尝试解释所得的结果；是否具有回顾与分析解决问题过程的意识等。

例如，在第二学段，教师可以设计下面的活动，评价学生问题解决的能力：用长为 50 厘米的细绳围成一个边长为整厘米数的长方形，怎样才能使面积达到最大？在对学生进行评价时，教师可以关注以下几个不同的层次。

第一，学生是否能理解题目的意思，能否提出解决问题的策略，如通过画图进行尝试；

第二，学生能否列举若干满足条件的长方形，通过列表等形式将其进行有序排列；

第三，在观察、比较的基础上，学生能否发现长和宽变化时，面积的变化规律，并猜测问题的结果；

第四，对猜测的结果给予验证；

第五，鼓励学生发现和提出一般性问题，比如，猜想当长和宽的变化不限于整厘米数时，面积何时最大。

为此，教师可以根据实际情况，设计有层次的问题评价学生的不同水平。例如，设计下面的问题：①找出三个满足条件的长方形，记录下长方形的长、宽和面积，并依据长或宽的长短有序地排列出来；②观察排列的结果，探索长方形的长和宽发生变化时，面积相应的变化规律。猜测当长和宽各为多少厘米时，长方形的面积最大；③列举满足条件的长和宽的所有可能结果，验证猜测；④猜想：如果不限制长方形的长和宽为整厘米数，怎样才能使它的面积最大？

教师可以预设目标：对于第二学段的学生，能够完成第①②题就达到基本要求，对于能完成第③④题的学生，则给予进一步的肯定。学生解决问题的策略可能与教师的预设有所不同，教师应给予恰当的评价。

（四）情感态度

情感态度的评价包括对学生参与学习活动情况、学习习惯以及学习兴趣与自信心等方面的评价。评价的主要方式有课堂观察、活动记录、课后访谈等。情感态度评价主要在平时教学过程中进行，注重考查和记录学生在不同阶段情感态度的状况和发生的变化。

小学生数学学习课堂情感态度评价表

项目	指标	评价等级
积极参与数学活动	举手发言	A=积极 B=一般 C=不积极
	提出问题	
	积极表达自己的意见	
自信并具有毅力	提出和别人不一样的问题	A=经常 B=一般 C=很少
	大胆尝试并表达自己的想法	
	坚持自己观点，并能寻求解决方法	
关注生活中的数学	感受数学来源于生活	A=能 B=不能 C=很少
	能提出一些生活问题	
	在生活中应用数学知识	
乐意与同伴交流	愿意参加小组内活动	A=能 B=不能 C=很少
	认真倾听别人的意见	
	积极参与讨论与交流	

这里特别需要强调的是，学生在数学学习过程中，知识技能、数学思考、问题解决和情感态度等方面的表现不是孤立的，这些方面的发展综合体现在数学学习过程之中。评价不仅要关注学生的学习结果，更要关注学生在学习过程中的发展和变化。在评价学生某一方面表现的同时，要注重对学生学习过程的整体评价，分析学生在不同阶段的发展变化。评价时应注意记录、保留和分析学生在不同时期的学习表现和学业成就。

评价角度的多样化

教师在课堂中要从多个角度来观察学生的表现，挖掘学生的潜能，寻找其亮点。比如，在"找规律"一课的课堂总结时。

师：同学们，通过这节课的学习，你有什么收获？

生1：我知道有一种循环规律是把每一组的第一个图形移到最后，再把所有图形都依次向前移一格，就变成下一组。

生2：根据找上面的每组图形的规律，我可以画出下面每组的图形。

生3：我知道了生活中有很多有规律的事物，美化着我们的生活。

师：你们说得都很好。同学1归纳了循环规律的特征，同学2运用规律可以解决问题，同学3知道规律美化了我们的生活。

评析：教师对不同学生的回答从不同角度进行了不同的评价，分别涉及数学思维、问题解决和情感态度等方面。采用这样多角度的评价标准，有针对性对学生进行评价，有较强的导向作用，使每个学生的个性都得到了张扬。

三、学生学习的评价方式

根据《课程标准》提出的评价方式多样化的理念，在小学数学教学中，可以采用日常检查、测试、表现性评价、数学日记等多种评价方式，具体介绍如下。

（一）日常检查

日常检查是指在日常教学中对学生学习过程情况的简要检查。日常检查能够及时提供反馈消息，有助于教师发现学生学习中存在的问题，适当地安排和调整教学内容和教学进程。日常检查的形式有多种，课堂随机评价、作业评价、教师课堂观察等都是日常检查的有效方式。

1. 课堂随机评价

课堂随机评价包括口头评价、脸部表情的赞许，投以肯定的目光，点点头表示赞同等。其中口头评价是最及时、最直接的评价方法，具有鲜明的随机性和灵活性，在课堂教学中充分发挥着锦上添花的重要作用，在课堂教学中具有导向和激励功能。

教师课堂随机评价时，应合理把握评价时机，充分发挥即时评价和延时评价的优势。如果学生初次思考后的结论不一定正确，教师不要急于评价，给学生提供再思考的机会，让学生想得更加透彻。

例如，在"锐角与钝角"课堂上，教师首先出示一个角，让学生猜测这是什么角，有些学生认为是直角，有些学生认为是锐角。这时，教师没有对学生的意见做出评价，而是让学生用三角尺上的直角去判断，再确定是什么角。这样的延时评价促使学生去分析、体验、论证，培养了学生动手操作能力，并发展了学生的思维。教师在课堂上要准确地、创造性地对学生的学习进行评价，激活学生思维，使其获得积极的情感体验，从而形成良好的学习品质。

2. 作业评价

作业是学生获取、巩固、应用知识的一种手段，是课堂教学的延续。因此，小学数学作业评价是实施数学学习评价的重要组成部分，也是向学生反馈学习情况的一种形式。作业评价，应充分关注学生的个体差异，发挥其导向、调控、激励等功能，使学生及时了解学习的进步与不足，不断明确努力方向，提高学习数学的自信心，形成积极的情感态度。

例如，一位教师在班上开展"流动作业本"制度。只要这节课认真听讲，或者是上次作业认真清楚、全对的学生，或者正确评价其他学生作业的学生，或者学困生有明显进步的都有资格做"流动作业本"上的作业。只要做一次"流动作业本"就能得到一朵纸花的奖励，而凑齐五朵纸花又有小奖品。这样就极大地调动了学生的积极性，学生都希望自己能够做"流动作业本"上的作业。

这种评价方法也体现了评价主体的多样性，营造了一个生生互学的氛围，能够激发学生的学习积极性，可为学生的数学学习提供了外部动力。

3. 课堂观察表

课堂观察表是记录学生课堂行为表现的一种简便工具，需要事先确定学生行为表现的指标，然后运用这些指标对学生行为进行检核。教师可以设计下面的课堂观察表，用于记录学生在课堂中的表现，以便综合了解学生的学习表现和变化情况。

【拓展阅读】

学生学习课堂观察表

时间：　　　　课题：　　　　班级：　　　　学生姓名：

项目	评价方式	1	2	3	说明	备注（能否举例）
知识技能（数与代数、空间与图形、统计与概率、综合实践、解决问题）	自评				1=真正理解掌握 2=初步理解 3=不理解	
	师评					
是否认真（听讲、作业）	自评				1=认真 2=一般 3=不认真	
	师评					
是否积极（举手发言、提出问题并询问、讨论与交流、阅读课外读物）	自评				1=积极 2=一般 3=不积极	
	师评					
是否自信（提出和别人不同的问题，大胆尝试并表达自己的想法）	自评				1=经常 2=一般 3=很少	
	师评					
是否善于与他人合作（听别人意见、积极表达自己的观点）	自评				1=能 2=一般 3=很少	
	师评					
思维的条理性（能有条理地表达自己的观点，解决问题的过程清楚，做事有计划）	自评				1=强 2=一般 3=不足	
	师评					

续表

项目	评价方式	1	2	3	说明	备注（能否举例）
思维的创造性（用不同方法解决问题、与众不同的观点、大胆质疑批判）	自评				1= 强 2= 一般 3= 不足	
	师评					
你学到了什么？						
还有什么问题？						
教师寄语：						

教师姓名：

（二）测试

合理地设计和实施测试，有助于全面考查学生的数学学业成就，考查学生对知识和技能的理解和掌握程度，及时反馈教学成效，诊断存在的问题，测试可以分为纸笔测试和口头测试。

口头测试常适用于第一学段。例如，让学生口算 10 以内的加减法运算，也可以准备一幅内容丰富的场景图（包含整册书所学主要内容的生动而丰富的画面），让学生从中自由选择内容提出与所学内容有关的问题。教师对于有价值的、有创意的问题应及时鼓励。

纸笔测试是学生学业成就评价最常见的手段，是考查学生课程目标达成状况的重要方式。对于学生基础知识和基本技能达成情况的评价，必须准确把握内容标准中的要求，要注重考查学生对其中所蕴含的数学本质的理解，考查学生能否在具体情境中合理应用。

无论哪种测试，都必须削弱"甄别""选拔"功能，而应发挥它"诊断""改进"和"激励"的作用。评价重点放在纵向评价，着重于学生成绩和素质的提升，使学生真正感受到自己的进步，体验学习的乐趣。

设计试题时，应关注并且体现课程标准的设计思路中提出的几个核心词。根据评价的目的合理地设计试题的类型，有效地发挥各种类型题目的功能。例如，为考查学生从具体情境中获取信息的能力，可以设计阅读分析的问题；为考查学生的探究能力，可以设计探索规律的问题；为考查学生解决问题的能力，可以设计具有实际背景的问题；为了考查学生的创造能力，可以设计开放性问题。

【拓展阅读】

开放性试题评价

题目：10张1元新纸币叠起来大约厚1毫米。（1）估计一下，1亿张1元新纸币叠起来的高度和世界第一高峰珠穆朗玛峰（高8848米）相比，哪个更高？（2）计算一下，1亿张1元新纸币叠起来的高度，然后检测一下自己的估计正确吗？（3）说说你的感受。

评析：这是一道小学数学开放性试题。第（1）题是"估计"。第（2）题是"计算"，结果是唯一的。考查的是学生的基础知识和基本能力。第（3）题"说说你的感受"是开放的。学生的"感受"丰富多彩，有对估计准确的兴奋；有对估计失误的惊讶；有对积少成多、积小为大的感慨……这种开放性题目，真正将知识、技能、过程、方法、情况和态度融入了学生的学习过程，落实了数学新课程的理念，有利于促进学生的全面发展。

（三）表现性评价

表现性评价，也称为"真实性评价"，要求学生在课堂内外的真实情境中，运用所学知识，完成复杂、有意义的表现性任务，考查学生是否能够实际表现出某种特定的表现性技能，如知识整合能力或批判性思维能力。这种任务通常是真实性任务，比如创建出符合某种特定标准的成果或作品，设计一个展示模型。根据教学目标的特点，学生学习最直接的目标就是应知与应会。一般地，"应知"比较适合用纸笔测试来评价，"应会"比较适合用表现性任务来评价。

表现性任务具有以下优点：①表现性任务不仅评价学生"知道什么"，更重要的是评价学生"能做什么"；②表现性任务不仅评价学生行为表现的结果，更重要的是评价学生行为表现的过程；③表现性任务是对某个学习领域、某方面能力的评价，更重要的是评价学生综合运用已有知识进行实际操作与表现的能力。

【拓展阅读】

用四巧板拼图形

评价小学生实际动手能力，可以进行各种拼图游戏。下面以四巧板（又称T形板）为例进行说明。四巧板由一块长方形分解的4块不规则形状组成，其中有大小不同的直角梯形各一块，等腰直角三角形一块，凹五边形一块。这几个多边形的内角除了有直角外，还有45°、135°和270°的角。

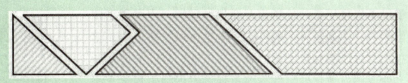

根据拼图的难易，分成九档，参考标准见下表。

级别	参考时间	拼出图形			
1	5	长方形		平行四边形	
2	10	木马	角尺、L	亻	斧头
3	15	路标、箭号	雁阵、箭号	小船	异形石、折角矩形
4	15	喜鹊	鹅颈、单箭号	钩	菱形
5	20	双箭号、飞来飞去	卜	7	三节棍
6	20	鸭子	订书机、小人	房子	庭石、叠砖
7	25	桥	火箭	狗头	台阶
8	25	火山	T		箭头
9	10	手风琴			

（四）数学日记

数学日记不仅可用于评价学生对知识的理解，也可用于评价学生的思维方式。通过日记的方式，学生可以对所学的数学内容进行总结，可以像和自己谈心一样写出他们自己的情感态度、困难之处或感兴趣之处。课程改革强调发展学生数学交流能力，写数学日记提供了一个让学生表达数学思想方法和情感机会。

数学日记两则

开始写数学日记的时候，学生可能感到有些困难，无从下手。为了便于学生操作，教师可以提供一个数学日记的格式，规定一些需要写的内容，来引导学生写作。

对于新知识的学习，可以沿用这样的格式：今天数学课的课题是……，所涉及的重要数学概念是……，理解得最好的地方是……，我不明白或还需要进一步理解的地方是……，所学的内容能否应用在日常生活中，举例说明……，通过学习这部分内容，我更希望……。

当一个学段结束后，教师还可以引导学生把单元知识进行梳理，形成能力。通过写总结性日记的形式，说出自身的体验和感受。总结性日记可以沿用这样的思路：我印象最深的一节课是……，我最感兴趣的一道题是……，我最喜欢的一次作业是……，我提出一个引起同学们注意的问题是……，我解决的数学问题是……，我学到了……，我怎样才能更积极地参加学习活动。

项目检测

小学数学教学评价行动研究

进入小学，选择一堂小学数学主要内容的新授课，认真听课做好详细记录（最好录像）。根据记录，利用本项目中学习的方法，进行小学数学课堂教学评价的行动研究。

具体要求：

1. 对教师的教学进行评价，然后进行小组交流，给出一个综合性的评价。

2. 对学生的学习进行评价，然后进行小组交流，给出一个综合性的评价。

3. 以小组为单位，根据学生学习内容，设计几道评价试题，对学生的知识技能、数学思考和问题解决进行测试评价，并写出评价报告。

参考文献

[1] 中国科学院. 科技部办公厅、教育部办公厅、中科院办公厅、自然科学基金委办公室印发《关于加强数学科学研究工作方案》的通知（国科办基〔2019〕61号）.

[2] 恩格斯. 马克思、恩格斯选集（第3卷）[M]. 北京：人民出版社，1972.77.

[3] R. 柯朗，H. 罗宾. 什么是数学[M]. 上海：复旦大学出版社. 2005.1.

[4] Renewing U.S. Mathmatics：A Plan for the 1990s[M]. The National Academy Press，1990.

[5] 教育部.义务教育数学课程标准（2011年版）[M]. 北京：北京师范大学出版社，2012.1.

[6] 张永春. 数学课程论[M]. 南宁：广西教育出版社，1996.16–17.

[7] 唐彩斌. 探寻适合中国小学数学教育的"0.618". 小学教学（数学版），2011（5）：6–7.

[8] 丁尔陞. 我国中小学数学课程发展的思考[J]. 数学通报，2002（5）：0–7.

[9] 中华人民共和国中央人民政府. 中共中央、国务院关于深化教育教学改革全面提高义务教育质量的意见（2019年6月23日）.

[10] 曾小平，汪秉彝，吕传汉. 数学"情境—问题"教学对数学探究学习的思考[J]. 数学教育学报，2009（1）：82–87.

[11] 沈超. 小学数学教学"数学化"缺失的分析[J]. 数学教育学报，2008（4）：90–92.

[12] 史宁中. 数学思想概论·数量与数量关系的抽象[M]. 长春：东北师范大学出版社，2008.147–115.

[13] 曾小平，韩龙淑. 小数是特殊的分数吗——小数的意义与教学探究[J]. 教学月刊（小学数学），2012（7–8）：31–34.

[14] 曾小平，刘长红等. 小学生数学核心素养研究[M]. 北京：首都师范大学出版社，2019，19.

[15] 裴娣娜. 教学论[M]. 北京：教育科学出版社，2007，183.

[16] 周达，冯娉婷，刘浩. 小学生数学问题解决影响因素的调查研究[J]. 现代中小学教育，2018（8）：44.

[17] 丁芊兮. 小学生数学问题解决的现状研究[D]. 首都师范大学，2019.

[18] 徐利治，郑毓信.略论数学真理及其真理性程度[J]. 自然辩证法研究，1988，4（1）：22–27.

[19] 曾小平，韩龙淑. 除法竖式的发展与教学[J]. 小学教学（数学），2011

（11）：46–48.

[20] 郭雪梅，曾小平. 激发学习动机，促进深度学习[J]. 中小学课堂教学研究，2019，（8）：3–6.

[21] 曾小平，韩龙淑. 三角形内角和的证明与教学[J]. 小学教学（数学），2011（12）：43–45.

[22] 刘加霞. 基于学生的理解水平，实施"有过程"的教学——以"加、减法的初步认识"的对比分析为例[J]. 小学数学教师，2011（5）：1–9.

[23] 史宁中. 漫谈数学的基本思想[J]. 中国大学教学，2011（7）：9–11.

[24] 曾小平，韩龙淑. 多位数乘法的算法、算理与教学[J]. 小学教学（数学），2011（10）：47–49.

[25] 赵丽. 再说算理与算法[J]. 小学数学教育，2013（1–2）：72–73.

[26] 郜舒竹. 计算其实是推理[J]. 教学月刊（小学数学），2011（12）：14–16.

[27] 郜舒竹. 从小数除法看"运算感"[J]. 教学月刊（小学数学），2019（1–2）：4–7.

[28] 王炎. 导学式教学法在小学数学教学中应用的研究[D]. 重庆师范大学，2011.

[29] 王光生. 知识类型与数学教学设计[J]. 数学教育学报，2007，16（3）：27–31.

[30] 郑毓信. 数学教学方法改革之实践与理论思考（续）[J]. 中学教研（数学）. 2004（8）：1–5.

[31] 陈洪庆. 小学数学教学法新编[M]. 武汉：华中师范大学出版社，2007.163.

[32] 吴正宪. 小学数学课堂教学策略[M]. 北京：北京师范大学出版社，2012.58–59.

[33] 刘加霞. 小学数学课堂的有效教学[M]. 北京：北京师范大学出版社，2008.244–246.

[34] 彭钢、蔡守龙. 小学数学课堂诊断[M]. 北京：教育科学出版社，2008.112.

[35] 曾小平，韩龙淑. 平均数的含义与教学[J]. 教学月刊（小学数学），2012（9）：25–28.

[36] 张慧、邓景娴. "问题引领，让实践活动走向深入"[J]. 教学月刊·小学版（数学）. 2020（5）：28–30.

[37] 马云鹏. 小学数学教学论（第四版）[M]. 北京：人民教育出版社，2013.192.

[38] 肖春梅，唐剑岚. 曲终收拨当心画 余音绕梁久不绝——优化小学数学课堂结束的策略[J]. 教育与教学研究，2016（11）：107–110.

[39] 王强国. 数学名师板书艺术欣赏[J]. 小学教学（数学），2011（12）：16–17.

[40] 周勇，赵宪宇：新课程说课、听课、评课[M]. 北京：教育科学出版社，2004.19.

[41] 曾小平. 教育教学知识与能力（小学）[M]. 北京：北京师范大学出版社，2013.132–135.

[42] 王秋海. 数学课堂教学技能训练[M]. 上海：华东师范大学出版社，2008.

[43] 金成梁，刘久成. 小学数学课程与教学[M]. 南京：南京大学出版社，2013.

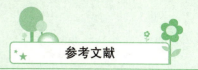

参考文献

65–66.

[44] 杜尚荣，李森. 教材编写的教学逻辑[J]. 小学教学（数学版），2015（2），54.

[45] 张奠宙，宋乃庆. 数学教育概论[M]. 北京：高等教育出版社，2004.92.

[46] 田金兵，徐东星，刘古胜. 小学数学课程与教学论[M]. 海口：海南出版社，2009.22.

[47] 杨庆余. 小学数学课程与教学[M]. 北京：高等教育出版社，2004.164.

[48] 郭雪梅，曾小平. 激发学习动机，促进深度学习[J]. 中小学课堂教学研究，2019（8）：3–6.

[49] 沈超. 小学数学教学"数学化"缺失的分析[J]. 数学教育学报，2008（4）：90–92.

[50] 马云鹏，孔凡哲，张春莉. 数学教育测量与评价[M]. 北京：北京师范大学出版社，2009.192–195.

[51] 叶小雅. 小学数学快乐学习的教学策略研究[D]. 华中师范大学，2013.

[52] 杨金辉，浅谈小学数学作业的评价. http://www.doc88.com/p-94081781500.html

[53] 教育部基础教育课程教材专家工作委员会. 义务教育数学课程标准（2011年版）解读[M]. 北京：北京师范大学出版社，2012.288–289.